政协委员履职风采

山野听竹

刘晓庄　著

中国文史出版社

《政协委员履职风采》丛书
编辑委员会

2017 年 3 月 11 日，在全国政协十二届五次会议第四次全体会议上，作《健康餐桌需政府有力作为》的大会发言

2011 年 3 月，陪同民盟中央调研组在赣调研中医药产业发展

2011 年 4 月，在宜春市林区就提高森林质量和效益问题开展调研

2013 年 8 月，在鹰潭市樟坪畲族乡开展“江西省少数民族权益保障条例”落实情况专题调研

2014年3月4日，在全国政协十二届二次会议联组会议上就“裸官”问题发言

2014 年 4 月，随民盟中央调研组在赣调研大学生就业创业

2016 年 6 月，随国家特邀国土资源监察专员考察团在赣州市调研稀土资源开发利用管理工作

2016 年 12 月 8 日下午，在全国政协以“健全现代农业科技推广体系”为主题的双周协商座谈会上发言

2017 年 3 月 13 日，全国政协十二届五次会议期间，就脱贫攻坚工作中的精准识贫问题接受中央电视台采访

2018 年 9 月，参加住赣全国政协委员“河长制实施情况”专题视察

2018 年 10 月，在永新县开展脱贫攻坚民主监督调研

目录
contents

建言资政　尽责履职

【提案及发言】

【调研与思考】

感悟·建言

媒体报道

自述：做一名有温度有担当的“责任委员”

从2008年3月开始，我光荣地担任全国政协委员，至今已经是三届“老委员”了。流走的是时光，留下的是记忆，收获的是成长。回首心路历程，我越来越体会到，政协委员是一份值得珍惜的荣誉，更是一份沉甸甸的责任。正如汪洋主席反复强调的那样，“政协没有名誉委员，只有责任委员，所有委员都要尽职尽责。”作为一名政协委员，“要敢于担当、善于斗争、永不停步、永不懈怠，始终心系国事、情牵民生，当好人民政协制度的参与者、实践者、推动者”。

“委员”一词，通常指被委派担任特定任务的人员，“人民政协委员”，诚然就是接受人民委以重任的成员。所以说，政协委员重托在肩、责任在身、使命在心，不能有丝毫的含糊。就在我担任全国政协委员的十多年间，亲历了国家发生的一系列深刻而又巨大的变化，同时也见证了人民政协在自我革新中破浪前行、在制度建设中更加成熟更加定型。人民政协的形象犹如一面镜子，映照着每位政协委员的一举一动；人民政协的发展就像一册史书，镌刻着每位政协委员的一言一行。在政协履职中，我严格要求自己，践行初心和使命，做一名有温度有担当的“责任委员”。

塑造崇高品格，才有燃烧的激情。没有伟大的品格，就没有伟大的人及其伟大的行动。人民政协是政治组织，政协委员的品格首要是旗帜鲜明讲政治，高度自觉“守纪律、讲规矩、重品行”。习近平总书记在2018年3月4日下午看望参加全国政协十三届一次会议的民盟、致公党、无党派人士、侨联界委员时指出：“希望各民主党派和无党派人士要做中国共产党的好参谋、好帮手、好同事，增强责任和担当，共同把中国的事情办好。”我作为民盟界别委员，在现场聆听了习总书记提出的“三好”新要求，心头立时涌动一股澎湃激情，不禁想起民盟先贤张澜先生的话语：“我们够不够做一个好朋友？我们的思想意识与作风能否与这位好朋友相配合？换言之，我们尽了做朋友的义务与责任没有？”这是民盟前辈披肝沥胆吐露的肺腑之言，折射出合作初心的崇高政治品格。

忆往昔，数不清的民盟人物虽历经磨难，但始终宣称“无时无刻不与共产党在一起”，把爱国之心化为报国之行，在人们心中耸立起一座座“好参谋、好帮手、好同事”的丰碑。他们所表现的高洁志向和奉献精神，激励着一代又一代党外人士在中国特色社会主义大道上坚定前行。我按捺不住激动的心情，当时挥笔写了一篇题为《朝着“三好”的崇高境界飞翔》（2018年）的文章，真挚表达一名党外政协委员对中国新型政党制度的深情赞美。在建设富强民主文明和谐美丽的社会主义现代化强国的征途上，民主党派、无党派人士矢志不渝做中国共产党的“好参谋、好帮手、好同事”，这是积极响应新时代召唤的行动，也是与时代同步前进的姿态和作为。从更深处思考，习总书记的“三好”要求是一种信念、一种品德、一种人格，也是广大党外人士孜孜以求的一种本领。

担任政协委员的履职过程，也是对人民政协理论研究探求的过程。认真学习、深刻领会习总书记对新时代人民政协工作提出的新论断、新思想、新要求，结合个人的工作实践和感受，我仔细琢磨，撰写了一些心得体会文章。举例而言：

中共十八大以来，习总书记一次次提及“人民”，阐扬内涵极其丰富而又深邃的“以人民为中心”的发展思想，把人民放在心中最高的位置、充分尊重和发挥人民的主体地位，贯穿于治国理政的生动实践，在展示博大的为民情怀的同时，宣示了世界上最大执政党的执政理念。有感于此，我写下《人民情怀的时代高峰》（2018年）一文，由衷礼赞中国共产党人一切为民的初心，也砥砺了自己参政为民的初心。

在2019年全国政协新年茶话会上，习总书记提出“崇尚学习、加强学习，崇尚创新、勇于创新，崇尚团结、增进团结”的新要求。在全国政协十三届二次会议闭幕会上，汪洋主席对三个“崇尚”的丰富内涵和精神实质进行了科学阐述。学习、创新、团结是一个系统的整体，符合现实又与历史一脉相承，既是对人民政协优良传统的继承和弘扬，又是新时代人民政协工作的坐标和方向，三个“崇尚”堪当人民政协大家庭一以贯之、永续传承的优良“家风”。经过一番思索，我写就了《树立三个“崇尚”的政协“家风”》（2019年）一文，从“家风”角度纵论人民政协三个“崇尚”的必然性和必要性。

习总书记反复强调“人心是最大的政治，共识是奋进的动力”，汪洋主席一再指出人民政协工作需要在建言资政和凝聚共识上双向发力。在差异中通过协商寻求共识，实现一致性和多样性的统一，在双向发力中推动政协各项工作的发展，不断提升政协各项工作的质量，已经成为广大政协委员的共同心声、共同愿望。为此我有着诸多感受，于是写出《凝聚共识写春秋》（2018年）、《在双向发力中提升政协工作质量》（2019年）等文稿，目的是想给身边的政协委员和政协工作者们分享一种心灵感悟：在双向发力的奋斗中，人民政协可以大有作为。

围绕中心工作，才有实在的效果。围绕党委、政府中心工作积极参政议政，这是民主党派的第一要务，也是政协委员“安身立命”的根基所在。十多年来，我秉持“不求说了算，但求说得准”的要求，努力履行好政协委员的职责，不断争取新的进步。

我出生在江西乡村，根脉也在乡村，总是怀揣一种愿景：生机盎然的广袤农村，到处青山绿水，唱响“田园的牧歌”、飘散“稻花的清香”，沉浸在这片“希望的田野上”，农村的父老乡亲都能尽情地享受着无比的幸福与欢乐。因此，繁衍生息在这片热土上农民兄弟的诸多诉求，会时时萦绕在我的心头，经过沉淀，往往在合适的时机碰撞出一些建言资政的火花。我的不少提案、大会发言、调研报告和反映社情民意信息，关注点也更多地倾向于“三农”问题，带有“泥土”的芬芳。如《现代农业：在大地上播散的理想》（2009年）、《造地增粮：经略好那一片新的绿土》（2009年）、《农业产业化：在田野上放飞希望》（2010年）、《发展休闲农业大有可为》（2011年）等系列文章，都是自己对江西“三农”工作的一些现实思考。在全国政协十三届一次会议上，我还作了《让乡村文明蔚然成风》的大会发言，发出“实施乡村振兴战略之际，应上下联动，德治法治自治并举，全面鼓荡起乡村文明的东风，荡涤一切恶风陋习，让农村焕发出蓬勃向上、积极向善的文明新气象”的呼吁，博得会场内外的赞同。

当然，作为一名全国政协委员，参政议政的着力点不应囿于一隅之地，视野和胸怀还必须更加宽阔。如对自然生态能力的考量，不能就生态而谈生态，应充分认识到：生态不仅是人类的生活问题，更是人类的生存问题；不仅是经济发展问题，更是社会稳定问题；不仅是伦理道德问题，更是法制取向问题；等等。人和自然相互生成意义上的统一体，要求人类为了自身和后人，不懈坚守可持续发展，不断提升生态建设能力。由是，通过深入调研，我形成了《发展战略性新兴产业之随想》（2010年）、《重视水土保持工作，促进生态文明建设》（2011年）、《不能忽视自然保护区建设》（2012年）等文章，将保护生态的心声流露于笔端。

为了更好地贯彻落实"绿水青山就是金山银山"的发展理念，多年来，我还就生态补偿的一些具体内容发表了若干看法。如前些年我曾经在不同场合多个层面陈述建立森林资源和水资源保护补偿机制的充分理由。因为我知道，那些身居于大山深处，默默无闻地耕耘着"森林绿海"的人们，那些生活在江河湖畔，勤勤恳恳地保护着"一湖清水"的人们，委实太辛苦、太艰难、太不容易了，应该通过生态产业项目、转移支付和资金补偿方式给他们多一点"关爱"，让他们劳动得更加体面，生活得更加幸福、更有尊严。令人感到欣慰的是，这些建议和设想引起了各级政府的高度重视，有的已经变现，有的正在逐步落地生根。

心系人民群众，才有责任的担当。"民之所望，建言所向"是协商议政的共同聚焦，"奔走国是，关注民生"是民盟的优良传统。担任全国政协委员以来，我更多地将目光投向赣鄱大地、投向大江南北的沧桑众生，这也成为我参政履职、建言资政的"重头戏"。

比如，"一老一小"的人口问题，是我国近年来社会各界颇为关注的一大热点，也是全面建成小康社会不能回避的一大难题。2014年，我及时策应大众呼声，在全国政协常委会议上提交了《全面放开二胎不能久拖不决》的发言，助推了国家全面放开二孩政策的制定和实施。国家全面放开和实行二孩政策以来，又产生了诸多新的社会情况，如医院儿科医护人员短缺、婴幼儿看护及幼儿园建设不足等接踵而来。鉴于此，2019年我又提交了《二孩落地还需政策完善》《多举措提升家政服务行业水平》等提案和大会发言，建议有关部门及时回应百姓关切，逐步完善政策配套措施。

随着“小”的问题的刚刚出现，“老”的问题又在提前到来。我国进入老龄社会，人们对医疗需求的期待越来越高，有必要把医院陪护、健康养老等作为一项“阳光春风”行动，切实帮助那些需要关心的老年人群及其家庭。温暖人世间，唱好“夕阳红”，老龄人口引起了我对社会养老问题的注意，《加快发展养老服务业势在必行》（2010年）、《加快构建新型养老模式的政策体系》（2018年）等文稿由是形成。我相信，在全社会的共同关怀和“老有所养”的精神感召下，我国的养老服务业能够得到又好又快的发展，中国的老年朋友都能够过上幸福美满的晚年生活。

又比如，随着我国扶贫开发工作的不断推进，近年来农村贫困人口正在逐渐减少，但脱贫攻坚工作仍存在一些不容忽视的新情况。我在扶贫“前沿”一次又一次与老百姓面对面接触，加深了对民间疾苦的真切体验，因而陆续完成了《打通教育脱贫“最后一公里”》（2016年）、《精准扶贫重在精准识贫》（2017年）、《切实兜住困难群体民生网底》（2017年）、《精准脱贫需要治“懒”》（2018年）、《发挥司法救助在脱贫攻坚中的独特作用》（2018年）、《农村脱贫，我心向远方》（2018年）等文章，说的都是老百姓的一些心里话，因此受到社会的广泛关注。

还比如，城乡一体化发展，说到底是为了不断缩小城乡差距，提高城乡居民的生活质量，落脚点是逐步实现城市与乡村各个方面的同等化、均等化、平等化，“形成以工促农、以城带乡、工农互惠、城乡一体的新型工农、城乡关系”。参照城乡的不同情况，我坦陈了自己之设想：“大、中、小”并进，把农村当作城市来建；“规、建、管”并重，把农业当作工业来办；“进、住、留”并举，把农民当作市民来看。在这一认识基础上，经过再三思忖，先后写就了《城乡发展如何一体化》（2013年）、《建设美好的生态城镇》（2014年）等文稿。当然，提出的毕竟是个人的一孔之见，未必十分正确，但求无愧于心，只是希望让丰满的理想在现实中并不骨感。

再比如，药价虚高一直颇为敏感，成为困压在人们心头的一座大山。

因我曾有在政府药监部门的工作经历，更勾起我对药价虚高的职业思虑。药品是一种具有双重属性的特殊商品，既必须使用，又被动选择，直接关系到广大人民群众的切身利益。一段时间以来，我国药品价格迅猛上涨，有的药价离谱到高出其成本价格近10倍乃至更高，人民群众对此颇有意见。经过理性思考、审症求因，我提出了个人的“诊疗方案”：一是要建立有效的市场机制，创造公平竞争的市场环境；二是要深化医药卫生体制改革，切实解决药价虚高的内在性问题；三是要健全和完善法制体系，加强药价管理的科学性和严肃性。这些具体内容，见之于《关于药价虚高问题的思考》一文，而后又将其中的一些见解浓缩于《对医药研发“说三道四”》（2011年）之中，有的建议已被相关部门所采纳。

此外，我还针对食品安全、大学生就业、农村环境卫生等系列民生问题进行了调研，不少成果有效转化为政协提案或发言材料。如在2014年6月双周协商座谈会上作了《开辟大学生在农村基层创业就业的新天地》的发言，在2017年3月政协大会全体会议上作了《健康餐桌需政府有力作为》的发言，在2017年11月双周协商座谈会上作了《进一步完善粮食补贴政策，保障“稳粮、优供、增效”》的发言等，均在社会上引起了共鸣与反响。

树立远大目标，才有行动的自觉。“俏也不争春，只把春来报，待到山花烂漫时，她在丛中笑。”在全国政协委员的岗位上，我始终以“委员”身份督促自己，以远大目标激励自己，把政协委员的神圣职责当作奋斗目标和工作动力。我秉承谨言慎行、务实内敛之本色，雷厉风行做事，谦逊低调为人，故而不愿意太多地接受外界采访，但有时为了借助媒体的公开报道，促进党和政府重大方针政策的有效落实，我还是会予以配合与支持，因为这也关乎政协委员呈现于社会的整体形象。

我认为，通过媒体采访形式来更好地履行参政议政职责，一方面要“秉持公心，指谛时弊”，有一说一，直奔主题。例如，接受对“裸官问题”的采访，我表达了鲜明的态度，《想当“裸官”，就“一裸到底”》（2014年），对“裸官”行径要毫不容情，实行“一票否决”；对“痕迹主义”的看法，我直指《“痕迹主义”当休矣》（2019年），因为其既迷失干部的工作方向，又贻误事业向前发展，与造就一支忠诚干净担当的高素质干部队伍要求格格不入，应拿出有效管用的整治措施，及时予以制止和纠正。另一方面要“不采华名，不兴伪事”，不遮遮掩掩，不文过饰非。前些年，针对我国附加费过多过滥现象，我表明《不能任由附加费“任性”下去》（2015年），应对附加费严格执行收支“两条线”的管理制度，严禁附加收费同部门利益直接或者变相挂钩。此外，《不让农村的教育短腿更短》（2010年）、《尽快推行官员信息公开制度》（2016年）、《改变“不肯改、不敢改、不会改”的局面》（2016年）等采访文稿，我也都是坚持问题导向，阐明自己的观点。

政协委员有必要在媒体公开“亮相”，但也不能一味地追求“嗓门”高、“辣味”浓，关键是要以“三好”要求为履职准则，参政参在要点上，建言建在关键处，能够亮出“实招、硬招”，拿出解决问题的办法与措施，真诚地为党委、政府“分忧解愁”。如《建议政府花钱聘请“乡村保洁员”》（2009年）、《引入第三方可防高价政府采购》（2015年）、《十三五江西应全力建设特高压电网》（2016年）、《区别对待分类推进延迟退休》（2016年）等意见建议，通过媒体的介入，得到主管部门的更多关注，促进了问题的较好解决。2017年我建议《完善垃圾分类系统工程》，广泛开展垃圾分类的养成教育，使之成为公众的自觉意识与行为；将垃圾分类纳入法治化轨道，做到有法可依、违法必究；完善垃圾分类的硬件设施，确保混合垃圾进入分类体系后，各种成分垃圾按预定路径走向归宿。为了在脱贫路上保证老区苏区“一个都不掉队”，需要《切实阻断贫困代际传递》（2019年），我提出把农村义务教育扩大到高中阶段，同时把职业中等教育纳入义务教育范畴，增加普及农村高中教育经费预算；千方百计将人力、物力、财力向农村高中倾斜，采用城市支援乡村的办法，发展“互联网+教育”，促进城乡优质教育资源共享，推进城乡高中教育均衡发展；弘扬中华传统优秀文化，传送知识文明的正能量，唤起各个方面对农村教育的关注，最大限度地减少当前农村学生的辍学现象。这些意见建议在新闻媒体报道之后，均引起了相关部门不同程度的重视。

一路走来，一路豪迈；一路求索，一路收获。人民政协工作与时俱进，委员的肩上责任一如往昔。在今后的政协履职岁月里，我将“不忘初心，牢记使命”，继续做好一名有温度有担当的“责任委员”，决不辜负人民的期待与重托！

2019 年 6 月

建言资政　尽责履职

【提案及发言】

打通教育脱贫"最后一公里"

"山沟里飞出金凤凰，农家院走出读书郎"，通过教育的方式摆脱贫穷，走出困境，这是中华民族千百年来的一种美好追求和向往，曾经激励着一批批仁人志士终生致力于平民教育、乡村教育和职业教育。陶行知先生是其优秀楷模中的一例。

2015年底，中共中央、国务院出台了《关于打赢脱贫攻坚战的决定》（以下简称《决定》），指出："让贫困家庭子女都能接受公平有质量的教育，阻断贫困代际传递"，并提出加快实施教育扶贫工程建设的若干措施，深受社会的广泛认同。然而，现行教育体制下貌似公平的高考制度，由于受城乡教育资源分配差异和乡村教师整体素质偏低的影响，使得不少农村孩子在考场上无法与城里的孩子平等竞争，或者不得不离开考场进入工厂，结果输在人生的起跑线上，导致了城乡教育实际上的不公平。

教师是教学的主体，优秀教师是学校的灵魂。虽然近年来各级政府在加强教育脱贫方面做了许多卓有成效的工作，如改善基本办学条件、加快乡村学校标准化建设、合理布局贫困地区农村中小学校等，但教育的关键要素即师资问题却一直没有得到根本解决，有的地方尤其是边远山区，甚至呈现逐年加剧、日益严重的状况。

一种社会现象的出现离不开现实原因。待遇低是乡村教师普遍面临的问题。近年来乡村教师表面上看涨了工资，但物价涨得更快，实际收入在缩水。清贫的生活，艰苦的工作条件，导致乡村年轻教师流失、师资队伍年龄结构老化、青黄不接严重。据前些年相关调查报告统计，某省农村小学专任教师中46岁以上的占44.2%，50岁以上的占27.9%。而城市和县镇46岁以上小学专任教师所占比例分别为21.2%和30.2%，50岁以上教师所占比例分别为12.5%和16.7%。

没有母鸡下不出蛋，没有一支优秀的乡村教师队伍，又怎么能提高教学质量，把农村的孩子培养成国家俊才。所以说，精准的教育脱贫，必须打通留住优秀乡村教师这“最后一公里”。

“教书不为稻粱谋。”与以往乡村教师被尊称为“先生”相比，今日乡村教师的地位已经是一落千丈，风光不再，更谈不上过去的那种尊严与体面。山西代课教师宋玉兰坚守三尺讲台40年，兢兢业业带病工作，每月工资只有150元，而且一年结一次，甚至连自己的基本生活费用都要以维权的名义努力争取。这种事情会让多少人对乡村教师岗位望而却步，或者在岗脱逃。

乡村教师缺少培训机会，往往一个地方一蹲就是几十年，不能及时得到系统的进修“充电”机会，知识结构和教学技能严重老化。一位50多岁的老教师带着浓重的乡音很无奈地说：我自己就不懂计算机，也不会说普通话，以前也没有很好地学过，叫我怎么教孩子的电脑操作和汉语拼音？

昔日教师的社会尊重和职业光荣，被当下诸多教师妖魔化的曝光所取代，致使乡村教师倍感压力，情何以堪，只有辞职远离农村另择岗位。即便是农民的孩子，考上大学跳出“农门”后，也很少有人愿意回到农村从事教职，而是选择“世界那么大，我想去看看”，“轻轻的招手，作别西天的云彩”。以上种种现象，难道不值得我们深思？

教师是太阳底下最光辉的职业，乡村教师辛勤地播撒乡村文明的种子，理应在乡村生活得更加体面，更有成就感。唯此，才能使他们更加专心于教学活动，更加致力于乡村的教育事业，把一拨又一拨的农村孩子输送到祖国最需要的地方，阻断农村贫困的代际相传，并且以个人言行举止的“先生范儿”，营造浓厚的乡贤文化。

我们欣喜地看到，《决定》已经指出，加大对乡村教师队伍建设的支持力度，特岗计划、国培计划向贫困地区基层倾斜，为贫困地区乡村学校定向培养留得下、稳得住的一专多能教师，制定符合基层实际的教师招聘引进办法，建立省级统筹乡村教师补充机制，推动城乡教师合理流动和对口支援，等等。今后的关键是要把文件的政策性语言，转化成为一项项实实在在的措施、一个个落地有声的行动，不能“只听梯子响，不见人下楼”，或者“手中提钥匙，就是不开门”。

比如，国家教育经费向乡村基础教育倾斜，能不能在“4%”中取出一半投往乡村？因为我国的基本现状是，有近一半的人生活在农村，近一半的学龄儿童在农村，而乡村教育最穷、底子最薄、基础最差、欠账最多，乡村教师拿着最微薄的工资，工作在最困难、最偏远的地方。

又比如，健全学前教育资助制度，逐步普及高中教育，就应该积极培训更多的乡村教师，帮助农村贫困家庭的孩子接受学前教育和基础教育；“健全”“普及”要先从农村和边远山区开始，而不是先城市后农村。道理很简单，因为城里的基础教育已经基本实现了全覆盖。

再比如，全面落实乡村教师生活补助政策，建立乡村教师荣誉制度，可以对县城以下乡村教师实行分类补贴，离城市越远，补贴越高；在城镇为享受荣誉的乡村教师建退休公寓，领取高于城市标准的退休工资，使他们在晚年能够与城里老人共同吟唱“青山依旧在，几度夕阳红”。

还比如，加大乡村教师的职业技能提升计划，要像领导干部到各级党校（行政学院）学习那样，规定每五年不得少于为期两个月的培训；城市学校对乡村教育的对口支援，要更多地派出富有教学经验的专家级把关教师；从供给侧改革入手，吸引一大批城里的优秀教师“向下流动”。只有这样，才能帮助乡村教师全方位提高业务水平，实现真正意义上的智力资源的联动性支援。

说到底，首先提高乡村教师的各种待遇，继而整体提高乡村教师队伍的素质水平，接着提高乡村教育的教学质量，最终使农村孩子“接受公平有质量的教育”，这是一环紧扣一环的事情，而当前紧要的是打通教育脱贫“最后一公里”，让乡村教师的生活体面起来。

（此文为作者在全国政协十二届四次会议上的提案，
原载于《群言》2016 年第 5 期）

对“奇葩证明”要动真格

一个时期以来，我国一些办事机构要求办事人开具千奇百怪的证明，纷纷被网友曝光吐槽。自2015年5月关于“你妈是你妈”的“奇葩证明”被李克强总理在国务院常务会议上点名批评之后，情况虽然有所好转，但“办个事就那么难”的问题还是没有得到很好的解决，各地的“奇葩证明”并没有寿终正寝，底层百姓依然叫苦不迭。

比如，私家车被大风刮倒的树木砸坏，保险公司要求开具理赔的“风力气象”证明；孕妇自愿引产，医院要求开具“社区同意”证明；未婚女子办房产证，担保机构要求开具“结婚前未婚”证明；老人领取社保，社保中心要求开具“仍然健在”的证明；亲人失忆，存折密码丢失，银行要求出具“意识丧失”证明，而公证机构却无法证明其“永远失忆”。凡此种种，不一而足，形形色色的“奇葩证明”直让人们啼笑皆非，于是也就有了坊间流传的那句带有调侃意味的话：“人的一生，不是在办证明，就是在办证明的路上。”

为了解决“奇葩证明”过多过滥的问题，一些部门简政放权，果断出招，纷纷改革规则，如公安机关就公布了18种奇葩证明不用开的具体项目。不料一些部门的简政放权却引出了老百姓的新烦恼，如民政部门不再出具婚姻登记记录证明，但地税、房产等部门却死磕着就要婚姻证明。这头坚决不开，那头非要不可，相互僵持的结果，当事人只能像一个被踢来踢去的球。

“奇葩证明”为何层出不穷，屡治不绝？不让百姓“白跑”，怎么又变成让百姓“百跑”？根本原因在于有关部门单位的办事人员没有把群众利益当回事，“你跑你的路，我坐我的店；跑烂你的鞋，端稳我的碗”，办理各种证明耗费的精力反正与己无关。除此之外，还有以下几个方面值得关注。

一是权力在发酵。把权力当作能力的表现，喜欢将手中的每一份权力发挥到极致，不让人开证明觉得是一种权力的失落，似乎只有支使他人开证明才可获得快感。于是就出现了如此荒诞的故事，母女俩手持户口簿但不能证明她们的亲属关系，还非得补上一个出生证明的材料不可，这样才能显示用权的较真。

二是政策在打架。上下之间、部门之间的规定不统一，“你吹你的号，我唱我的调”，把办事人呼来唤去开证明，而且还有文件依据。很多年前，国家明文规定“对刑释、解教人员，社会各界及安置单位不得歧视，在就业、就学、晋级、评奖等方面应当与其他公民同等对待”，但在一些地方偏偏制定土政策，要求求职、购房者出具“无犯罪前科记录”证明书。

三是信息不对称。国家个人信息登记不完善，公民信息碎片化，相关职能部门之间存在信息壁垒和“肠梗阻”。在大数据的现代社会，公民本来只要输上身份证号码，就可以了解许多个人信息，但由于信息流通不畅，结果造成老百姓为信息的滞后买单，奔走于多个部门用一纸证明来“证明”自己的信用、专长、社会关系等。

四是办事不积极。恪守教条化的执行程序，按部就班，缺乏创新的思维，只认证明不信其他，人为提高办事的烦琐程度，出了差错可以推给开证明的部门，让办事人受累还能以“坚持原则”为托词，自己不担任何风险，这实际上是不能适应新的工作流程，本质上是不敢担当、推卸责任以及不作为的懒政表现。

减少一些“奇葩证明”，就能让老百姓少受一些折腾，多获得一份幸福感，政府部门必须出实招、动真格，坚决革除“奇葩证明”的弊端，切实保护人民群众的切身利益。

一要建立完备的制度。一方面，要通过制度约束权力，建立政府责任清单，毫无价值的证明坚决不准开也不准看，该怎么办就怎么办；另一方面，依靠制度激发机关工作人员的责任意识和服务意识，认真履行职责，切实想群众之所想、急群众之所需。

二要坚持政务的公开。政策公开、执行透明、办事公正，让借助现代信息技术，及时告知办事前的程序、办事后的结果，帮助老百姓通过“互联网+证明”的方式办成过去需要本人亲自到场的许多事情，使大家切身感受到政府在为他们服务。

三要实行信息的共享。建立健全公民个人信息档案和公民信息登录系统，打破政府职能部门之间的信息封锁，开放信息核对端口，除隐私之外的有关个人资料在数据库都能查到，让“数据多跑路，百姓少跑腿”高效优质、实至名归。

四要强化责任的追究。加大对政府部门公职人员的教育管理力度和“奇葩证明”的废除速度，对那些人为“设卡添堵”的单位和公职人员，应该高悬利剑，及时曝光，抓铁留痕，按照党纪国法严厉查处，不给任何人留情面。

推进“简政放权”是政府改革的一件大事，减少和杜绝各种“奇葩证明”是其中的一项重要具体内容。对“奇葩证明”动真格，从老百姓身边的具体事情开始抓起，让人民群众在晨曦中看到改革的希望曙光，也可以充分表明政府改革的态度和决心，肯定会受到老百姓的热烈欢迎、举手点赞。

（此文为作者在全国政协十二届四次会议上的提案，
原载于《人民政协报》2016 年 3 月 21 日）

精准扶贫重在精准识贫

习近平总书记指出，“要深入实施精准扶贫、精准脱贫，项目安排和资金使用都要提高精准度，扶到点上、根上”。随着我国扶贫开发工作的不断推进，近几年来农村贫困人口正在逐渐减少，但也确实存在一些值得关注的新情况，需要进一步对贫困户加以精准识别，实行精准施策，让贫困群众真正得到实惠。

一是懒于勤劳致富。一些贫困地区的农村干部存在“等、靠、要”思想，“上面让干啥就干啥，上面让咋干就咋干”，缺乏带领村民脱贫致富的主动性和积极性。一些贫困群众不愿改变现状，懒得勤劳致富，把脱贫致富寄希望于上面的“输血”，自己不动手，只讲获取不愿付出。

二是逃脱赡养责任。目前识别精准扶贫对象，是以户籍为单位确定的，有些贫困户的户口本上只有年迈的老人，其子女另立家庭，生活殷实，有房有车，但不赡养老人，致使有的老人没有收入来源，住在年久失修的土坯房，生活艰难，而被定为贫困户。

三是难拆危旧房屋。通过走访发现，有些贫困村仍然存在大量危旧房，究其原因：一是“建不起”，修建一栋房屋需要10万—20万元，按现行补助标准无法满足特困户的建房需求，只好“蜗居”在土坯房；二是“建新不拆旧，祖宅不可动”，使得有些贫困户虽然建了新房，但危旧老屋依然存在。

四是忽视产业发展。有些贫困地区的扶贫措施仅仅止于“送温暖”，给实物，甚至把扶贫资金、物资平均分配给贫困户，不分轻重缓急，到处撒芝麻，“吃了上顿等下顿”，不能因地制宜发展产业，从根本上帮助贫困户增加收入，以致脱贫致富工作浅尝辄止，返贫现象随时可能发生。

五是追求形象样板。在实际扶贫工作中仍存在少数扶贫干部走马观花做样子的现象，由此挫伤了一些勤勤恳恳做实事的扶贫干部的工作热情。突出表现在：有检查任务的时候偶尔下下村、应付上级检查，与贫困户没什么实质性接触和沟通；一些扶贫项目和资金使用不经过深入调查研究，就将项目草率落户，或搞一两处没有示范意义的“样板工程”，造成扶贫资金的浪费。

针对上述情况，提出以下建议：

一是治贫先治愚，扶贫先扶志。增强造血功能，打好输血和造血组合拳，扶贫绝不养“懒汉”。贫困必有因，要审症求因，对症下药，通过治愚和扶志，解开贫困户的心结，培养他们的脱贫志气，激发他们的内在动力；帮助贫困户解决项目、技术、资金等瓶颈问题，为他们量身打造脱贫计划，授人以渔，把有限的扶贫资金用在“刀刃”上，让其终生受用。

二是倡导好家风，助推好民风。“百善孝为先，孝乃德之本”，孝顺父母是中华民族的传统美德。发挥农村基层党组织和村委会的作用，开展“孝满乡村”活动，大力弘扬和表彰孝顺父母的好典型，让其成为学习榜样，对于不赡养老人的行为予以批评，严重者依法依规处理，使孝顺父母、赡养老人蔚然成风，从而解决老有所养、老有所托等问题，改变农村老人贫困的面貌。

三是破解农村危旧房改造难题。对贫困地区农村危（旧）房的拆建改造，要加大信贷资金扶持力度，除享受政府补贴外，仍有资金缺口的村民，各商业银行及农村信用合作社，应出台更加便捷的信贷担保、贴息政策，为贫困户积极改造农村土坯危旧房提供强有力的资金支持。对于整体搬迁之后的村落，应结合当地实际情况，全面拆除危旧房，试建“五保户、特困残疾人集中供养点”或“村民公共活动中心”等，为贫困户协调解决教育、医疗等必需的生活配套设施。

四是完善精准扶贫考核机制。根据中共中央办公厅、国务院办公厅印发的《省级党委和政府扶贫开发工作成效考核办法》，各地应出台相应的《基层干部考核细则》，奖勤罚懒，扬优劣汰，对基层扶贫工作进行公平公正的评价。通过奖惩分明的办法，激励广大扶贫干部发挥主观能动性，使精准扶贫、精准脱贫工作真正落到实处，经得起历史和实践的检验。

（此文为作者在全国政协十二届五次会议上的提案，
原载于《人民政协报》2017 年 3 月 14 日）

切实兜住困难群体民生网底

任何国家都存在特殊困难人群，扶危济困是中华民族的优良传统。为加强城乡特困人员救助保障工作，2016年，国务院印发《关于进一步健全特困人员救助供养制度的意见》，各省市已进行安排部署，它既体现了政府为民的情怀，也折射出社会洒爱的温度，对于坚持共享发展、保障和改善民生，打赢脱贫攻坚战、全面建成小康社会具有重要的意义。

春节前夕，我们走访慰问了某国定贫困县的一家特困人员供养机构，了解到当前特困人员生活仍存在不少问题，达不到“基本生活标准应当满足特困人员基本生活所需”的规定，而且这一情况在我国并非个例，民生安全网还有待进一步编密织牢。基层同志反映：

供养标准偏低。在前几年，该县特困人员供养标准执行的是集中对象365元/月，分散对象290元/月，城乡最低生活保障标准分别为480元/月、270元/月。今年即将执行的标准虽然有所提高，基本达到了特困人员救助标准“分别不低于当地城乡最低生活保障标准的1.3倍”的要求，但仍不能满足特困人员基本生活所需，有的地方低保标准反而出现高于特困供养标准的现象。

特困人员集中供养率偏低。一些乡村集中供养率不足三成。散居农村山区的特困人员大多居住条件较差，有的是年久失修的土坯房、茅顶屋，墙壁裂缝，屋顶漏雨，存在严重的安全隐患。由于担心个人财产充公或个人生活习惯差异，他们又不愿意入住生活条件相对较好的养老院。

特困人员生活比较困难。供养对象大都为肢体残缺或智能障碍，几乎无劳动能力，分散供养对象虽然比集中对象自理能力略强，但沦为特困供养对象，即使有劳动能力也收入微薄，通过自己劳动所得难以维持生计，仅靠现行的供养标准要做到“五保”（吃、穿、住、医、葬）甚为困难。

养老院发展举步维艰。养老院近年经济来源主要由三部分构成，民政部门按每年200元/人补助工作经费、集中特困人员每月365元/人供养经费和平均每年1万元收入的院办经济。按平均每家养老机构供养30人的规模来看，平均每年可供支配资金仅有14万元左右，而每年基本生活开支约13万元，自付医疗救助费用约2.5万元，支出大于收入，故无力增加护理人员，无法提高供养对象的生活质量。即便在今年各地将会不同程度地提高标准，但面对护理人工费等成本的增加，改善程度依然有限。

以上问题，需要政府相关部门认真研究并加以解决，切实兜住困难群体民生网底。为此建议：

一是稳步提高社会救助标准。按目前生活水平测算，建议将集中供养的特困对象供养标准提高到每人每月600元，分散供养人员供养标准提高到每人每月500元，以保障其基本生活需求；针对不同情况，实施临时救助制度，解决燃眉之急，真正做到兜底线、救急难，填补社会救助体系的“缺项”。

二是提高养老院服务质量。加大对贫困地区供养机构的资金项目扶持力度，进一步改善现有机构基础设施等硬件配套，足额配齐护理人员，提高护理服务水平，让供养对象得到优质的护理服务。随着严重老龄化社会的到来，有条件的供养机构可向社会开展托老服务，增加的经济收益专门用于改善供养对象的生活环境及其条件。

三是开展生产自助，因地制宜发展院办经济。积极创造条件，帮助开展因人而异的自创收益活动，比如利用现有土地发展种植养殖业，利用个人特长组织参与一些力所能及的手工工艺劳动，并适当给予劳动报酬，这样既可减轻政府负担，增加经济收入，又可丰富供养对象的生活，提高供养机构的供养水平。

四是积极营造各方支持参与的良好氛围，让社会充满关爱和温暖。鼓励、引导、支持社会力量通过承接政府购买服务、慈善捐赠以及提供志愿者服务等方式，为特困人员提供救助供养和帮扶；发挥好社会救助联席会议制度作用，结合农村危房改造、脱贫攻坚、易地搬迁等相关政策，大力改善分散特困人员的居住环境。

（此文为作者在全国政协十二届五次会议上的提案，
原载于《人民政协报》2017年3月20日）

开辟大学生在农村基层创业就业的新天地

大学生创业就业路在何方？这一问题让人们记起了毛泽东主席当年那句耳熟能详的话语：“农村是一个广阔的天地，在那里是可以大有作为的。”

农村蕴藏着让大学生人生出彩的极大机遇。然而，当前农村、农业却被大学生逐渐疏离，活跃在乡间地头的几乎大多是“386199”部队。在农村调研时，我们经常可以发现，不少乡村的教育、卫生、科技、文化站所，往往是“一块大牌子，一栋旧房子，几张破桌子，坐着几个老头子，不知道要干啥子”。在今年的清明时节，老家的农民兄弟就与我谈到当前农业生产面临科技人员短缺的问题，并一再叮嘱我要“向上反映”。农村基层人才短缺与大学生创业就业难同时并存，不能不令人忧思。

建设社会主义新农村、发展现代农业、推进城乡一体化，农村基层急需一大批有文化、有知识、懂技术、会经营的青年才俊。保守地估算，在全国农村，每年至少可以安排100万以上的大学生创业和就业。换言之，如果农村基层没有青年大学生的输入与补充，落后的面貌将难以得到根本改变。因此，畅通目前大学生在农村基层创业就业渠道的问题应该引起高度重视，并从机制上予以适当解决。

一是“下不去、留不住”的问题。据民盟江西省委对南昌大学2013届毕业生就业意愿的调查，有超过70%的大学生表示不愿意到农村就业，真正能到农村基层就业的大学生不足毕业生人数的10%。然而，就是这少数的10%，也是随时准备“另攀高枝，展翅高飞”。其中主要原因，就在于农村的工作环境、生活待遇、发展前途与城市存在着巨大反差，致使一些大学生“宁可在城市卖瓜子，也不愿到农村育种子”“宁要城市一张床，也不要农村一栋房”。要解决这一问题，仅靠说教与动员，已经不合时宜，也未必能起作用，应该有实实在在的行动。建议在国家层面出台行之有效的优惠政策和激励措施，重点解决生活环境差、工资待遇低、工作难度大等青年大学毕业生“最关心、最直接、最现实”的利益问题，引导他们到农村基层创业就业。同时建立完善的社会保障体系，为在农村创业就业的大学生缴纳住房公积金和医疗保险、养老保险、失业保险等，切实解除他们的后顾之忧。通过采取系列优惠办法，如对一些农村急需的专业人才发放专项支农津贴等，让大学生在农村基层能够享受到体面、尊严和幸福的生活，使他们真正“愿下去”“扎下根”。

二是“干不好、用不上”的问题。当前，一些在农村基层工作的青年大学生，由于缺乏农村工作经验和相关专业背景，出现“水土不服”，还有一些大学毕业的农技人员长期被“挪作他用”，从事诸如计划生育、殡葬改革等非农工作，出现“学非所用、用非所学”的尴尬现象。针对类似问题，国家应加快建立促进高校毕业生面向农村基层就业的长效机制，加强对在农村基层就业大学生专门知识、专项技能的教育培训。尤其是对农村基层服务项目如“三支一扶”（支农、支教、支医和扶贫）计划，应分类推进、精准实施，切实把农村急需、懂农业生产技术、具有市场经营理念的人才选送到农村基层。同时，加大对农村基层经济和社会发展事业的投入，以项目带动高校毕业生到农村基层创业就业，帮助他们在农村“用得上”“干得好”。

三是“流不动、上不来”的问题。限于现实条件和制度设定，在农村基层就业的大学生横向交流、上下交流都非常困难。比如“大学生村官”，他们在农村工作两三年后，将会面临着重新择业、何去何从的困惑和迷茫。国家应采取有力措施，解决好在农村基层工作大学生的身份转换、职务晋升、职称评定、人才交流等方面的现实困难，形成“能进能出、能上能下”的良性循环，真正让农村基层成为吸纳大学生创业就业的一片“乐土”和“高地”。也只有这样，才能稳定在农村基层工作的大学生队伍，让大学生在农村这片广阔的天地能够“长才干”“有奔头”。

（此文为作者在全国政协“大学毕业生创业就业环境优化”双周协商座谈会上的发言，原载于《人民政协报》2014 年 6 月 30 日）

农业科技网络要靠基层人才“兜底”

农业现代化，人才是关键。工作艰苦、待遇偏低，学非所用、用非所学，知识陈旧、活力不足，晋升困难、提职无望等问题的存在，成为人们不愿选择成为基层农技员的原因。要确保基层农业科技网络“织得牢、张得开、兜得住”，建议：

一、**解决地位待遇的同等性**。把农村科技放到农村教育医疗同等重要的位置，解决好农村基层科技人员的利益问题。

二、**确立风险收益的对称性**。通过技术入股等办法，建立农技人员科研成果转化及其分享经济效益的机制，使农技人员的工作业绩直接与收入效益挂钩。

三、**倡导上下对口的流动性**。鼓励专家学者对口支援开展业务咨询和服务指导，遴选基层农技人员到农业院校进修提高，全方位引进高级优秀人才进驻农村，以整合壮大农技人才队伍。

四、实现身份归属的多元化。把农技人员单一的“单位人”姓“公”身份向多元的姓“农”转变，支持农村中的“土博士、水专家、田秀才、粮参谋”选拔为乡村农技特派员或顾问，委托各类农林科研院所为家庭农场、涉农企业培训具有专长的实用型农技服务人员。

五、**促进设施配备的标准化**。因地制宜，按照标准建立乡镇一级的应用型实验室，建设费用由国家财政统一支付；采取异地研修、集中办班和现场培训等方式，分层次、分产业类别，实施基层农技推广人员的知识更新和培训计划，帮助基层农技人员更好更快地掌握新知识、运用新技术。

六、推动人才布局的均衡化。统筹城乡之间、区域之间的农业科技人才的合理布局，改善人才分布，优化农村基层科技人才结构，通过政策引导、财政投入和市场分配机制的杠杆作用，破解基层农技人员“进不来、留不住、用不上”的难题，形成农业科技人才良性循环，进一步提升农业科技服务水平。

（此文为作者在2016年12月8日全国政协“健全现代农业科技推广体系”双周协商座谈会上的发言摘登，原载于《人民政协报》2016年12月12日）

健康餐桌需政府有力作为

“民以食为天，食以安为先”，饮食安全与每个人的健康息息相关，其重要性不言而喻。有人将一首古诗的后两句调侃为：“谁知盘中餐，可否含有毒？”虽说有些偏颇，但词糙理不糙，道出的是人们对当下餐桌食品的诸多忧虑与恐慌。

概括起来，餐桌上食品的染毒原因主要有三大方面：一是源头污染，如水土面源污染、农药化肥滥用；二是中端放任，如人为催熟、保管不当、违法使用添加物；三是下游失控，如对上市前食品检测技术的薄弱与疏漏以及监管力量不足。总体来看，不管哪种原因，绝大部分餐桌上的污染还是可以治理，也是必须治理的，关键是政府要下决心、动真格，打一场餐桌食品的保卫战。

“民心是最大的政治”，舌尖上的安全直接连着民心。要让人民群众吃出安全、吃出健康、吃出放心，关键在于各级政府部门要满怀真情，敢于担当，切实把健康餐桌作为一项重大的民生战略任务抓紧抓好，不能“上面号召发文件，照本宣科往下念，大张旗鼓搞动员，结果又是不兑现。”健康餐桌为了你我他，需要采取坚决的措施和具体的办法，作秀不得，马虎不得。

为国人的餐桌提供更多更健康的各类食品，政府理应当好“守门人”。连续几年的中央一号文件，都着重强调提升农产品质量和食品安全水平这一重大民生内容，各级政府部门应坚持问题导向，建立机制，重点突破，积极做好以下事情。

第一，开展较为全面的农业水土污染情况普查，对重金属、化学物污染严重的耕地，要因地制宜，搞好退耕还林还草，或随土而种而养，或让水土休养生息，自我净化减毒，同时适当采用先进技术对被污染的水土进行科学治理，使其污染程度逐渐递减弱化，度过“病害期”，恢复原有生态。

第二，鼓励、引导土壤、食品等方面的科技专家下乡开展“支农”服务，为产地食品种植养殖、安全生产把脉处方；培训并留住一批乡土化的农业科技人员，充分发挥其技术指导和巡视督导作用，就本土的实际情况进行环境源头治理，帮助农民生产绿色有机食品，促进农业增产增收。

第三，下大力气解决农村面源污染，严格控制农药化肥、除草剂等的使用，实施由“零增长”到“负增长”的行动计划。按照不久前颁发的2017年中央一号文件精神，紧紧依靠群众，深入开展农兽药残留超标特别是养殖业滥用抗生素治理，严厉打击违禁超限量使用农兽药、非法添加和超范围超限量使用食品添加剂等行为，真正将农业清洁生产和农村清洁工程落到实处。

第四，结合农业供给侧改革，推行绿色生产方式，抓好高标准农田的建设。参照和借鉴中药材种植基地（GAP）的模式，推行农业良好生产规范，建立标准化种植养殖基地，优化品种选育培育、基地水土遴选、种植养殖方法等每个环节。通过发挥基地的示范带动效应，向市场提供更多的绿色安全食品。

第五，抓紧修订农产品质量安全法，整合监管力量，强化对农副产品上市前的检测和上市后的监管，加大抽检监测力度，推行主要食用商品的批号追溯制度和生产记录台账制度，严格管理农贸市场和食品超市，坚决堵断不符合标准的农副产品进入市场流通渠道，对违法违规者予以严厉处罚。

建立健康餐桌，保障食品安全，关乎民生福祉。政府应直指百姓所盼，有力作为，抓出食品安全新成效，真正让老百姓安心、放心。

（此文为作者 2017 年 3 月 11 日在全国政协十二届五次会议第四次全体会议上的发言）

垃圾分类要落到实处

垃圾分类在我国已经提倡了多年，至今依然是垃圾“分不清”，分了还是合。在许多城镇，垃圾分类不过是分类垃圾桶，仅止于简单地将垃圾桶分为“可回收”与“不可回收”两个子类，而事实上垃圾并没有分类投放，更没有得到很好的分类处理。分类垃圾桶成了“聋子的耳朵”，纯属摆设。在多数乡村甚至连个像样的垃圾桶（箱）都没有，依旧是“垃圾靠风刮，污水靠蒸发”，垃圾“围城”“围村”现象因此难有根本改善。

垃圾分类是一项系统工程，涵盖前端分类、中端运输、末端处理等多个环节，一环失守全盘沦陷。目前我国垃圾分类的现状是：前端“笼统分类”不明晰，中端“分了又合”不规范，末端“统一处理”不利用，造成了巨大浪费，大家都不满意。解决这一问题的良方，在于切实落实2016年8月国家下发的《垃圾强制分类制度方案》，按照“政府主导、部门协同、市场运作、公众参与”的工作机制，通过分类投放、分类收运、分类处理，促进生活垃圾减量化、无害化、资源化、产业化。为此，需要政府与公众同心协力、行政与法治多措并举。

一要广泛开展“垃圾分类”的养成教育。当前我国居民的垃圾分类意识习惯还不强，而垃圾分类又是一项需要公众参与的“技术活”，必须由被动强制行为形成主动自觉的生活习惯，正如叶圣陶先生所说：“什么是教育？简单一句话，就是要养成习惯。”要通过宣传教育，让垃圾分类的观念进课堂、进社区、进头脑，让“减量化、资源化、无害化”的理念，生活垃圾“分什么”“怎么分”“分类之后怎么处理”的知识深入人心，通过“大手牵小手”“小手拉大手”，人人动手，使得垃圾分类成为公众的自觉意识与行为。

二要将“垃圾分类”纳入法治化轨道。对于垃圾分类，光靠自觉还不行，还得靠法律和制度的严格约束。日本《废弃物处理法》第25条第14款规定：胡乱丢弃废弃物者将被处以5年以下有期徒刑，并处罚金1000万日元，还要求公民积极举报胡乱丢弃废弃物者。在强大的法律面前，民众养成了不乱扔垃圾的习惯。我国也应制定相关法律，将垃圾分类处理纳入有法可依、违法必究的法治化管理轨道，按照“多帽合一”综合执法的模式，加大对垃圾分类的日常监管和处罚力度，探索出一条适合我国国情垃圾分类处理的新途径。

三要建立完善“垃圾分类”硬件设施。没有硬件设施的支撑，生活垃圾分类就会“只听梯声响，不见人下楼”，无法向前推进。当前，我国垃圾分类的硬件设施建设没能跟上，从垃圾收集的前端到垃圾处理的末端，都基本缺乏生活垃圾分类后的流向配套设施。因此，推进我国生活垃圾顺利分类，关键在于垃圾收集、转运及最终处置等基础设施的设计和建造，适当增加垃圾分类品种，确保混合垃圾进入分类体系后，各种成分垃圾按预定路径走向归宿。

四要把“垃圾分类”当作产业经营。“世界上本没有垃圾，只有放错地方的资源。”垃圾分类是影响垃圾资源化水平的重要因素，政府要以分享经济、发展产业的理念，通过市场运作的方式，在垃圾回收利用上下大功夫，推动各类垃圾能够物尽其用，并让经营者有利可图。通过引入社会资本，建立良性的经济循环体系，以专业联合的方式将垃圾收集、分类，并分送不同工厂处置和资源化利用，使回收垃圾获得资本的回报率。

五要组织开展“垃圾分类”全民活动。不定期组织市民、村民开展清扫垃圾、垃圾分类活动，能够提升社区庭院的环境卫生，提高人民群众的幸福指数，而且通过大家撸起袖子参与美化家园的行动，可以提高宣传教育效果，营造健康卫生的氛围，养成大家“垃圾分类”的良好习惯，促使垃圾顽疾逐步得到根治，让建设“美丽中国”的目标能够早日实现。

说到底，垃圾分类，贵在行动，成在坚持，人人有责。只要大家行动起来，从我做起，垃圾分类工作就一定能够落到实处。

（此文为作者提交全国政协十二届五次会议的大会发言，
原稿摘要刊载于《光明日报》2017 年 3 月 14 日）

进一步完善粮食补贴政策，保障“稳粮、优供、增效”

近年来，有的省市实施农业“三项补贴”改革，将农作物良种补贴、种粮直接补贴和农资综合补贴合并为农业支持保护补贴，不再与粮食种植挂钩，按每亩耕地对拥有耕地承包权的农民进行专项补贴。新的粮食补贴政策实施以来，为“稳粮、优供、增效”提供了保障，但也存在一些问题，如追求利益最大化，放弃种粮而改种其他经济作物，影响了真正种粮户的积极性；土地流转者与土地经营者即种粮大户享受的粮食补贴不对称等。对此，建议：

逐步退出“普惠制”的补贴方式。建立“分类区别、综合评价”机制，按照实际粮食种植面积、粮食产量和粮食优质化程度进行直接补贴，“以质论价”，以优取胜。

补贴资金向农民新型合作组织倾斜。国家粮食补贴以及安排的新增补贴项目重点，应逐步向种粮大户、家庭农场、专业合作社、龙头企业、农业社会化服务组织等新型经营主体倾斜，提高种植优质粮食的耕地以及具有较强农业生产经营能力农户的补贴标准。

扩大粮食补贴方式的选择空间。推行间接提高农业效率的方法，开辟灵活多样的补贴方式，将种粮补贴范围延伸到优良品种推广培训、机械耕作技能培训等方面。

加快建立推行粮食保险项目。将农业支持保护补贴调整为目标价格保险补贴，根据种植成本合理确定目标价格，以购买保险形式保障种粮收益等。

（此文为作者在 2017 年 11 月 16 日全国政协“推进粮食定价机制、补贴政策和收储制度改革”双周协商座谈会上的发言摘登，原载于《人民政协报》2017 年 11 月 18 日）

人间至美是善良

有一种美丽，它的美需要用每个人的心灵去感悟、去体验，用行动去实践、去作为，这种美丽就是善良。人们通常所说的“大写的人”，其实也是大美的人、大善的人。所以，近年来公众把那些在社会上做了好事善事的人，统称为人世间“最美的人”。

中国向来为礼仪之邦，“善”是中华民族文化的核心价值观之一。国人把和善、友善、仁善等善良标准奉为圭臬，当作追求的崇高境界，人生的启蒙课程就是“人之初，性本善”。早在春秋战国时期，我们的先人便对“善”的精神作了阐扬，诸如“可欲谓之善”“上善若水”“独善其身”“积善成德”“惟善以为宝”“善人者，人亦善之”，等等。至于那些富含“善”文化的言语如“厚德载物”“中庸致和”“仁者爱人”“己所不欲，勿施于人”“兼爱非攻”……就更是不计其数。

“志于道，据于德”，善良是中国道德文化的精髓与灵魂，这一点无可否认。然而，一段时间以来，我国的善良文化却逐渐地被侵蚀、被抛弃，道德滑坡、伦理失范每每可见。校园虐童、公交纵火、医保套取、电信诈骗等一起又一起丑陋事件的发生，让人们感到迷茫：社会咋会充满这么多的恶行，善良美丽的花儿你在哪里?

“善不可失，恶不可长。”中共十八大正式提出倡导的社会主义核心价值观把“友善”放在基石的位置，中共十九大报告再次强调要在全社会深入实施公民道德建设工程，“激励人们向上向善”。当今，全社会企盼着善良归兮，在全民广泛开展崇尚友善的品德教育，培育向上向善的人心力量，显得尤其意义重大。

善良的国家需要良法治理。在一个人与人之间充满友善的国度，制定法律的初衷，重要的是维护社会的公平正义，捍卫人们的权利和自由。在本世纪初，我国曾经出现过以生命为代价推动中国法治进程，换取一部恶法终结的案例，“当以此为鉴，牢记生命之重，人权之重，民生之重，法治之重，无使天下善良百姓，徒为鱼肉”。恶不惩则善不扬。在现行法律尤其是一些地方性法规中，仍不乏具有“恶法”特征的条款内容。如某些“强征强拆”的规定，既不符合大多数人的利益，也不利于社会的和谐稳定，应予以清除废止；某些“神仙打架”般的部门政策，让人民群众深受其害，应尽快规范整治；某些“官商勾结”的处罚措施，自由裁量权空间过大，务必在扫黑除恶专项斗争中依法肃清。这些，都是良法治理的迫切需要。

善良的社会需要政府引领。社会是台复杂的机器，要通过政府权力的正确运行和官员权力的正确执行，使这台机器保持正常健康的运转，这就是“善政”。政府要时刻不忘前面的“人民”二字，官员要时刻记得“人民勤务员”的光荣称谓。坚持以人民为中心，群众利益无小事，把百姓冷暖放心上，这是政府的责任与使命。比如，办事窗口提高30厘米，不让群众低着头；有事马上办，不让群众干着急；哪家有困难，领导干部走上前；等等。就像当年毛泽东在江西苏区所号召的那样，“一切这些群众生活上的问题，都应该把它提到自己的议事日程上。”“君子之德风”，政府凡此大大小小的“善举”，都必将受到广大群众的热烈欢迎，从而引领出社会各个方面的善良行为。

善良的教育需要心灵浇灌。有一句名言：“善良是历史中稀有的珍珠，善良的人几乎优于伟大的人。”善良教育要从娃娃抓起，让善良的意识从小浸润着孩子的心灵。反观当下，一些恶性暴力行为竟然发生在未成年人的身上，“人善被人欺”的思想让家长们不愿意对孩子灌输人性的真善美，这对于孩子今后养成以善为本的人生观极为不利。今年春节期间最暖心的记忆，莫过于人民日报社新媒体中心与众多网络新媒体共同发起的“牵妈妈的手”大型网络活动，它引发超过15亿人次的关注。当务之急，就是要千方百计采用各种不同形式，努力开发人与自然、人与社会、人与人之间同情心、责任心、道义心等人文关怀的资源，在人们的心田中播下友善情感的种子，培育出人性至善的光华。

善良的风尚需要全民倡导。普通人的善德典型比一般的道德说教更具生动性、直观性、鲜明性，也更有说服力、感染力和号召力。坚持正确的舆论导向，通过大众传媒，把“好人榜”上如“最美妈妈”助养孤儿12年、铁路职工坚持献“熊猫血”拯救生命30余年、普通村民收留照顾素不相识老年夫妇、白衣天使雪地跪救心梗老人等先进事迹传播开来，让人们传诵、仿效、学习。满腔热情地宣传家风家教家训中的一些积极内容，如“平生不做皱眉事，世上应无切齿人”“见不义之财勿取，遇合理之事则从”“善不由外来兮，名不能够虚作”等，弘扬“向上向善”的优良品德，努力在全社会形成在感恩中传承家训、崇尚善良、学做好人、乐善好施的良好风气。

善良的品德需要你我做起。你我怎样，国家便会怎样，社会便会怎样，实现善良的美好愿景，依靠你我他。只要大家都拥有善良的心态，以感恩的眼光看待周围的一切，用帮忙的手扶持他人一把，社会就不会充斥着那样多的戾气和怨气。人人为我，我为人人，帮助别人就是帮助自己，因为“有的人光是活着，就已经竭尽全力了”，一个“人”字，靠的是彼此相互支撑。还有，当人春风得意时，不能忘记那句旧词，“山上的人别瞧不起山下的人，有一天他们会上山取代你；上山的人别瞧不起下山的人，他们风光时你还在山下”，要真正理解善待每一个人的含义；抑或运交华盖时，仍能坚守住心中的善良，因为生活总是还要继续下去，你背负着很多人的希望。善良，就是这样把每个人的正能量相互传递。

人间至美是善良，“不信春风唤不回”。齐心协力，“从善如流”，我们共同期待着：在伟大新时代的中国，将充满善良的春风、仁爱的阳光。

（此文为作者提交全国政协十三届一次会议的大会发言，
原载于《人民政协报》2018年3月20日）

新时代农村改革需要人才支撑

今年是我国改革开放40周年。1978年的冬天，安徽凤阳小岗村18位农民按下的18个鲜红手印，拉开了中国农村改革的大幕；1992年的春天，小平同志“在中国的南海边画了一个圈”，神州大地展开了一幅百年的新画卷。40年来，随着城乡改革的不断深入，农村面貌发生了翻天覆地的变化，这是无可辩驳的历史事实。

但是也要看到，农村改革的传统红利正在逐渐消退，农业“责任承包，一包就灵”的政策已不复存在，城乡之间的收入差距无明显缩小，乡愁中的村落景致日趋“凋敝”，这导致在我国当前一些农村地区发生了“三多三少”现象，应引起足够的重视。

一是精英流失多，人才补充少。农村精英人才单向流入城市，不少大学生“宁要城市一张床，不要农村一栋房”，城乡人才不能形成良性互动，造成乡村人才稀缺。二是农民利益群体多元分化，使得农民出现新的“三六九等”：“一等人坐轿车，二等人坐火车，三等人拉板车，四等人在家等着急救车”。加之留守乡村的“386199”部队（妇女、儿童、老人），以及新近出现的家庭农场经营者等，“一刀切”的农村政策已不能满足各类农民对于生产生活的不同新期待。三是改革开放以来，农民物质财富增多，人均收入增长近百倍，而享受的各种权利却不能与之相匹配。如关乎五亿多农民的乡村教育严重滞后，平均受教育程度只有七年；合法权益保障机制仍严重滞后，农民工“跳楼维权”等事件不时见诸报端；等等。

天地间荡起滚滚春潮，新时代推动乡村振兴。新一轮的深化农村改革，要更加重视农民的主体地位，主动回应农民的需求，增强他们的获得感。为此建议：

1.**制定政策，吸引人才**。从宏观战略层面，采取市场拉动和政策带动的方式，引导各类人才到农村基层创业就业，并能够享受到体面、尊严和幸福的生活，使他们真正“愿下去”“扎下根”。建立完善的社会保障体系，为在农村创业就业的各类人才缴纳住房公积金和医疗保险、养老保险、失业保险，对一些急需的专业人才发放专项支农津贴。进一步深化户籍制度改革，在真正意义上实现人才城乡迁徙自由。完善配套措施，切实解决农村生活条件差、工资待遇低、发展空间小等青年人才“最关心、最直接、最现实”的利益问题。鼓励支持各方面人士“告老还乡”，发挥“乡贤”正向引领作用，推动乡村实现“产业兴旺、生态宜居、乡风文明、治理有效、生活富裕”。

2.**以人为本，因人施策**。把政策细化到不同的目标人群，让不同的农民群体享受到改革红利。如对于在城市务工的农民，贯彻落实有关法规和政策，实行同工同酬、同岗同责，进一步消除不合理的歧视性制度障碍；在劳动关系、工资支付、社会保障、户籍管理、子女入学等方面，切实维护其合法权益；对于失地农民，应纳入城镇居民社会保障体系，逐步建立城乡统一的基本养老保险、医疗保险制度；对于专业从事农业生产的人员，要稳定和完善土地承包经营关系，扶持和规范实践中出现的农业产业化组织、农民专业合作经济组织、农业生产经营服务组织等多种组织形式，鼓励其发展多种形式的适度规模经营。

3.**强化教育，提升素质**。不断提高中央和省级财政承担农村义务教育经费的比重，提升农村义务教育阶段中小学教师工资、公用经费和校舍维修经费保障水平。结合农村义务教育生源变化情况，调整优化乡村学校布局，加强农村中小学基础设施标准化建设，推动农村教育向高中和学前教育两头延伸；加大投入力度，因地制宜，发展富有地方特色的农村职业教育，加大对农村职业教育和成人教育资源的整合力度，大力实施农村实用人才培训工程，培养一批农村实用型、技能型的新型农民，大面积普及农业先进实用技术，大力提高农民思想道德和科学文化素质，让“农业全面升级、农村全面进步、农民全面发展”的美好愿景早日变为现实。

（此文为作者提交全国政协十三届一次会议的大会发言，
原载于《人民政协报》2018 年 3 月 7 日）

加快构建新型养老模式的政策体系

我国进入老龄社会成为一个不争的事实。数据显示，从2015年到2035年，中国将进入急速老龄化阶段，60岁以上人口将从目前的2.22亿增加到4.18亿，占比29%，到2045年将达到占总人口的30%。老龄人口居世界第一，而且老龄化速度也是世界第一，此外，失能老人数量还将是世界第一。据卫计委的调查，在2.22亿老年人中，近七成患有各种不同的慢性病，失能和部分失能老人近4000万，其中完全失能者近1000万，预计到2050年失能老人将接近1亿。

扑面而来的“银发世界”“未富先老”的严峻形势，已受到中央层面的高度重视，也受到社会各个方面的格外注意。2013年，国务院常务会议研究制定《深化改革加快发展养老服务业的任务措施》，确立了政府保基本，发挥社会力量主体作用，建设多元化健康养老服务体系的政策框架。与此同时，一些借鉴国外、富有创意的新型养老模式在我国悄然兴起，引起了人们的极大关注。比如：

开发“时间银行”，帮助他人也是帮助自己。即人们在退休后身体状况良好的情况下，去照顾需要帮助的老人，社保系统会将服务时间存入个人账户，在未来自己需要他人照顾时，“时间银行”便会指派义工前去照顾，提供服务，如果一旦不需要取出“时间”使用，则把服务时间折合成一定的金钱或物质奖励，返还给老人。

自愿“抱团”养老，组成新的大“家庭”。一些子女不在身边的老人为了避免孤独，他们自愿组合，“抱团”养老，支付一定的租金，住在某一“群主”的私人房产，在生活中他们相互照顾，相互依赖，相互帮忙做家务，相互尊重各自生活习惯和爱好，大家开心地共同生活在一起。

共有产权养老服务，满足老年人的不同生活需要。北京市新近推出了共有产权养老服务模式，将居家养老、社区养老和机构养老融为一体，“居室分割定向出售、公共服务空间持有经营、限龄人群居住”，对老龄人口和企业都有吸引力，也让老年人选择养老空间多了一个参考项目。

以上新型养老模式的出现，无疑是件好事情。但是，由于我国养老事业尚处于起步阶段，社会上对这些新型养老模式也存在种种担忧。如“时间银行”存储的“时间”未来能否兑现？“抱团”养老再过10年乃至20年大家都变得更老时如何持续下去？共有产权的养老房在以后如何继承或租售？等等。从长远来看，这些忧虑不是没有道理。

习近平总书记在党的十九大报告中强调指出：要健全老年人关爱服务体系，“积极应对人口老龄化，构建养老、孝老、敬老政策体系和社会环境，推进医养结合，加快老龄事业和产业发展。”发挥市场的配置作用，推广各种不同类型的养老模式，改变养老全靠政府的不合理局面，有一点不容忽视，那就是政府要加快养老配套“政策体系”的构建，让各种社会力量真正成为养老产业的主角，以提供更加全面化、多样化、细分化的养老服务。

1.以建立法律制度为先导，促进政府对养老服务业的依法监管。一方面，建立健全养老服务业相关的法律法规制度，使之有法可依，有法必依；另一方面，积极规划一些新型养老模式的产品服务标准，对一些可能发生的问题做出事前规定，尽可能减少事后纠纷。

2.以振兴乡村为契机，切实解决好农村“散居养老”的现象。在未来一段时间内，我国还将保持4亿—5亿农业人口，其中有近亿老年人，在目前农业产值占GDP比重只有8.5%的情况下，要策划完善“土地养老”办法，帮助进城务工人员解决未来养老的后顾之忧。

3.以鼓励民间资本举办居家养老服务专业机构为基础，积极引导养老服务企业实行规模化、网络化、品牌化经营。以居家为基础、社区为依托、机构为支撑，把居家养老、“抱团”养老等纳入服务网点，为老年人提供紧急呼叫、家政预约、远程医疗等服务项目。

4.以配置社会养老资源为杠杆，积极提供政府购买的养老服务。按照公开、公平、公正以及量力而行、尽力而为、可持续的原则，政府统筹协调，引入第三方评估机构，向社会组织购买职责内的养老服务，不断创新养老服务供给模式，较好地满足人民群众对养老服务的需求。

（此文为作者提交全国政协十三届一次会议的大会发言，
原载于《群言》2018年第8期）

要化“邻避”为“迎臂”

近年来，一个叫“邻避”的舶来词被人们时常提起。“邻避”是Not-In-My-Back-Yard（NIMBY）的音译，意指不要把劣化环境质量、损害人体健康的项目“建在我家后院”。用中国人的俗话说，“不许在我家门口解手”。

从手边收集到的资料看，2006—2016年发生的全国重大“邻避”事件就有近30起，涉及的城市包括北上广深等一线城市近10个，至于二、三线城市发生的中小型“邻避”事件就更多了。有的工程项目如垃圾处理、PX生产等，“一建就闹、一闹就停”，甚至因为旷日持久的利益拉锯战而使工程项目中断终止，不仅耽误了工期、浪费了资金，而且直接影响到党群关系。

垃圾废物总得要处理、化工项目总得要落地……由于当地居民担心带来环境污染，从而滋生嫌恶情结，采取强烈的反对措施，使得一处处政府建设项目受阻，继而引发一起起社会群体事件。因此，有人把“邻避”现象形容为走不出的“胡同”、解不开的“索结”、绕不过的“困境”等。

中共十九大报告提出：“坚定走生产发展、生活富裕、生态良好的文明发展道路，建设美丽中国，为人民创造良好生产生活环境”。长期以来形成的唯GDP论的发展理念，已经无助于解决“邻避”所造成的各种矛盾。既不能因噎废食不发展、慢发展，又不能以发展的名义破坏生态环境，忽视公众的合理利益诉求。如果把“邻避”视作一道时代的难题，政府有责任把对立的“邻避”变为友好融洽的“比邻”，让邻里之间形成双臂拥抱的“迎臂”（Yes-In-My-Back-Yard，YIMBY）关系。

“时代是出卷人，我们是答卷人，人民是阅卷人。”历史上“散财物，焚甲兵，施之以德”的“化干戈为玉帛”的故事，以及一些现代发达国家平息“邻避”风波所采取的措施，对于当今我国规避“邻避”事件的发生有所启迪。概言之，要化“邻避”为“迎臂”，贵在打好“情感、道理、法治、协商”的组合拳。

满怀为民“深情”。“老百姓是地，老百姓是天，老百姓是共产党永远的挂念。”“邻避”问题的症结所在，是有些地方党委政府“执政为民”的思想还不牢固。在做项目规划布局之前，或是设计思考未从多个维度考虑问题，或是项目违法违规开工建设，或是项目规划建设信息不够透明公开，或是项目环境评估和风险评估流于形式，或是忽视公众切身利益关系、缺乏公众参与。凡此种种，不妨先来个换位思考，假如工程项目选址就在决策者、规划者的自家门口，你该怎样办？一定是会设计更加缜密、论证更加全面、施工更加完善，等等，绝不会草率从事、鲁莽上马。把邻家当自家，把群众当亲人，老百姓最重那份情，“你把他放在心上，他把你捧在手上”，凡事设身处地为群众多想想、多做做，许多“邻避”的纠纷就很容易避免。不然的话，要么好心办不成事，要么好心办成错事，其结果往往使得公权力失去了公信力。

讲好科学“道理”。中国的老百姓是通情达理的，但在“邻避”事件发生时，又常会听到那种声音：“你别跟我讲大道理，什么道理我都懂，说一千，道一万，只是不要将××项目建在我家旁边。”遇到这种窘况，应循理解决，不能简单、粗暴处理。一是“明避”：明确讲清工程项目可能会带来哪些利害关系，将会采取哪些永久性预防措施化弊害为利益，不遮遮掩掩，不文过饰非。如果动辄“通不通，三分钟”，采用停水、停电、断路的方法，架起“土炮”、搭起喇叭、拎起油桶，搞“半夜突袭”“抛人荒野”，老百姓就不跟你谈了，隔阂只会越来越深，关系只会越来越僵。二是“迎避”：迎接面对的矛盾，政府在项目建设决策期就应该按照市场规律，及时建立系统的补偿、保险和回馈机制，并在项目建设中，一并改善周边的基础设施，将“邻居”的家园美化好，给老百姓带来实实在在的好处，由此不但加强了官民的沟通，也树立了政府的威信。

严格坚守“法治”。“风可进、雨可进，皇帝老子不可进。”在20世纪，一些发达国家也曾遭遇过誓死捍卫家园的“邻避时代”，但通过建立健全法律制度走出了困境。如美国和日本法律对垃圾焚烧厂的选址有严格规定，并实施全程监督；韩国出台《促进区域性垃圾处理设施建设法》，主管部门对最终选址位置和图纸进行公示。目前我国尚没有针对解决“邻避”效应的专门法律，不妨借鉴国外的一些成功做法，坚持弘扬法治精神，尽快制定健全相关法律，用法律的手段处置“邻避”问题。鉴于“邻避”现象在我国普遍存在，考虑到各地区的差异性，而且所涉及的法律关系极其复杂，牵涉政府、社会公众、企业和项目相邻区居民利益关系的调整，建议积极推动地方立法，先行在部分省市区制定地方性法规，建立法律解决机制，依法打击别有用心者借正义之名肆意造谣生事，妥善平息各种不同的“邻避”群体性事件，以赢得公众的充分信任。

强化民主“协商”。“有事好商量，众人的事情由众人商量，是人民民主的真谛。”通过梳理近年来各地发生的“邻避”事件，不难发现项目决策不仅在政府与公众之间缺少协商，而且在政府层级之间也缺少协商，往往是上级主导、基层疏导，居高临下、命令指挥，存在上下左右协商沟通不畅的问题。以协商的方式化解“邻避”的各种矛盾纠纷，取得最大公约数，重在建立“三大机制”：一是基层协商民主机制，按照协商于民、协商为民的要求，更好地解决项目邻区群众的实际困难和问题；二是对话、竞争、妥协、合作机制，对于补偿方式和补偿标准等问题应充分听取各方意见，尽量满足各种合理的利益诉求；三是权力运行机制，加大信息公开力度，落实民众对地方重大公共事务的知情权、表达权、监督权和决策权，以公开透明的决策取信于民。通过阳光下的协商，让公众权益得到保障、公众疑虑得到回应，从而形成共识，把质疑者、反对者变成支持者，这是走出“邻避”怪圈的有效途径。

“大道之行，天下为公”。感情、道理兼修，法治、协商并重，多管齐下，“讲信修睦”，“邻避”效应就可以转化为“迎臂”效应，几多“邻家”后院的枝头，将会交织绽放出绚丽和谐的幸福花朵。

（此文为作者提交全国政协十三届一次会议的大会发言，原载于《中国政协》2018 年第 17 期）

让乡村文明蔚然成风

乡风是一个地区家风民风的集中体现，也是反映政风社风的一面镜子。党的十八大以来，中共中央高度重视乡风文明建设工作，以培育和践行社会主义核心价值观为根本，正党风、促政风、带民风，村民道德情操得到熏陶，村风民风逐渐好转。毋庸置疑，近几年乡风文明建设取得了明显成效，但仍存在一些不容忽视的问题，亟待采取措施予以治理。

一些乡村炫富攀比之风盛行，红白喜事讲排场、比阔气，背不起的“人情债”严重扭曲了亲情乡情；一些乡村封建迷信沉渣泛起，地下非法宗教组织蠢蠢欲动；一些乡村黑恶势力死灰复燃，村霸“混混”插手基层政权横行霸道;一些乡村赌风陋习难除,搓麻来点“小意思”,打牌加点“兴奋剂”,结果“打工挣钱一年,一夜全部输完”。此外,在近年来的精准脱贫工作中,有的帮扶对象“闲着等救济,不给就上闹”,有的壮年汉子将父母推给社会,把孝老爱亲当成政府责任。凡此种种，令人扼腕痛惜!

“风俗者，天下之大事，求治之道，莫先于正风俗”。良好的地方风俗是一种强大的正能量，能够滋润人心，涵养灵魂。当此实施乡村振兴战略之际，应上下联动，德治法治自治并施，全面鼓荡起乡村文明的东风，荡涤一切影响“文明乡风、良好家风、淳朴民风”建设的恶风陋习，让农村焕发出蓬勃向上的文明新气象。为此建议:

1. **强化政风引领**。配强村“两委”班子，以强化农村基层党组织在乡风文明建设中的领导地位。进一步优化风清气正的乡村政治生态，着力惩治发生在群众身边的不正之风和侵犯农民利益的“微腐败”，对贪赃枉法、徇私舞弊的“苍蝇”“蚊子”依法严惩，绝不手软。充分发挥法治在乡风文明建设中的重要作用，提高县乡干部的依法办事能力，促进农村基层干部遵纪守法、守廉知耻，形成浓厚的干部示范、群众参与的乡风文明创建氛围。

2.开展专项治理。结合扫黑除恶专项斗争，集中查处一批性质恶劣、对治安环境造成巨大影响的案件，严厉打击采用贿赂、暴力、欺骗、威胁等手段干扰破坏乡村换届选举，并深挖背后保护伞以形成震慑。依法遏制邪教、非法宗教在乡村的传播，以及黄赌毒、盗拐骗等犯罪行为。对乡村恶风陋习进行重点整治，狠刹炫富攀比、奢侈浪费之风，铲除封建家族、宗教势力的滋生根源。加强宣传，弘扬正气，引导群众崇尚科学、反对迷信，还农村一片风朗气清的净土。

3.发挥乡贤作用。乡贤文化是植根乡村的母土文化，在乡村风习教化、公共事务管理中起着不可替代的作用。要挖掘、继承、发扬、创新优秀传统乡贤文化，对地方先贤文化资源进行开发利用，打造健康的祠堂文化、家族文化品牌，“以文化人”，让传统乡贤文化泽被乡里；同时，要积极培育有德行、有才能、有声望的新乡贤，重构新乡贤文化，如加强对农村“田秀才”“土博士”等能人的培养，鼓励心系故土的精英返乡创业，倡导城里“公家人”退休后“告老还乡”，使他们散发的文化道德力量引领出新的乡风民俗。

4.加强制度建设。严格落实《村民委员会组织法》各项规定，进一步推进村委会规范化建设。推动制定具有地方特色、符合法治精神的乡规民约，建立执行保障机制，充分发挥其约束社会行为、保障公共利益、化解矛盾纠纷的积极作用。健全乡风文明督导、激励、考评、奖惩等制度，构建乡风文明建设责任追究的长效机制。发挥村民主体作用，推动建立文明乡风理事会，结合当地实际，规范农村婚丧嫁娶各项仪式活动，制定人情礼金标准，引导群众持守节俭美德，让乡风文明“望之蔚然而深秀”，吹遍中国广袤乡村的每个角落。

（此文为作者在2018年3月10日全国政协十三届一次会议第三次全体会议上的大会发言，原载于《光华时报》2018年3月13日）

“痕迹主义”当休矣！

在十九届中共中央政治局第十次集体学习会议上，习近平总书记一针见血地指出：现在，“痕迹管理”方式比较普遍，存在很多问题，这种状况必须改变。干工作不能蜻蜓点水、浅尝辄止，不能“雨过地皮湿”，更不能“光打雷不下雨”，务必动真格、出实招，见功夫、求实效。但近年来在不少地方的“痕迹管理”中，片面地把以具体文字表格和图片资料等作为展现工作绩效的唯一考核手段，重“痕”不重“绩”、留“迹”不留“心”，由此衍化为形式主义、官僚主义的一个新变种：痕迹主义。

在“痕迹管理”过程中，会议记录、图片题照、签字盖章、指纹刷脸、手机定位等，古今十八般武艺皆派上用场。更有大摞写不完的各种材料、填不完的各种表格，使得一些基层书记成了“速记、熟记”，专职干部成了“表哥、表姐”。基层同志反映，他们工作累、任务重自不必说，最怕的是名目繁多的检查督查，不同部门的材料核实，动辄打板子追责。为了应付来自上面的各种检查，一些基层干部五加二、白加黑，成天忙于刷标语、竖板墙、修景观，“加班加点写材料、没日没夜整数据、一心一意填表格、辛辛苦苦编简报”，尽做一些无厘头的事情。因为忙于留下“痕迹”，以致腾不出身子搞调研、办实事，不仅占用了干部大量时间、耗费大量精力，有时还要增加基层负担，引起群众的不满。

“痕迹管理”中表现出来的“痕迹主义”新动向，如果任其滋生蔓延，既迷失了干部工作方向，又贻误了事业向前发展，与造就一支忠诚干净担当的高素质干部队伍要求格格不入，危害不容小觑。

“痕迹主义”有悖于忠诚品格的培育。忠诚者，表里如一、言行一致、知行合一、绝不作假。搞“痕迹主义”，做功不如唱功，干的不如看的，只要“痕迹”光鲜，检查便可过关，久而久之，容易催生人格的变态，助长政治上的“两面人”行为。如果把“痕迹管理”一味地视为“实绩印证”和考核依据，难免出现“重痕迹、轻落实”的倾向，排比句、豪华版、政治抒情诗“满天飞”，说的与做的里外“两层皮”，甚至表现为对上卑躬屈膝、阿谀奉承、溜须拍马，对下趾高气扬、盛气凌人、不可一世等官僚做派。

“痕迹主义”不利于干净行为的养成。在私欲杂念的支配下，有的人每每处心积虑用“痕迹”制约下级，或千方百计留“痕迹”取悦上级，时时投机取巧，不惜增加工作成本。在利益面前，极尽花哨的理由、华丽的借口以致劳民伤财；在困难面前，缺乏为民情怀，患得患失，表现出内心世界的猥琐。“痕迹主义”不但严重浪费了工作精力，而且玷污了人的心灵。

“痕迹主义”有害于责任使命的担当。毛泽东同志曾将形式主义批判为“一种幼稚的、低级的、庸俗的、不用脑子的东西，它唯一的目标是获得上级的注意和认可”。“痕迹主义”惯于用形式主义、官僚主义应对工作，对落实党中央部署不用心、不抓紧、不务实、不尽力，只把工作当成留下“痕迹”而不是创造业绩，宁肯躲进小楼填充文字，也决不愿跨越雷池破解难题，一味地将“瓜瓤留给自己，瓜皮抛给他人”，由此造成督查考核靶心“偏向”，务实担当路线“偏道”，也导致干部素质单一、能力不足，更何谈责任担当。

显而易见，“痕迹主义”不能任其滋生蔓延，必须拿出有效管用的整治措施，及时予以制止和改正。

坚持以上率下。“痕迹主义”出现在基层，但根源在上面。因此要以上示下，从上面开始，上下联动抓作风、文风、会风，各司其职，守土有责、守土负责、守土尽责，不能空喊口号、空耗资源，搞空心架子。人民群众评价干部很简单，就看你实干不实干，如果谁玩“猫腻”，老百姓就不喜欢。

强化行动自觉。对党对人民的忠诚，要落实到具体行动，抓工作不能只追求留“痕迹”，沉湎于图表之中，不能以文件贯彻文件、以会议落实会议，高调表态装样子。要更加自觉地将责任扛在肩上，把人民放在心中，不做华而不实、劳而无功、人民不满意的事情。加强干部管理不是颐指气使、哗众取宠，也不是纸上谈兵、附和迎合，重在忠于职守、诚实干事，把好的理念变成行动，脚踏实地完成好每一件工作任务。

敢于动真碰硬。着力解决为政不勤、为政不公、为政不义、为政不廉等问题，让“占着位子、顶着帽子、混着日子、摆着样子”的人“嘚瑟”不起来。把那些睁眼环视材料、张嘴训人斥责，专会干核查活儿的官员请下台，让基层干部从“千剑底下一颗头”的过度紧张中解脱出来。

激励担当实干。优化考核方式，不以材料“痕迹”评短长，而以工作实绩论英雄，把严格的干部考核机制变成促进工作的科学手段。整合督察力量，检查不能多头化、频繁化、简单化、随意化，必须精准追责问责，令人口服心服。“洗碗越多摔破碗的概率也越大”，切实建立容错纠错机制，为担当者担当、为负责者负责，不让吃苦者吃亏、流汗者流泪。撑腰鼓劲，关爱信任，才能使广大干部在责任和使命面前心无旁骛挺身而出。

幸福都是奋斗出来的，业绩都是拼搏出来的，民族复兴的伟大事业，绝不是轻轻松松、敲锣打鼓就能实现的。古今大事以实则治，真抓实干才是砥砺奋进的正道。

（此文为作者提交全国政协十三届二次会议的大会发言，
原载于《人民政协报》2019 年 2 月 14 日）

破解“谁来种地、谁会种地”之问

随着我国城乡一体化进程的加速，以各种方式进城的农业人口越来越多，预计到2035年，我国城镇化率将达到75%，农村人口不断减少，生活在农村的近3.7亿人中，老年人口约占1/3。老一代传统农民已是“芳龄东流去，苍松夕照明”；新一代农民徒有农村户籍，却越来越疏离曾经世代耕耘的农田。“70后不愿种地、80后不会种地、90后不谈种地”，成为当下农村的普遍现象。于是乎，人们生出一种担忧：将来“谁来种地”？

然而在农村，不时又能听到老一辈农民发出的叹息：没想到种地几十年，如今却变得不会耕作。说的也是实情。由于土地流转和新型农业组织的兴起，农业生产规模化、机械化、标准化、智能化的不断普及，种地变得不再是单一的苦力活。“穿蓑衣戴斗笠、牛耕田人耘禾”的乡愁水墨画已经淡然，“遍地英雄下夕烟”的农业风光也已了然，“扶犁握锄两脚泥，面朝黄土背朝天”的昔日景象将逐渐退出历史。由此引发人们的另一番思考：将来“谁会种地”？

洪范八政，食为政首；手中有粮，心中不慌。2018年9月25日，习近平总书记在黑龙江省考察时说：“中国人要把饭碗端在自己手里，而且要装自己的粮食。”作为一个有13亿多人口的大国，粮食影响着国运民生，“吃饱饭”是维系社会稳定的“压舱石”。温饱问题的解决过程，更凸显了一个基本道理：饭碗必须牢牢地端在自己手中。近年来，中国粮食连年增产，吃饭问题似乎已不存在。但算起来，我们挥别粮票也不过20多年。解决了“吃得饱”的基本需求，还要解决“吃得好”的升级需求。居安思危，任何时候都不能轻言粮食安全过关了。把中国人的饭碗牢牢端在自己手中，让碗里盛满优质的“中国粮”，实现全面小康才有最坚实的基础。

围绕着将来“谁来种地、谁会种地”这一关乎吃饭的问题，首先应该“怎么看”？改革开放40年来，我国农民“家有几亩地，起早不得利”的传统农耕正在悄然发生变化，在希望的田野上，将不再是“禾苗在农民的汗水里抽穗，牛羊在牧人的笛声中成长”，展现的却是“无人机在蔚蓝天空下播种，康拜因在滚滚麦浪中收割”的美好愿景。那诚然是我国社会文明进步的一种表现。其次应该“怎么办”？长期以来党和国家对“三农”问题的高度重视，特别是中共十九大提出实施乡村振兴战略，坚持农业农村优先发展，必将颠覆千百年来的农耕作业方式，使得“种地”发生前所未有的革命性变化。因此，“谁来种地、谁会种地”？也就理所当然成为乡村振兴进程中亟待破解的一个重要课题。

让农民成为“专家”。“农忙时节缺人手、科学种田缺人才、农业生产缺人力”，将来“谁来种地、谁会种地”之间，核心是要解决人的问题。从更深层面而言，传统意义上的农民只是一个尴尬的身份标签而非职业称谓，新型职业农民才是未来农业发展的中坚力量，也是实现乡村振兴的生力军。培育新型职业农民，让农民成为令人羡慕的职业，是乡村振兴的重要一环。现代农博园、乡村民宿、农业综合体……随着一个个全新的现代农业形态正在不断涌现。不断壮大新型职业农民队伍，才能剥去“农民”贫穷落后等身份标签，让农民告别传统的“身份”称谓，成为从事体面、令人羡慕的职业，让职业农民在农村这片广阔天地，真正大有可为。故而，以工匠精神培养大批擅长某项农业技术的“专家”已经刻不容缓。

培育新型职业农民，目前要注重两个方面。一是谁来培养？确立农企和院校为主体，建立政府、社会与企业、院校等相结合的多元化培训体系，制订长效的培训计划，拓宽新型职业农民来源，以农民需求为核心，用激励机制鼓励农民、大学生、社会青年等多层次人员主动参与。二是如何培养？在具体培训中，发挥“田教授、土博士、水秀才”的作用，坚持理论与实践相结合、实训与实用相结合、扶持与服务相结合，及时提供技术、市场和政策等信息，真正学得“管用”，避免教学与实践的严重脱节，从多方位提升培训的质量和效果。

让农业更加“摩登”。现代农业不同于自然经济条件下传统农业的“犁耙锄镰锹，样样好把式”，其之所以“摩登”，在于运用现代科学技术和生产管理方式，内部分工精细明确。新型职业农民以农业生产市场化、生产活动农场化、企业管理科学化为指向，由“通才式”的经验渐移到“专业式”的特长，科技、机耕、管理等各行皆备，各司其职，如“打铁的不做锡壶，织布的不磨豆腐”，通过内部的不同分工，产生各种类型的农业行家里手。

此外，通过土地确权后的自愿、合理流转，把沉睡的土地变成农民的一项资产，农民成为企业的股东，实现以市场经济为导向、以利益机制为联结、以企业发展为龙头的现代化农业，使他们从财产性收益和产业资本投入中获得稳定性收益，缩小可能扩大的城乡差距。如果土地无法变“资产”，农民始终被禁锢在“一亩三分地”之中，现代农业的规模化、集约化、产销一体化只会成为一句空话，新型职业农民也就难以在农村这片广阔天地脱颖而出、大有可为。

让乡村变成“乐园”。由于农村长期的贫穷落后，造成了我国当代特有的农民工离乡背井现象，使得在推动城市发展的同时，也带来了一些诸如“乡村凋敝”的“三农”新问题。再过不到20年，对应着3%—4%的农业GDP，要解决好那时近1/4农村人口的生活，必须通过一、二、三产业深度融合，培育经济发展新动能。只有在实施乡村振兴战略的大潮中，使农村冲洗掉贫穷落后的标签，真正富起来、美起来，让农民潇洒脱下传统身份的旧衣，生活得更加体面、更有尊严，才能使“种地”变得独具魅力，农民成为令人羡慕、令人向往的职业。

未雨绸缪，决胜千里。乘乡村振兴的强劲东风，大力发展农村新产业新业态新模式，促进特色效益农业与资源加工转化、民俗生态旅游、现代商贸服务等，把乡村建成生态美、产业兴、百姓富的“乐园”；在我国全面建成小康之际，大力发展乡村文化教育卫生事业，积极培育文明乡风、优良家风和新乡贤文化，加快建设法治有序、德治有效、自治有力的乡村治理体系，把乡村装点成缤纷四季、宜居宜业的“乐土”。这些，都将为破解“谁来种地、谁会种地”之问夯实深厚的底气。

“自古熟闻蝶恋花，亦有花香引蜂来。”“将来”映现眼前，道路正在脚下，我们大家都在期待，美丽的乡村能够吸引更多的人从事农业、发展农村，人们在丰沃的土地上欢快耕耘，年年都有好收成！

（此文为作者提交全国政协十三届二次会议的大会发言，
原载于《中国政协》2019 年第 4 期）

【调研与思考】

现代农业：在大地上播撒的理想

上午，我们似乎漫游在绿色的公园，考察了江西蚕桑茶叶研究所，也就是我省的现代生态农业示范园，令人心旷神怡，耳目一新。下午，大家听取了有关我省现代生态农业建设与发展的情况汇报，更使我们大开眼界，对江西农业的未来前景充满信心和希望。围绕江西现代生态农业发展的相关问题，大家已经谈了很多很好的意见，下面我也说一些自己的感受与思考。

一、凤凰涅槃：见证了不平凡的历史沧桑

这里有个很好听的地名——“凤凰沟”，也就是蚕桑茶叶研究所的所在地，现在又建成了江西现代生态农业示范园。十多年前我曾经来过这个地方，那时的凤凰沟，是茶树与野草并见、荒丘和破房相伴，给人的感觉是缺少生气，过于荒凉，剩下的只有“贫穷”。十多年的时间过去了，沧海桑田，今非昔比，如今的凤凰沟，已经打造成了瓜果累累、鸟飞鱼跃、道路平坦、风景优美的现代生态农业示范园，一切都发生了翻天覆地的变化。

“窥一斑而见全豹。”凤凰沟的变迁，也就是整个江西农业变化的一个缩影。江西省农业厅与蚕桑所的干部职工一道，倾其精力，在较短的时

间内建成了初具规模的现代生态农业示范园，靠的是什么？我认为有三点显得很重要：一是“穷则思变”，具有敢为人先的志气；二是“危中求机”，具有顽强不屈的决心；三是“好而求优”，具有实干进取的行动。这种孜孜不倦、开拓进取的精神的确值得发扬。

凤凰涅槃，浴火重生。在2009年，我省农业有效克服了金融危机、自然灾害等不利因素，农业农村经济运行态势比预期要好，预计今年农业发展将取得五个历史性突破，实现全省农业农村经济新跨越，形成“54332”的良好格局，即：农民人均纯收入可突破5000元；粮食总产量可突破400亿斤；水果总产量可突破300万吨；肉类总产量可突破300万吨；水产品总产量可突破200万吨。可以这样认为，江西农业正在告别传统，迈向现代化的康庄之路，大力发展现代生态农业的时机已经基本具备。

二、生态农业：展示了未来农业的发展方向

现代农业的一个重要标志，那就是生态。生态农业是未来农业发展的方向，其作用与地位十分突出，建设现代农业离不开生态农业。

生态农业作为现代农业的内核，在建设与发展过程中，一要遵循规律，全面提高土地产出率、资源利用率和劳动生产率；二要维护多样，使农业生产系统内部呈现生物多样性、自然生态条件的多样性以及生物物种的多样性；三要保持平衡，让自然生态条件在多元之间相互选择、相互适应、相互制约、相互依存，形成农业生产链中的各种“猪—沼—果”的类型与模式；四要有利发展，合理配置和使用土地、资源，使之具有持久利用的能力，达到农业可持续发展的目的。

生态农业是人类永久生存的需要，在建设与发展过程中，必须注重“以人为本”思想，克服传统农业和现代常规农业的各种弊端，保证生态效益、经济效益和社会效益的逐步提高，资源利用率和农业生产率不断增强。要围绕“绿化、无害化、循环化、多元化”的建设目标，应对各种挑战，避免因为对大自然的破坏与掠夺而导致的大自然对人类的惩罚与报复，保障农业生产系统处于良性循环状态。

参照凤凰沟现代生态农业示范园的建设情况，分析我省农业的现状，我们不难发现，实现现代生态农业目前还面临着不少困难与问题，主要概括为十个方面：农业产业结构不尽合理；农村劳动力综合素质不高和大量剩余；农业生产机械装备水平仍然较低；农业科技创新和支撑能力薄弱；农业基础设施建设落后；农业产业化程度偏低；农产品加工转化与市场竞争能力不强；农村小城镇建设速度缓慢；农业管理不能统一高效；资源环境约束日益加剧；等等。这些问题可以通过机制、体制的创新和资金投入的增加得到有效解决，比如完善和健全强农惠农政策，成立现代农业建设指导机构，科学组织全省现代农业规划编制工作，加强农村金融服务等，从多个层面建立多元化的农业投入体制，加快现代生态农业发展进程。

三、绿色家园：体现了现代人的共同追求

江西的过去曾经是“红色的故乡”，江西的未来应成为“绿色的家园”。我们有理由、也有责任把江西的农村建设得处处都像今日的凤凰沟，从而实现现代人共同追求的宜居宜业“绿色家园”的梦想。

首先，“五个一流”是建设绿色家园的标准。绿色是江西的品牌、江西的优势，也是江西发展的基石。在现代农业发展的过程中，要把“五个一流”（一流的水质、一流的空气、一流的生态、一流的人居环境、一流的绿色生态保护建设管理机制）作为建设绿色家园的标准，把握其精神实质，在实际工作中逐一分解，真正落到实处。

其次，“四个立足”是建设绿色家园的基础。一要立足特色求发展，找准特色品种，力求“人无我有，人有我优”，做出品牌，做出品位；二要立足龙头求发展，从政策、资金、信息、技术等方面重点扶持龙头企业发展，积极探索龙头企业与基地、与农民的经营模式，全面提升农业产业化水平；三要立足科技求发展，着力强化政策、科技、设施装备、人才和社会化服务等支撑条件，通过科技手段挖掘发展的潜力；四要立足资源求发展，积极转变农业发展模式，创新农业发展理念，放大地方资源的效应。

最后，“三个结合”是建设绿色家园的抓手。一是与新农村建设结合起来，按照“生产发展、生活富裕、村容整洁、乡风文明、管理民主”的要求，为促进我省农业又好又快发展奠定坚实的物质基础和产业支撑；二是与项目建设结合起来，实施项目带动战略，根据农业结构调整的要求，积极组织申报各类涉农资金项目，提高项目的中标率，实现农业项目与其他产业项目嫁接；三是与基础设施建设结合起来，以现代的思维、前瞻的眼光、广阔的视野，规划好道路、灌溉、机耕、观光等设施建设，把基础工作做好做牢。

四、现代农业：昭示了需要迈越的漫长路程

在我国，现代生态农业还刚刚起步，在我省，凤凰沟的现代生态农业示范园也才刚刚建成，今后，要走的路程还很长很远。下一步，我们应该做些什么？个人的观点是：

第一，树立现代理念，推进农业发展。现代农业之所以“现代”，指的是通过现代的农业装备、现代的管理体制、现代的农业科技创新、现代的市场体系建设和现代的发展理念等，不断拓展农业功能，优化产业结构，努力走出一条科技含量高、经济效益好、资源消耗低、环境污染少的现代农业发展道路。其中，尤其重要的是要用现代工业的理念，指导和促进农业的发展，尽早实现标准化生产、规模化经营和机械化耕作。

第二，创立生态品牌，唱响江西优势。江西具有生态优势，然而至今能够在市场上叫得响的生态农产品品牌却不是太多，这不能不说是一件憾事。在推进现代农业发展的进程中，要把打造生态农产品品牌作为重要环节来抓，注重生态农产品品牌的创建工作，制定一些切实可行的政策措施，以品牌促规模、以品牌拓市场，实现农业品牌效应。农副产品加工企业要重视制定产品品牌标准，为创建名牌农产品做好基础工作。

第三，建立农业园区，提高农民收入。园区是现代产业的标志，要以农业园区为主体，产生辐射功能，形成卫星集聚效应，使园区真正成为农业结构调整的排头兵和领头雁，促进农业整体水平的提高。加快发展无

公害农产品、绿色食品、有机食品生产基地，逐步建立一批生态优质水产、蔬菜、水稻、茶果生产和畜、禽养殖等一批生产示范基地，实施利益共享、风险共担的运作机制，延长产业链，开展深加工，促进农民的持续增收。

第四，确立支柱产业，增强发展后劲。支柱产业的意义，在于它对经济发展的支撑力度与动力作用。结合我省实际情况，应该明确现代农业中的支柱产业并予以政策支持。比如，搞好籼稻的生产与加工，扩大优质稻的种植面积；大力发展优质茶叶、茶油，加速培育种苗，实行标准生产，进一步打响江西绿茶、江西茶油品牌；巩固提高水产业，加快发展名特优水产养殖，促进水产业经济效益的提高；适度拓展瓜果业，加快新品种的引进和推广，防止品种退化，扩大优质柑、橘、橙、葡萄的种植规模，形成一批上规模、上水平的精品瓜果园区；加快发展无公害蔬菜，积极寻求新的市场，形成新的产业优势；稳步发展畜禽养殖业，在“名优新特”上做文章，在防治污染上下功夫。

总之，农业界别的这次考察活动很有意义。江西近年来的农业变化非常喜人，农业部门的工作卓有成效，作为政协委员，为现代生态农业的发展多建有用之言、多献有用之策，那是我们分内应尽的责任。衷心地感谢大家！

（2009 年 11 月 4 日在江西省政协农业界别委员考察江西现代生态农业示范园调研座谈会上的发言）

农业产业化：在田野上放飞的希望

围绕着农业产业化这个主题，我们饶有兴味地来到萍乡，参观考察了几家种植、养殖和农产品加工企业，并且聆听了来自省、市农业部门和几家农业龙头企业的情况介绍。虽然时间非常短暂，但使我们增长了不少农业产业方面的见识，收获很大、启示很多，同时也引发了我对未来农业产业发展的浓厚兴趣。

一、农业产业化：必须破解的一道难题

近年来，“三农”问题是大家谈论得比较多的一个话题。我们经常说要实现中华民族的伟大复兴，其中一项紧迫的任务，就是要在我国960多万平方公里的土地上，切实解决好“三农”问题。“农村穷、农民苦、农业难搞”，“三农”当中，关键就是要把“难搞的农业”搞好。为什么中国的农业如此脆弱？对此汇集了各种各样的答案，如人口众多、耕地较少、投入不足、对灾害的抗拒能力差等，这些都是不争的事实。但更为重要的是，由于历史的原因，我国的农业产业化程度太低，这才是“犟牛的鼻子”。

农业本身就是一个大的产业，对此毫无疑问。作为一个现代产业，它必须具备产业的基本要求，拥有产业化的基本形式。然而，中国当前的农业产业却不尽如人意，表现出一种天然的不足，大部分农业地区沿袭的是“犁耙锄地牛耕田，面朝黄土背朝天”的家庭生产方式，那种“阡陌交

通，鸡犬相闻，往来种作，怡然自乐”的农村田园风光千年依旧。即便是沉浸于“禾苗在农民的汗水里抽穗，牛羊在牧人的笛声中成长，西村纺花东岗撒网，北疆播种南国打场”的悠扬歌声中，我们也难能领略出农业产业化的滋味。看来，中国的当代农业，仍然禁锢在传统农业生产的落后格局中，严重缺少现代产业化的基本要素。于是，传统的生产模式与现代化产业结构，不可避免地要出现一场激烈的碰撞。

没有现代化，就没有产业化，而没有产业化，又何谈现代化？中国的农业产业就这样陷入一种两难之中，成为制约中国经济社会发展的一个瓶颈。进入新的历史时期，一项艰巨的任务迫切地摆到了人们面前，要推进中国的发展，全面实现小康社会，就必须转变农业传统的生产方式，大力推进现代农业产业化，在现代农业体系建设上取得实质性的突破。历史的实践也将会证明，只有破解好农业产业化这道难题，迈过农业产业化这道难以逾越的“坎”，才能实现真正意义上的中国腾飞与崛起。否则，一切无从谈起，因为中国的现实毕竟是农业人口占大多数。

改革开放以来，一批农业种植、养殖、加工企业应运而生，从中涌现出了不少龙头企业。作为中国现代农业产业的先行者，它们对农业产业化的行径进行了艰难而又颇有意义的探索。从它们身上，我们的确可以发现蕴藏在人民群众中的无限创造力。创造了什么？企业机制、生产经营模式、利益分配方式、市场开发水平与能力等，许多被认为是棘手的难题，都可以从中找到鲜活的经验。所以我要说，现代农业产业的龙头企业，尽管还处于初创时期，但表现的是人民群众的智慧与创造，呈现的是农业产业的生机与活力，展现的是人们对中国农业未来发展的憧憬与理想。

二、农业产业化：应该探究的重大课题

需要清醒的是，有些事情，理想与现实往往存在差距。在目前情况下，我国的农业产业化只能分步实施，不能一蹴而就，这是由我国的基本国情所决定的。就拿农业产业集约化管理、规模化经营来说，人们追求的是相对投入减少，提高土地利用率和生产率，增加农业经营的经济效益。

然而，农村的现实是每人“一亩三分地”，实行的是“责任承包”，政策是“长久不变”。如果通过流转方式把土地“集约”起来，通过社会化分工把农村剩余劳动力向二、三产业转移，一旦再遇到一个类似金融危机什么的事件，出现进城务工农民返乡的大潮，失地的农民该怎么生活？由此还可以派生出一些值得研究的课题。比如：

怎样推进现代农业产业发展？一是要转变农业增长方式，借助区域品牌，带动一个产业，富裕一方农民，引导农户进入市场；二是要提高农业市场化水平，采用订单农业方式，促进农业产业结构的调整；三是要增强农村经济竞争能力，培育农村专业合作社和农村金融组织，重点扶持具有带动意义的农业龙头企业；四是要建立农产品现代流通体系和信息平台，切实解决好农产品“买难、卖难”的市场问题；五是要加强农产品科研开发和标准制定，把农业科技的推广应用作为发展现代农业的有力支撑，积极引进新品种、新项目、新工艺，保证农产品的优良安全、质量可控。

怎样实现农业生产经营效益的最大化？在现有的基础上，要着力解决好农民的出路、增加土地单位面积的产出、提高农产品的市场价值。也就是说，要通过产业化的途径，体现产业化的“航母”优势，把效益做大，从而增加农民的收入。犹譬一个农民经营一亩土地，产出1000斤稻谷，而在产业化之后，却是一个农民经营10亩土地，产出的不仅是1万斤优质大米，或者是大米深加工后的精制产品，而且其他9位农民在产业链中也相应寻求到各自的利益谋求方式。

如何放大农业产业效益？就一个产业而言，包括了产业的模式、产业的市场、产业的支持、产业的组织、产业的经营等。大至一个产业或企业，如果具有良好的外部条件，又有好的内部组织经营，就可以不断放大它的效益，在产业的基础上出现劳动力的转移和专业分流。这里有很多问题值得思考，如产业模式可以向终端产业链延伸，将卖生猪变为加工香肠；产业市场可以向远方拓展，变农贸市场为国内外超市；产业支持可以形成社会化服务体系，施肥、灭虫都有专业人员实施；农业产业组织可以建立生产经营组织体系，使单一的农户集结成新型的合作经济组织。说到底，就是要根据产业的自身规律，通过利益联结，促进农业形成农工商结合、产学研结合的产业复合体，使之组织化程度不断提高、管理化程度不断增强。

凡此种种，不一而足。

三、农业产业化：不容忽视的几个问题

1.反哺农业与财政直补。近年来，政府将为数不少的资金直接补贴给农村的千家万户，受到农民朋友的欢迎。但从长远考虑，它依然是一种权宜之计，因为分散的补贴资金不仅难以办成大事，而且越来越不能发挥期待的激励作用，零碎的补贴也无益于未来农业产业化的规模发展。重要的是，要将各种支农资金向农业主导业发展集中，将各种优惠政策向农业产业化发展倾斜，努力克服惰性，改善现有生产条件，为农业集约化发展提供必要的硬件支持。因此，直补不能“撒芝麻”，更应集中反哺到龙头企业，通过发展产业使农民获得更多的实惠。

2.长效机制与可持续发展。公司加农户的模式，既有时代的先进性与必要性，也表现出现实的局限性，即便是企业加基地加农户的模式，同样具有不少的缺陷，其症结在于缺乏长期稳定的利益分配机制。企业是产业化的主体，也是依托科技推广提升农业集约化水平的生力军。在农业集约化建设过程中，应建立一种机制，通过抓点示范，把企业利益与农户利益牢固地扭结在一起，提升基地农户在企业中的“员工地位”，使农户真正成为企业的主人，进而激发广大农户对企业的内在需求，促进产业的可持续发展。

3.规模经营与土地流转。规模经营有一个前提条件，那就是土地的成片开发与利用，没有土地的规模，也就不可能有产业的规模。当下遇到的最大问题是通过什么样的方法，把各自耕耘的小块土地连片成串，使土地通过流转，实现企业的产权明晰，更好地用工业的方法发展农业产业。然而，土地是农民的命脉，也是农村缓解矛盾、保持稳定的重要“缓冲器”，中国农民依赖土地的情结还很难在短时间内根本消除。因此，必须

认真对敏感的土地流转问题加以研究，根据各地具体情况，择优遴选各个方面都能接受的妥善解决办法。

4.壮大产业与减少农民。大力实行农村劳动力的大分工，让他们既能从土地中解放出来，又能够在涉农产业中从事一份工作。农业人口的有效分工和分流，城镇化是一条道路，必须坚持走下去。在我国广大农村，扎扎实实地推进小城镇化建设，应该与加强农业产业化有机结合起来，要通过壮大农业产业来加快小城镇建设的进程，让从事农业生产的劳动力更具专业化，以实现减少农民和达到劳动效益最大化的目的。因为产业是小城镇的建设依托，城镇是居民的生活居所，没有产业的基础，就难以有人口的生活聚集，没有农业人口逐渐向城镇产业的集中，也就没有农民总体数量的递减。道理就是如此简单。

四、农业产业化：我们已经看到了新的希望的曙光

实现中国的现代农业产业化，关键在于一个“化”字。怎么个“化”法？大体有两个相互贯通的层次：第一个层次是集约化、规模化、标准化，即集约化管理、规模化经营、标准化生产。我们经常所说的在现阶段要用工业的理念来经营农业，大概表达的就是这层意思。第二个层次是科技化、机械化、生态化，就是说在实施农业产业化的过程中，必须把握科技的内涵、实现机械的操作、保护生态的环境。“九九归一”，以上两个层次的内容，可以合成为一项长期的战略任务。围绕着这项任务，我们应该一茬接着一茬，不懈怠、不折腾、不松劲，努力顽强地干下去，一直干到与传统农业产业说声告别的那一天。

不久前，农业部的一位领导在谈到当前农业产业化的发展时，着重提出要突出“六个强化”：强化政策落实、强化机制建设、强化产业链建设、强化市场营销、强化科技创新、强化管理和服务。我认为，近年来，江西在农业产业化的“强化”方面已经做了很多文章，并且取得了明显的工作成效，尤其是在萍乡市，更有许多好的经验值得总结。

从目前情况来看，我省农业产业化发展总体态势良好，产业结构逐步

优化，龙头企业效益稳步提升，农业产业化已成为农村经济一大新的增长点。在工作中，大家紧紧围绕农业产业结构调整，不断提高产业化水平，实现农民收入不断增加；实施品牌战略，把品牌经营理念融入生产、加工、流通各环节，靠品牌拓市场，向品牌要效益，以品牌保质量；不断提高农副产品加工的转化率、档次和水平，提高农业效益和竞争力；建立有效率、宽领域、多方位、高水平的社会服务体系，加大农业产业化的支撑力度；不断健全合理的利益连接机制，特别注意保护农民利益，实现可持续发展，促进了我省农业和农村经济又好又快发展。

对于如何进一步加快我省农业产业化发展进程？大家又有很多新的认识、新的思路、新的举措。比如萍乡市政府广泛动员和鼓励工商、民营企业进入农业产业化，积极推广“企业租赁、大户承包、单季流转”三种土地流转模式，认真搞好与央企、外企、科企、名企的“四个对接”，进一步提升品牌效益和专利水平；等等。可以这样认为，有了这些得力的措施和精心的谋划，再一步一个脚印坚定地走下去，必将会把农业产业化引领到一个新的境界。

最后，我还想再说上一遍：农业产业化，是在我国广袤的农村田野上放飞的一种希望。通过这次参观考察，令人感到无比欣慰的是，我们不仅看到了农业产业化希望的曙光，而且闻到了悠悠飘来的成功果实的芬芳。

（2009 年 7 月 4 日在江西省政协委员考察萍乡市
农业产业化调研座谈会上的发言）

发展休闲农业大有可为

近年来，我省农业界别的政协委员就如何发展“现代农业和生态农业”等相关内容，在省内不少地方开展考察调研，这些活动很有生气，也取得了较好的效果。记得在前年，我曾随大家一起，先后到过省蚕桑茶叶研究所（凤凰沟风景区）、萍乡杜仲公司等地调研，感受非常深刻。

今天上午，我们又来到远泉实业集团的几个基地进行参观学习和考察。沐浴着阵阵春风，闻听着声声鸟鸣，目睹着“桃花红，李花白”的景致，在一片郁郁葱葱之中，大家已经体验到了姹紫嫣红、风景如画的自然风光。这几年，远泉集团各个方面的发展都很有特色，展示着一种农业发展的立体模式，从山上的果木茶园，到田原的特色种植，再到山涧的人工湖泊，由上而下，层次分明。之所以说这里的发展模式很有意义，因为它代表着中国未来农业发展的一种方向。

通过参观考察，刚才又听到了省农业厅领导同志认真准备的发言和各位委员发表的不同见解，可以说是见仁见智，精彩纷呈，给了我许多启发和教益。概括起来主要有“三点启示”。

第一，农业是一个永恒的朝阳产业。人类的文明是从火的发明和使用开始的，然后逐渐进入到劳动工具制作时期，从此意味着我们的祖先从森林中匍匐而出，学会站立，运用工具进行耕作，开始进入农业文明阶段，向着现代人不断发展。农业文明和以后的工业文明，所指的是人类文明发展的一个过程，此后它以越来越快的步伐，迈向现代生态文明。但是，从另外一个视角而言，农业是一切文明的基石，因为人类赖以生存的基本条件总离不开五谷杂粮，而五谷杂粮来自农业。所以说，农业是一个永恒的朝阳产业，无论是讲“民以食为天”，还是说“吃饭问题了不得”，农业的基础地位永远不能动摇，尤其是像我国这样一个人口众多，可耕种面积偏少的国家，粮食安全尤其重要。

第二，农业的落后在于观念的落后。无论农业、工业还是服务产业，都有现代和传统之区分，但相对于第二、第三产业的范式，我国农业发展的步子较慢，包含的传统因子太多。像在江西的农村，至今我们仍能看到农民戴着斗笠、架着犁耙这一赶牛耕地的场景。牛拉曲辕犁的耕作方式大约是从隋唐时代开始的，现在我省相当多的地方尤其是山区，仍在沿用这种传统方式进行农耕生产。但是，就产业而言，农业完全有条件应用现代科技手段求得自身发展，并日益改变和取代传统的落后状态，关键在于观念的不断更新。我们要摒弃的就是那种传统农业的落后观念，包括小农意识、“井田”意识、“耦耕”意识等。只要人们慢慢地在生活中融入更多的现代文明因子，并把这些现代文明因子注入农业发展之中，传统农业就会逐渐告别过去的落后，大踏步地迈向现代文明。

第三，农业蕴藏着巨大的发展潜力。这次我们调研的主题是“休闲农业与乡村旅游”，这道题出得好，好就好在紧扣农业的出路、农村的现实。农业这一“土壤上的加工”产业，不仅能够出产粮食、蔬菜、瓜果等，还蕴藏着许多发展生机，休闲旅游就是其中之一。刚才大家都已经看到了，农业不仅具有农产品生产加工的物质价值，还具有不少观赏游玩、陶冶情操的文化价值，更具有锻炼体魄、激发身心机能的健康价值，等等。所以说，在农业这片沃土之中，还蕴藏着一股股不竭的泉流，具有无限的发展潜力，值得我们用韧劲去深入挖掘。

发展休闲农业与乡村旅游，这是一篇值得琢磨的大文章，内容非常丰富，要做的事情也很多。“万事开头难”，但不管怎样，我们应该做到“五个明确”。

一是要明确休闲农业与乡村旅游的意义。“千条路，万条路，发展才有大道路。”发展休闲农业与乡村旅游，是增加农民收入的重要途径、解决农民就业的重要举措，有利于适时推进社会主义新农村建设、加快乡村的城镇化进程。关于这一点，有的委员在刚才的发言中作了比较翔实的阐述，观点很鲜明、内容很全面、讲得非常好，其中有些文字材料内容，值得大家认真体会。

二是要明确休闲农业与乡村旅游的含义。我对休闲农业的理解归纳成一句话就是：在农业的基础上，延伸休闲的功能。传统的农业，即便是农民戴着斗笠、披着蓑衣、赶着耕牛，其耕作方式是落后的，可也是一种文化，城里人来到乡村要领略的或许就是这样一种田园风光、这样一种农业文化。不是吗？现在婺源的一些景点，就专门请人头戴斗笠，手持竹篙，撑着一叶小舟撒网捕鱼。尽管这是一种表演，却吸引了成百上千的游客观看拍照。在农业这个物质概念的基础上，再充分延伸它的休闲旅游功能，让游人大饱眼福，何乐而不为。休闲农业的根本含义在于以农业为体，以休闲为翼，农业的基础地位万万不可动摇，不能因为开发休闲旅游，就不种农作物，这就把经给念歪了。粮食蔬菜我们还得种，不但要种，还得提高产量和品质，还得发展生态农业，生产有机食品和无公害食品，在此基础上进一步发挥休闲的功能，这就叫作“挖潜”、叫作“互补”、叫作“双赢”。

三是要明确休闲农业与乡村旅游的定位。从大的方面说，休闲农业与乡村旅游究竟是我省旅游产业的“拓展补充”，还是“重要组成部分”？这点要明确下来。建议由发改委、农业厅、林业厅、旅游局等相关部门一起搞好调研、规划和立项工作。但无论是“拓展补充”，抑或是“组成部分”，其重要作用却是肯定的，因为它至少能够在农村开辟新的就业渠道，引导一产向三产转移。休闲农业与乡村旅游消费的对象，应该是以城市居民为主要群体，如果是让农民自己来看油菜花、来游茶果园、来吃农家菜，就不会有新鲜劲儿，定位就会出现差错。只有城市的居民，才会带着一种诧异而又新奇的眼光，打量乡村那一派自然的万千生态景象。发展休闲农业与乡村旅游，就要搞清楚消费群体的需要，为他们打造一些愿意欣赏的内容。有一种观点，旅游休闲是有钱人做的事情。我的认识有所不同。大家都知道马斯洛关于人的五个需求层次：由生理需要、安全需要，到社会需要、尊严需要，再到自我价值实现的需要，意思是说人在满足了基本需求之后，就会开始追求某种更高层次的生活，这种生活未必花费很多的钱。如在节假日的南昌市郊梅岭，往往可以看到一些青年学生骑着自行车，身上挎着背包，包里也许是装着两瓶水、两个面包，他们不会有很多的钱，但是很乐意在乡间野外踏青嬉戏。还有，就是要明白城市居民来到乡村休闲旅游的目的是什么。现在的城市生活十分紧张，无论是城市的打工群体、退休老人，还是白领阶层、富人、官员，他们带着对土地的情结和远离城市喧嚣的思欲，希望能在工作紧张繁忙之余，放松一下自己，得到一种生活的调节和身体的松弛。乡村的生态环境哪怕是泥土的芬芳，对他们来说都具有一种很强很稀缺的吸引力。故而，他们选择乡村休闲旅游的目的，主要是享受健康的生活。在现有农业基础上创造条件，发展休闲农业与乡村旅游，正是要满足他们这样一种欲望。

四是要明确休闲农业与乡村旅游的内容。上面说了，游客朋友来到乡村休闲旅游，是要享受一种不可多得的健康生活。享受些什么呢？具体来说，就是要有所看、有所吃、有所住、有所玩，等等。而且，这种看、吃、住、玩，应具有乡村的生态特色和农家风味，要有“一条龙”的热情服务，要让游客看得悦目、吃得放心、住得舒适、玩得尽兴、游得流连忘返。显而易见，休闲农业与乡村旅游是由多个内容的有机组合，是一门广博精深的学问，应该“科学论证、合理配套、项目相贯、特色明显”，多征求各方面的意见，使休闲旅游内容日臻完善，努力做到“人无我有，人有我优”。我们都知道，如果游客在一个地方能够休闲出一种意犹未尽的“兴味”，就可以产生出一种“一传十，十传百，百传千千万”几何级数的放大效应，由此逐渐做出品牌、做出效益，也就意味着这个地方的乡村旅游项目开展得成功。

五是要明确休闲农业与乡村旅游的方式。采取怎样的方式，在乡村农业的基础上延伸出旺盛的休闲旅游功能？我认为，有三个方面值得注重：其一是“不求所有，但求所用”。采用资源共享形式，组织多方共同参与经营，如有人搞餐饮住宿，有人搞垂钓采摘，有人搞花卉栽培，各司其职，集中精力做好各自的事情，不能一家包打天下。其二是“引资引智，比翼齐飞”。正确处理好“发展是第一要务”与“人才是第一资源”的关系，紧扣休闲旅游业的发展，在吸引资金的过程中，引进各方面技术管理人才，有的时候，引进人才比引进资金更加重要。其三是“雅俗共赏，注重品位”。根据园区基地的现有条件和基本特征，吸收传统文化精髓，融入自然景观加以创作、改造，弘扬中华农业文化与乡村文化，在山水风光、自然生态上做出好文章，不能一味附和庸俗，尤其不要追求低级趣味。

这里，我还想就今天的“休闲农业与乡村旅游”这一调研主题，结合当前的一些具体工作，谈几点个人不成熟的思考及意见，归纳为五个方面。

第一，要抓紧制定科学规划。规划内容应该做到“四个结合”：一是近期与远期结合。要立足当前，着眼长远，精心谋划，努力彰显“今日有看头”的乡村秀美，打造“明天不落后”的农业魅力，使乡村休闲成为名副其实的宜游宜乐、宜居宜业。二是园区与地区结合。每个地区都有它长期以来形成的文化积淀，如南丰之橘、宜丰之竹、信丰之橙等，休闲园区要表现出本地区的文化特征、文化气息。三是基准与标准结合。基准是开展休闲旅游的基本条件，比如只有具备水面条件才能开展相应的水上项目，但水上游乐又有水质、设施等方面的标准要求，不然，出了安全问题就不好办。四是布局与大局结合。说到底，就是要把休闲园区与社会主义新农村建设结合起来，道路该怎么修、房屋该怎么盖、树木该怎么栽等，都应有符合美学要求的整体布局。

第二，要大力引进竞争机制。“蓬生麻中，不扶而直”，万物竞荣，百花争芳，任何事物的发展不能缺少公平的竞争，这就是天演淘汰，适者生存。不妨假设，整个园区的餐饮“仅此一家，别无分店”，那么饮食质量、服务态度等，就会大打折扣。只有建立与引入多元化竞争机制，才更便于加强对经营管理者和企业员工的管理，更便于在休闲园区内对各个参与经营方的动态调整、优胜劣汰，更便于园区内对各种硬件软件功能设施的不断完善与改善。在压力和动力的双重作用下，园区的休闲农业与乡村旅游才会越做越活、越做越优，越做越恒久，而不至于“昙花一忽现，晨露一瞬间”。

第三，要切实保护生态环境。有了优美的生态环境，才会有休闲农业与乡村旅游，否则就会失去它应有的价值。因此，在休闲旅游的基础设施建设中，一定要注意不能破坏生态、污染环境，如果随意打造人工景点，把树砍没了、把鸟轰跑了、把水弄脏了，谁还会有兴致愿意到这儿来？此外，休闲旅游期间，还得注意“两个防止”：一要防止“城市垃圾向乡村转移”，游客过后，遍地都是纸巾空瓶塑料袋，让人大倒胃口，所以要结合农村清洁工程，及时分类处理各种垃圾；二要防止“乡村鲜花在城市萎谢”，游客随意采摘鲜花绿叶带回城市，这是大煞风景的事情，有必要加强园区管理，多设警示语，让游人时时“流淌着道德的血液”，以文明的行为共同保护好生态景观。

第四，要努力突破发展瓶颈。在现有阶段，发展休闲农业与乡村旅游的主要困难来自资金、人才和项目。破题的关键，一是政府扶持引导，加大支农资金投入，积极构建融资平台，提供行政服务的便利条件；二是部门协调联动，凡涉及的相关部门，一起围绕农业向新产业方向发展这一举足轻重的问题，共同商讨解决问题的办法，不应相互推诿扯皮；三是企业主动作为，不能一股脑儿“等靠要”，自己该做的事情必须自己尽力做好，以主人翁的态度争取各个方面的重视和支持。

第五，要向外展示地方风采。不让美丽的景色“云居尘外深山处”，不让秀丽的风光“月潜柳下碧水中”，这就要利用好现代媒体，加大对外宣传力度，把藏于深闺的乡村风情介绍给外人，让更多的人知道这儿有“桃园一景”、那儿有“山水一色”。宣传时要注意整体打包、重点推介，这一方面，我省婺源积累了成功的经验。把它称为“中国最美的乡村”，其目的是告诉大家，婺源位于三清山、景德镇、鄱阳湖、黄山等著名景地的“包围圈”中，这就类似于整体打包，如此一宣传，地方的独特风采就充分凸显出来了，使人们迈步于风景“包围圈”时，不能不产生“来此一游”的欲念与遐想。

如今，返璞归真已成为一种追求，小桥流水已成为一种时尚，发展休闲农业与乡村旅游，顺从自然，应运而生，大有可为，时不我待。江西的优势在生态，特色也在生态，江西的基础条件适宜于发展休闲农业与乡村旅游，时机也逐渐成熟，可以说是尽占“天时、地利、人和”，应该适时积极稳妥地加以推进，远泉公司有理由成为这方面的示范点和排头兵。我有一种这样的愿景：不需要多久的时间，在江西的青山绿水之中，到处都能唱响“田园的牧歌”，到处都能飘散“稻花的清香”，沉浸在这片“希望的田野上”，大家都能尽情地享受着无比的幸福与欢乐。

（2011 年 4 月 24 日在江西省政协农业界别委员考察上饶远泉集团休闲农业调研座谈会上的发言）

在天地之间谱写民生篇章

为了认真贯彻落实2010年中央一号文件关于加强“农业气象服务体系、农村气象灾害防御体系”（以下简称“两个体系”）建设的精神，我们调研组一行来到“半江青山半江城，冰为溪水玉为山”的玉山进行学习考察和调研，心情格外高兴。

对于气象学科，本人是外行。前天上午，听取了省气象局领导有关情况的通报，今天上午实地考察了三个点，刚才又听了几位同志的发言和情况介绍，让我这个“门外汉”获得了不少气象与农业方面的感性认识和理性认识，并逐步形成了一些不成熟的粗浅体会。记得在今年的4月下旬，我和农业界别的政协委员到上饶远泉集团进行休闲农业的专题调研，有个发言并整理成文字，给了个题目叫“在青山绿水中唱响田园牧歌”。今天的发言也想取个题目，就叫“在天地之间谱写民生篇章”，这里的“天”当然指气象，“地”是表示农业。下面我讲四个方面的内容，供同志们参考。

一、气象和农业是一对天然的孪生兄弟

讲到气象，让人想起《岳阳楼记》中的名句：“朝晖夕阴，气象万千”，句中的“气象”，形容的是绚丽多彩的景致。从气象学的角度看，“气象”本身就是风云变幻、难以捉摸的天气情况，它会给人类带来益处，同时也给人们带来麻烦，这不禁让我们想起王安石的一首小诗：“春风春雨有时好，春风春雨有时恶；没有春风花不开，花开又被雨打

落。”气象正是那样一种利弊分明的“春风春雨”。因此，人类要尽力来认识气象、了解气象、掌握气象变幻莫测的规律，避免风雨霜雪给人类造成灾害，这大概就是气象学科的作用。

谈到这里，还有个对气象与农业关系的认识问题。刚才县农业局的同志在发言时，有一句话我听得很真切，就是“农业靠天吃饭是个永恒的话题”。的确，从某种程度上来说，农业丰收是要依赖“风调雨顺”。但农业自进入文明阶段以后，就不再是“随天而为”的消极态度，而是“顺天之势”地积极耕种，如“早晨地罩雾，尽管晒稻谷”，“天上鲤鱼斑，明日晒谷不用翻”等，至于根据二十四节令变化开展农事活动如“立春晴一日，农夫不用力”“懵懵懂懂，清明播种”等，那就更多了。所以我说，气象与农业是一对天然的孪生兄弟，这是不无道理的。

前段时间，我在省内视察农业水利设施建设情况时，听到农民兄弟这样说过，现在农业主要是靠“二老”吃饭，“二老”是指老天爷和毛泽东主席他老人家。当年毛主席提出“水利是农业的命脉”，号召全国人民兴修水利，建水库、筑大坝、挖渠道等，而这些水利工程随着时间的湮没逐渐被毁坏，病险水库越来越多，所以才有今年中央一号文件的下发。从认识论而言，“人定胜天”具有片面性，恩格斯早就说过：“我们不要过分陶醉于我们对自然界的胜利。对于每一次这样的胜利，自然界都报复了我们。”但人类可以认识和利用自然规律，在遵循大自然规律的前提下，充分发挥人的主观能动作用，做好战胜自然灾害的工作，靠天之外还靠人类自身。兴修水利是如此，人工降雨也是如此。

翻开农业发展史，人类几千年来一直都在利用大自然的力量，促进农业一步步地走向文明、接近文明，于是出现了气象为农业生产服务的种种事实，形成了气象与农业的密切关系。加强农业气象“两个体系”建设，尽快地预测、预报一些可能对农业生产、农民生活、农村生态带来影响的利害因素和信息，努力趋利避害，做好防范工作，这诚然是一件很有意义的事情。

二、“两个体系”是保障和改善民生的重要举措

在今年的全国政协会议上，贾庆林主席指出：“民生问题不仅是重要的经济问题、社会问题，也是重大政治问题。”意味着将民生提到了一个非常重要的高度。中国最大的民生问题源头在农村，难点也在农村地区。有专家甚至这样说，中国只有真正把“三农”问题解决了，那才是中华民族全面实现伟大复兴的时候。气象直接为农业服务、为农民服务、为农村服务，我们要从保障和改善民生的政治高度，来认识气象“两个体系”建设工作的紧迫性和必要性。

之所以说加强气象“两个体系”建设，本身就是一项保障和改善民生的重要举措，因为它综合了诸种民生因素，从多方位保障人民生命财产，从而显示出它的独特作用。

一是可以减少气象灾害对“三农”的不利影响。天要刮风下雨，就像“月有阴晴圆缺，此事古难全。”然而，我们可以在各种气象灾害到来之前，切实做好地面诸如防洪防涝、蓄水排灌等防御性工作，“防患于未然”。在这方面，农业农村气象的“两个体系”具有重要的地位。

二是可以增加农业农民的收入。从今天的视察中，我们已经发现了不少这样的事例。如在红心柚果园，大家看到在采取防冰冻措施的柚子树上挂满了丰硕的果实，另外一种情况则是挂果稀疏；还有在红米杂交水稻的实验田里，在寒露风到来之前洒上配制好的生物药水，就可以保证水稻照常扬花灌浆。显而易见，气象“两个体系”建设对于增加农民的农林收入功不可没。

三是可以预防灾难事故，保护生命安全。包括对狂风暴雨、大雪霜冻、雷电冰雹等发出预警，在可能出现山洪暴发、山体滑坡、泥石流的地区，事前疏散人群、加固建筑、保护财产，即能最大限度地减少人畜伤亡，降低灾害程度，真正将“以人为本”落到实处。

四是提高幸福指数，维护社会稳定。农村气象灾害一旦增多，又缺少事前的积极应对，家园满目疮痍，灾民四处求生，何谈社会稳定，更不用

说什么幸福指数，因为生存都很困难。因此，我们要尽可能多地通过气象“两个体系”建设的加强，来维护社会的和谐稳定，确保农村生产生活秩序的安全。

由上可知，加强农村气象“两个体系”建设，是保障和改善民生的需要，通过更加科学准确地预测预报天气气候变化情况，让农村居民早知、早防各种气象自然灾害，这是民生“天大的事情”，故理所当然应该纳入民生工程的范畴。

三、气象服务“三农”是义不容辞的重大责任

在新的历史时期，气象服务“三农”，可以概括为：是国富民强的需要，是缩小城乡差距的需要，是推进新农村建设的需要，更是构建和谐社会、全面实现小康的需要。对于气象部门来说，这项工作就是一份沉甸甸的义不容辞的责任。

通过实地调研，我们了解到各地基层气象部门在服务“三农”方面，克服困难，因陋就简，建立信息网、预报网，确实做了许多卓有成效的具体工作，获得了显著的成绩，争取到了各个方面的协助和支持，因此也赢得了老百姓的口碑。对于大家所提出的一些实际问题，我认为很客观，也很实在。

目前面临的困难，归纳起来有：高端人才难以引进，现有人才大量流失，能力和水平亟待提高，气象人才队伍素质建设亟待加强；相关部门对气象工作的认识还不够到位，支持配合力度还不够大，部分领导只有到天气剧变、暴风骤雨、雷电交加的紧要关头，才会感觉到气象部门的异常重要性；基础设施条件简陋，缺乏技术先进的预测、预报设备，有的地方当遇到风雨大作、山洪暴发时，只能运用原始的“敲锣”方式通知村民避险，旷野中普遍缺乏避雷装置，气象灾害事故时有发生；气象工程建设缺乏长远的科学规划，工作带有很大的随意性，气象灾害应急认证没有纳入地方干部考核体系。这些现实问题的存在，难以满足新时期农村经济社会发展以及人民群众期待的需要，制约了气象事业的健康发展。

“天将降大任于斯人”，气象部门的同志要“劳其筋骨”，勇担责任，接受挑战，这里就有个思想提高和理念转变的问题。比如，我们要认真分析人才队伍为什么会流失、能力如何提高、条件怎么改善？怎样通过我们积极有为的工作，争取各级政府的高度重视、相关部门的紧密配合，以及各个方面更加有力的支持？一句话，气象部门的同志要树立一种责任意识，把群众的利益摆在首位，正视面临的各种问题与困难，积极寻求破解难题的方法，创新工作机制，把气象为“三农”服务当作神圣的使命，不断开创“两个体系”建设的新局面。

四、加强“两个体系”建设，是当前一项重要的工作任务

气象为民，不是一句空话，气象测报不能像“风中一朵雨做的云”那样缥缈不定。加强气象“两个体系”建设，做到气象更好地为农业发展、农民富裕、农村文明奉献力量，尽早让“三农”摆脱窘境、展示新貌，这就需要我们扎实做好以下六个方面的工作：

第一，提高重视程度。对于气象工作，有一种现象值得注意，那就是“重视等到出事，出事才会重视”，其实大家都知道，出事之后再重视可就晚了。有一个与气象相关的成语叫作“未雨绸缪”，说的就是在天还没有下雨之前，先把门窗关闭绑牢，比喻事先做好准备工作。各级领导和相关部门都应该高度重视气象“两个体系”建设，有备无患，不能因为出事才重视。

第二，加大宣传力度。气象为“三农”服务这项民生工程，功在当代，利在千秋，各种新闻媒体都要把它当作公益性事业来办，不能过于追求功利，或者等闲视之，不但要加强宣传气象为“三农”服务的重要意义，而且要积极主动地宣传气象防灾科普知识，及时发布气象信息尤其是灾害预警，避免酿祸成灾、“蚁穴溃堤”，发生灾难事故。

第三，转变工作方式。这里着重强调三点：一是要增强思想感情，带着对农民兄弟的一片浓浓深情，做好气象服务“三农”的每件具体事情；二是要多深入基层，听取群众意见，了解当前“两个体系”建设应该先做什么，如何分步实施、稳妥推进？三是要创新工作方法，部门联动，上下支持，各个方面紧密配合，在工作中充分体现科学发展、“利为民所谋”的深刻内涵。

第四，建立标准体系。“无规矩不成方圆”，在推进气象灾害应急认证准备工作的同时，要结合当地实际，因地制宜，加快制定“两个体系”的实施细则，既不能省力图快搞“一刀切”，又不能过于复杂化，有的强制性标准应该严格执行，今天的事情必须今天办好，既不能等更不能拖。

第五，增加投入幅度。其中不仅需要增加各级政府财政的投入，也需要收益方、企业单位乃至社会组织的公益投入，有条件的地方还可以建立基金、增加险种，通过多元化投入，逐步解决好气象“两个体系”建设经费不足的难题。

第六，切实履行职责。我们大家都要深刻领会胡锦涛总书记的“七一”讲话精神，把群众放在心上，共同努力，勤奋敬业，分解任务，各负其责，在各自岗位上做好应做的工作，并适时开展年度工作落实情况的督察，促进更多的问题得到有效解决。

最后，希望大家在加强气象服务“三农”的“两个体系”建设中，再次展示出为民服务的风采。

（2011 年 9 月 16 日在江西省政协农业界别委员视察气象农业调研座谈会上的发言）

重视水土保持工作，促进生态文明建设

在美好的谷雨时节，我们省政协委员一行，非常高兴地来到山清水秀的水土保持生态科技园进行学习考察。刚才，我们看了水利部部长陈雷视察江西水土保持科研创新基地的短片，陈部长用“模式好、成果好、机制好、队伍好、研究内容好、思路好”六个“好”，高度概括了水土保持科研所以及科研创新基地过去所做的工作。部长的褒奖如此之高，也就使我无法再用什么更好的语言来表达自己的心情。

的确，一个下午的实地考察，耳濡目染，所见所闻，给我的印象非常深刻，心里感到非常震撼，感想也非常之多。下面，我想谈三点个人的感受：

第一个感受是，水土保持研究所的工作很有意义。很早以前，我们的祖先就非常青睐水土，在五行学说中，就有水和土的内容。新中国成立之后，毛泽东主席高度重视水土保持工作，我还记得当时的农业八字方针“土、肥、水、种、密、保、管、工”，“水土”列于其中。但在一段时间里，水土保持的价值和意义渐渐为人们所淡忘，于是出现了水土大量流失的情况，令人心痛。我之所以认为现在的水土保持科研工作具有不平常的意义，是因为在新的历史时期，尤其是在经济结构面临转型的特定阶段，它的意义更加凸显出来。就江西而言，首先是对于经济发展具有重要的推动作用。实现“科学发展、进位赶超、绿色崛起”的目标，离不开水土保持。如果不能搞好水土保持，鄱阳湖生态经济区建设就难以扬起它的龙头，也不能持续下去。其次是对于生态保护具有直接的引导作用。生态问题关系到人类的生存和发展，“一方水土养一方人”，一片丰沃的水土养育着生于斯长于斯的居民，缺乏有效的水土保持，特定的生态优势就无法显现出来，人们生存的家园就要遭到破坏。再次是对于培养全民的生态意识具有重要的教育作用。生态科技园是一个很好的教育基地，它不仅可以面向学生群体，各级地方政府的领导也应该到这里来看一看，让大家更好地了解如何保持生态环境保护和经济发展之间的协调平衡。所以，在促进经济又好又快地发展过程中，我们一定要高度重视水土保持科研工作。

第二个感受是，水土保持生态科技园很有影响。这表现为：一是研究成果很有影响。通过刚才较短时间的考察，我们已经了解到，在科研人员的努力之下，基地的多项研究成果达到国家乃至世界的先进水平，水利部部长来到这里视察之后，也给予了很高的评价。二是科研方法很有影响。抓住水土的关键内容，运用现代科技手段，从“天上”到“地下”，进行立体式研究，既有理论上的严谨性和创新性，也有实践上的应用性和可操作性。三是工作机制很有影响。这里的科研人员学历素养高，年龄结构好，富有朝气活力，在一种较好工作机制的激励下，大家的创造力不断迸发。在刚才与所领导交谈中，我了解到这里的一些管理方法，如人员编制、课题申报、科研合作、业绩报酬等方面，都有不少切合实际、内容独到的做法。我觉得，这里的管理方法值得在其他科研院所借鉴。

第三个感受是，开展水土保持科研工作很不容易。水土保持生态科技园从成立到现在，先后用了十年的时间，取得了这么大的成绩，确实是很不容易。首先是克服困难不容易。在经费短缺的情况下，科研人员克服了工作和生活上的种种困难，从南昌来到德安，把一片荒凉坡地改造成绿水青山，并在这里认真开展各项颇有含金量的科学研究，收获了如此丰硕的成果，实属不易。其次是凝聚人才不容易。江西是人才的“低洼地”，引进人才有一定的难度，而在水土保持研究所里，竟然吸引了五位博士、二十多位硕士，说明我们这里的工作平台很好，机制健全，富有吸引力，科研人才来到这里可以发挥专长，找到用武之地，能够实现其自身价值。再次是争取课题不容易。水土保持研究所是个人员不多的所，生态科技园是个目前还名不见经传的实验园区，然而近年来争取到了不少国家级、省级和厅里的研究课题，每年课题经费达500万元，对于非高科技项目而言，这个数字应该说是不简单的。

经过实地考察，听了大家的介绍，刚才各位考察组成员又发表了不少意见，在此基础上，我也有一些不成熟的思考。借这个机会，提出四点建议供大家参考：

一是要重视科研成果的转化与应用。水保所的研究成果具有很强的应用价值，如果把这些成果及时地推广到全省、全国，在荒山坡地更多更好地按照科学方法种草种树，则会产生更大的社会效益和经济效益。目前全所的成果应用率达到了63%，但这还不够，还应该竭尽全力把更多的研究成果转化成生产力。

二是要争取各个方面的支持，切实解决好面临的实际困难。作为科研人员，对于开展研究、多出成果，大家都是很尽心的，但在争取社会支持方面略显不足，应该更加积极、更加主动一些。有的时候做些事情不能太清高，要积极作为，比如经费和编制的问题，你们要通过主管部门水利厅，争取相关部门的更多支持，加大投入力度，帮助早日解决。

三是要实行部门联动，将水土保持工作落到实处。各个部门出于不同的观点、视野和角度，看待问题的方法可能会不一样。比如，农业部门考虑的是要多造耕地，林业部门考虑的是要多栽树木，等等。这都没有错，关键是要有一个前提，那就是不能造成水土流失。在当前水土保持刻不容缓的时刻，不能单打一，要争取多方配合、多部门联动，依靠大家的力量，共同实现水土保持的目的。

四是要继续深化水土保持相关学科的研究。在原有研究基础上，把研究的课题范围作进一步拓展延伸，围绕着水土保持的目标方向，宜林则林、宜草则草、宜果则果，既实现经济利益的最大化，又实现水土保持的最优化。在一些地方，由于对荒坡的过度开发，导致土壤环境的不断恶化，表层土壤越来越瘠薄，以后要继续种植将会变得非常艰难，恢复地力需要花费很长的时间。在这一方面我们应该深化课题研究，以便指导当前各地对于荒山荒坡更好地进行科学开发和利用。

讲到这里，我还应该强调一点，政协委员要利用自身的力量优势，积极呼吁社会各界进一步重视水土保持科研工作，让各个方面都来重视水土保持，支持水土保持科研工作，帮助水土保持科学研究在人力、财力、物力等方面都能得到保障。刚才，大家谈到目前最大的困难是经费短缺，这个问题虽然不能在短时内得以解决，需要一步一步来，但要设法使其对科研工作的影响最小化。国家将在“十二五”期间加大科研经费的投入，由原来的占国内生产总值的1.1%提高至2.2%，相信以后研发经费会越来越充足。还有一点，政协应该积极建议，在新修订的《水土保持法》颁布实施以后，各个方面都应该依法办事，加强工程项目开工前的水土保持论证工作。现在已经有了防止出现环境污染的环保论证，即“环评”，也应该有水土保持相关内容的论证。无论是工业园区、高速公路、矿山开采等大型工程项目的上马，还是商住楼建筑、果园开发、耕地改造等，凡是容易造成水土流失的项目，开工之前都应有水土保持方面的科学论证，工程建设中务必采取积极有效的水土保护措施，否则，不能开工建设。再则就是要通过扩大宣传，让社会充分认识水土保持工作的意义，尤其是要让地方基层同志牢固树立起水土保持的意识，时时绷紧“不能导致水土流失”这根弦，切实把好水土保持这道关。

我相信，通过水土保持科研人员的辛勤劳动，通过集合社会各方面的力量，通过更多水土保持科研成果的广泛应用，我省的水土保持工作一定会越来越好，我省的生态环境一定会越来越美，我省人民的生活幸福指数也一定会越来越高！

（2011 年 4 月 20 日在江西省政协农业界别委员考察水土保持生态园调研座谈会上的发言）

“造地增粮”：经略好那一片新的绿土

这是一片在荒芜的大地上新开垦的耕地，这是一片充满勃勃生机与绿色希望的田野。

2007年的春天，江西省为了增加耕地面积、保障粮食安全、促进经济发展，将当年定为“国土资源管理年”，在全省范围内开展了规模宏大的“造地增粮富民工程”，组织实施土地开发整理，增加耕地有效面积，提高耕地质量和农业综合生产能力。这项工程的实施，充分激发了我省广大群众参与造地的热情，挖掘了耕地后备资源优势，筑就了一条富民兴赣的致富新路，加快推进了全省经济社会平稳较快发展。

时隔两年多的时间，造地的效果究竟如何？带着这个问题，我们组织了这次考察活动，在省国土厅的安排下，来到了一些项目工地，看见的是昔日野草丛生的荒山、荒坡、荒滩，正在被开垦成粮田、菜地和瓜果园；过去由各种几何图形拼成的小块耕地，正在整理成为“田成块、渠成网、树成行、路成框、机能进、物能运、旱能灌、涝能排”的具有时代特征的现代化乡村田园。据统计，全省通过造地已经增加耕地面积26.21万亩，在鄱阳县，仅仅用了短短几个月的时间，就把荒废了几百年的滩涂、草地变成了千顷良田。

应该说，造地工作扎扎实实，造地效果非常明显，造地场景气势恢宏。看到那一望无边的新造耕地，真让人酣畅淋漓、心情振奋。可矛盾总是会接着出现。面对着一片片已经或即将造出来的新耕地，又有一个问题萦绕在人们心间，那就是在耕地造出来之后，应该怎样更加科学合理地经营使用，使新造耕地产生最大的效益？

造地是一件功在当代、利在千秋的大事，其意义从今天不断延续到明天。造地项目的竣工只能说是一个阶段工程的完成，但不是全部，因此要未雨绸缪，立足更高的层次，用更加深刻的战略眼光和更加宽阔的经略思维，认真考虑和谋划造地工程的未来发展。造地富民，“路在何方”？经过思索，我的观点是：着眼长远，科学运作；实事求是，分类对待。

对于新造的零散小块耕地、质量不高的造地，或者造地位置又处于山脚旮旯的地方，应该分别承包给农户，鼓励农民耕种，并适当增加种粮补贴或给予奖励，以提高农民耕种的积极性，尽快将生地催熟，避免出现抛荒弃耕现象。土地造而不耕种，“日晒太阳夜映月”，这是对造地投资的极大浪费。

对于连片的大面积造地，要以农业园区建设为重点，按照农业园区的标准精心规划，进一步改善机械耕作、水肥灌溉等生产条件，带动一镇一特、一村一品的规模化基地发展，做好道路修筑和植树造林等工作，以免将来翻烧饼。有关部门和当地政府要引导土地有序流转，引进农业大户和农业龙头企业承包经营土地，以提高土地集约化经营水平，为现代农业产业化打下坚实的基础。

在推进农业园区建设的过程中，明确发展重点，统筹兼顾经济效益、社会效益和生态效益同步发展，合理产业布局。大力发展为城市绿化、美化配套的花卉苗木等生态型农业，以优质品牌产品、无公害食品、绿色食品为主的高效型农业，以休闲、观光、旅游为主的观光型农业，打造具有国际市场竞争能力和出口创汇能力的外向型农业，以及规模化、集约化经营的企业型农业。

至于像鄱阳湖畔高家岭那样的大面积造地开发，要明确耕作主体，落实管护措施，确保造地工程长期发挥效益，决不能简单地将耕地分配给属地村民，大而分小，切割成成千上万的条条块块，形成新的“井田制”，不然，会为将来的土地流转和集中耕作带来隐患和麻烦。土地一旦造出，就须考虑现代农业发展前景的需要，将大面积耕地运筹好、使用好。

还有一点，就是对于条件较好的新造耕地，要引入市场机制，核算土地成本，采用多种有效的土地与项目捆绑模式，挂牌招标转让，吸引民间资金参与土地开发整理，利益共享。应遵循市场规律，按照市场价格支付补偿，变现资金滚动用于土地开发，以缓解资金的压力。

总之，土地必须珍惜爱护，耕地不能一“造”了之。造地之后，还有不少问题亟待解决，还有很多工作需要加强和完善，还有一段漫长的路要走。我们要用积极的对策和有效的方法，经略好那一片新造的绿地，避免造地项目成为“半拉子工程”“晒太阳工程”或千万个“小农工程”。我们应该通过今天深邃的思考、缜密的筹谋和辛勤的劳动，让这片新造的绿土生发出明天一派金色的收获！

（2010 年 10 月在江西省政协农业界别委员视察鄱阳县
“造地增粮”富民工程调研座谈会上的发言）

为渠清如许：来自“五河”源头的生态畅想

带着对“五河一湖”水源保护的重大责任，从去年到今年，我们先后多次走进了江西的一些边远山区，考察“五河”源头的生态环境情况。在那里，我们看见的是满目一片的翠绿景色，品尝的是甜丝丝的空气和甘洌的清泉，同时深深了解到山区人民长期以来，为保护“五河”源头之山常绿、源头之水常清，付出了巨大努力，做了许多卓有成效的工作。由此引发了我对一些问题的思考。

一、经验与启示

一是树立坚强的理念。这个理念归纳为一句话，就是“保护生态，促进发展”，把“金山银山”和“绿水青山”有机统一起来。理念一旦形成，源头山区人民不折腾、不动摇、不懈怠、不松劲，结合当地实际，一茬接着一茬干，一以贯之从不间断地干下去。

二是进行科学的规划。青山绿水需要保护，生产经济需要发展，人民生活需要小康，在谋求发展上，源头地区党政领导以长远的眼光和睿智的思维，统筹兼顾、未雨绸缪、科学规划，严格按照科学规律办事，在矛盾交合处寻找利益共同点，知道做什么、不做什么，哪些应该限制、哪些必须禁止。

三是开展扎实的行动。进入新世纪以来，为了净化空气和水质，保护好的生态环境，源头地区大力调整产业结构，对一些企业开展技术改造和产业升级，坚决淘汰污染严重企业，同时加强基础设施建设，在水源保护、植林造绿、科学监测、修复生态等方面进行积极探索，把“生态立县（市）”切实落实到行动上。

四是作出无私的奉献。面对着青山绿水的丰富资源，源头山区人民却“靠山不能吃山，靠水不能吃水”，对矿产、林产、水产资源不恣意开采、开发，一切从整体利益出发，形成了一种默默奉献、顾全大局、服从大局的可贵精神和高尚品格。

二、观念与思路

1.促进经济发展。源头地区的产业经济发展应该着眼于生态经济。生态经济就是循环经济，也就是通常所说的3R经济，即减少原料（Reduce）、重新利用（Reuse）和物品回收（Recycle）。要在产品深加工、提高附加值、拓展新领域等方面下功夫。前些日子我到赣南山区的崇义县考察，很有收获。近几年崇义发展得较快，他们在竹、钨两大产品的深加工方面做得不错，竹制家具远销国外，竹根工艺与盆景在国内颇具影响并进入花博会，钨金属产品涵盖到多个尖端领域，钨制企业建立了国家级的博士后工作站，等等。“他山之石，可以攻玉”，他们的生态发展经验及做法值得推广。

2.准确产业定位。县域经济发展程度直接影响甚至决定着农民收入状况、城镇化建设进程、城乡二元经济结构的转换等。如何又好又快地发展县域经济？应该有一个准确的产业定位。一是要坚定不移地走生态发展之路，以“点石成金”的本领，趋利避害，努力把“石”变成“金”；二是要抓好节约型经济和循环经济，延长产业链，实现资源深度加工；三是要提高企业和产品的科技含量，走科技兴农、科技兴工、科技兴企之路。例如，铜鼓县将毛竹加工成鼠标、键盘等科技产品，深受市场欢迎并远销国外，这就是一个很好的创意，还可以不断拓展，继续做下去。

3.提高生态水平。在新的机遇来临时，我们既要咬定发展不放松，更要保护生态不偏离，特别是要注意以下几个方面：一是进一步引进生态产业项目，在项目的分配上要合理布局、优化分类、主导产业明确；二是进一步加强源头污染防治尤其是城乡垃圾无害化处理，在环境整治上不能留下死角，不得有半点马虎；三是进一步搞好自然修复，使森林植被真正起到防治水土流失的作用，人工植林既要注重覆盖率，更要注重蓄积量和郁闭度即森林质量；四是进一步做好生态认证，每上一个工程项目，都应该有专家学者对于生态内容的科学确认，要保证所上项目不会导致土壤、水质和空气的污染，使之经得起历史的检验和后人的评说。

三、意见与建议

1.尽早建立森林生态补偿机制。生态补偿是以保护生态环境、促进人与自然和谐为目的而必须建立的一种机制，它体现了社会的公平与公正。目前，由于补偿机制的缺失，让山区林农担负着太多的保护森林的重任，结果只会影响和削弱他们的积极性，对地方经济发展和生态文明建设极为不利。因此，要尽快启动森林生态补偿机制的立法和补偿标准的制定工作，形成生态补偿资金来源多元化的格局，确立多样化的生态建设产业支持项目，设计灵活多样的补偿方式，建立科学合理的森林生态补偿体系。

2.分类评价干部工作业绩。对于地方干部的考核要因地制宜，既要有经济指标，也要有生态指标，不能对源头地区、生态主体保护区以及适宜建工业园的中下游地区，同时用GDP一项指标来进行考核，应该区别对待、分类评价，贯彻科学发展观就要科学地评价不同地区的干部业绩，“一把尺子量人”容易产生误导。

3.切实加强源头山区的乡村环保工作。乡村的卫生条件与城市差距很大，财政补贴应有差别。虽然目前源头地区的许多乡村在各级政府的资助下，纷纷建起了垃圾处理设施，但今后如何维持还是个问题，有的垃圾处理办法如焚烧炉还需进一步论证，不能搞处处冒烟、二次污染。为了进一步做好农村尤其是源头山区乡村的垃圾处理及环保工作，各级政府需要统筹考虑，实现真正意义上的环境卫生公平。

4.妥善解决山区通路的经费配套。在山区修建乡村公路，因山路多、线路长，挖山平坡、钻洞架桥，同样按照标准修1公里的道路，投入的费用却是要多好几倍。因此在山区修路越多，造成的资金缺口也越大，本来就捉襟见肘的县、乡、村三级财政，于是又因为“村村通路”而背上了更加沉重的债务包袱。故此，财政拨付与经费配套工作不能搞“一刀切”，应该将山区与平原地区区分开来，并适当向山区倾斜，对原有的“通路债务”问题要认真研究、妥善解决。

5.认真做好部门的协调工作。“五河一湖”污染防治与区域生态保护工作，是一项系统工程，牵涉到多个部门。现在的问题是，由于“九龙治水”，责任不清，部门之间各自为政、各行其道，当利益和责任发生矛盾时，部门之间就相互扯皮、相互推诿。有鉴于此，应由政府牵头，进一步建立和完善部门生态保护责任追究机制，对部门的权力与责任必须作出更加明晰的规定，各个相关部门要在工作中统一认识、相互支持、形成合力。

四、认识与体会

第一，生态平衡需要维护。生态系统的平衡往往是需要大自然经过很长时间才能建立起来的一种动态平衡，一旦受到破坏，有些平衡就无法重建与恢复，带来的损失可能无法挽回。目前很多地方出现的生态失衡或失调，如温室效应、臭氧层破坏、土地退化和沙漠化、废物污染转移、森林面积减少、生物多样性减少、水资源枯竭等，已经并将继续给我们带来种种恶果，不但影响着这一代人，而且还将影响着子孙后代的生存、繁衍和发展。因此，维护生态平衡和保护生存环境是人类共同的责任，更是中华民族繁荣昌盛的根本保证。没有好的生态，就没有好的人类生存空间，这就是“皮之不存，毛将焉附”的道理所在。于此而言，源头山区人民所做的生态保护的一切工作，是名副其实的功在当代、利在千秋。

第二，生态效率需要提高。生态效率与GDP成正比，与生态足迹成反比。生态足迹是生产所消费的所有资源和吸纳其废弃物质所需要花费的代价与成本。在地区生产总值一定的情况下，生态足迹越小，其水平越高。然而遗憾的是，对于“地区生态足迹”这一概念，并没有引起我们大家足够的重视，资源环境领域的价值往往会被忽略不计，对自然资源的消耗和生态环境的修复基本没有形成成本意识，比如开采资源不计成本、开采造成的污染不计成本、资源的耗竭不计成本等，这种“生态成本意识”的缺失将会带来非常可怕的后果。提高生态效率的关键，在于依靠科学技术进步、提高生产质量效益、控制资源能源消耗、减少浪费并且回收废物等，而绝不能以掠夺资源、污染环境作为代价。

第三，生态能力需要加强。生态不仅是人类的生活问题，更是人类的生存问题；不仅是经济发展问题，更是政治稳定问题；不仅是伦理道德问题，更是法制取向问题。生态建设的能力意味着人类自我生存与发展的能力，它融于经济、政治、文化、社会建设能力之中。如果缺乏生态建设能力，也就容易导致其他各个方面能力的逐渐弱化，直接影响着经济的发展和社会的安全。我们世世代代生活在这片土地上，为了自身、为了后人、为了可持续发展，应该自觉地不断提升生态建设能力，现在如此，将来还得如此。

（2009 年 11 月 3 日在江西省政协人口资源环境专门委员会工作会议上的发言）

对积极拉动低碳内需的思考

众所周知，在拉动经济增长的“三驾马车”中，内需是其中较为强劲的一驾。近年来，中国政府为拉动内需做了许多努力，诚如家电下乡、农机补贴、利率调整等，此不赘述。然而，长期以来经济的粗放型发展，给人们带来了“一点困惑”：中国下一步应该拉动什么样的内需？同时，发达国家在工业文明以及经济复苏进程中产生的“诸多教训”，又给我们带来了“新的启示”：中国应该积极拉动低碳内需。

何谓低碳内需？可以从三个层面进行理解。一是物资消费能够满足低碳生活方式；二是物资生产能够符合低碳产业模式；三是投资项目能够遵循低碳建设形式。也就是说，内需的内容应该规定在低能耗、低污染、低排放的“三低”框架之内。

有人认为，低碳内需会制约人们的消费需求，提高生产成本，导致经济的滞步。其实，那是一种认识上的误区。恰恰相反，低碳内需不等于贫困生活，低碳产品不仅可以帮助节省生产成本，还可以提高人们生活消费的质量。我们所说的积极拉动低碳内需，限制的是高碳产业的无序竞争，引领的是人类的文明与进步，推进的是产业技术水平的不断提高和经济的健康快速发展。举个小例子，传统的白炽灯与先进的节能灯，孰优孰劣？无须多加分析，其中道理就已经非常清楚。

毫无疑问，拉动低碳内需是经济增长的有效方法，也是解脱经济危机一个方向，我们应该多多为之思考。然而，中国的内需之所以难以拉动，根本原因在于中国的贫富悬殊太大，大多数老百姓手中无钱，尽管个人主观上很想消费，客观上却无法形成社会的正常内需，遑论更高层次的低碳内需。于是乎，企业的高碳产品也就不断生产、不断应市。

此时此刻，围绕着“倡导低碳”和“拉动内需”两大集矛盾与统一为一体的经济主题，我们就不能不根据低碳内需包含的要素所在，深入探索拉动低碳内需的有效途径。

第一，增强低碳内需能力。拉动内需既要见物，更要见人，没有人无所谓需求，没有钱也无所谓需求。要让有需求欲望的人们买得起低碳物资，这就需要让更多的人手中拥有更多的票子。依照我国目前的分配现状，恐怕只能是继续拉大收入差距。因此，创造就业岗位、提高工资标准、加强社会保障、改善分配方式等，仍然是我们不能不谈的沉重话题。

第二，开展低碳产品认证。现在很多产品有了绿色、有机、环保、节能、安全等方面的认证，唯独缺乏对低碳内容的产品认证。据报道，英国一些零售企业已要求在产品上加贴碳标识，这预示着碳标识很可能成为一种新的贸易壁垒。为了促进低碳内需，很有必要开展对低碳产品认证的研究，在认证产品上加贴碳标识，让消费者在遴选产品的过程中增强对低碳的认识。

第三，限制高碳企业生产。培育和创造崭新的低碳产业，这是我们当前的工作重点之一，需要尽快制定碳汇政策，建立健全各种补偿机制，实施严格的碳排放标准审批措施。通过政府强而有力“有形之手”和市场经济“无形之手”的共同作用，促使高碳企业岌岌可危、得不偿失，低碳产业蓬勃发展、应运而生，让低碳产品具有竞争优势、拥有广阔的市场前景。

第四，加强低碳经济扶持。鼓励技术创新和产业升级换代，倡导国际合作，引进、消化、吸收先进技术，促进生产和消费领域低能耗、低污染、低排放技术的研发和推广，逐步建立起符合我国国情的多元化的低碳技术体系，为经济增长方式转变和拉动低碳内需提供强有力的技术支撑。对于我国重点行业、重点领域的低碳技术、设备和产品达到国际先进乃至领先水平的，应该在项目、资金上予以优先安排。

贯彻落实科学发展观，这不是一句空话；拉动低碳内需，也不像政府卖地那么省事省力，不像购车补贴那样简单灵活，委实“路漫漫，其修远”。但不管如何，拉动低碳内需这项工作，实在蕴有太多的“以人为本”思想，寓含着“全面、协调、可持续”的观点，再怎样艰难，我们也必须通过“统筹兼顾”的方法，从现在开始坚持做下去，毕竟这项工作不能不做、不得不做啊！

（原载于《建设科技》2010 年第 5 期）

对“信访不信法”的浅思考

近年来，“信访不信法、信闹不信理”的公众群体事件在我国此起彼伏、不时发生，并由此衍生出“信大不信小、信上不信下”的现象，已经极大地影响着我国社会的和谐稳定，必须引起高度重视。

为什么在我国会出现信“访”不信法的情况？我想，可以归结为以下几个方面，不知是否正确？

一是具有悠久的文化渊源。由于两千年封建传统文化的薪火相传，董仲舒“罢黜百家，独尊儒术”的极力倡导，使“法治”观念受到不同程度的贬抑，“君臣”等级思想发酵出了黎民百姓崇拜英雄与清官的情结。

二是处于社会的转型阶段。利益格局的调整、公共权力的滥用、分配不公的加剧、贫富阶层的悬殊等，使社会的各种矛盾叠加，而法制建设相对滞后，有的领域甚至处于空白，一些初级阶段转型时期的问题一时难以回避。

三是非常现实的物质利益。面临着利益的冲突，找官而不找法，找上而不找下，直截了当，“来得迅速”，可以省却诸多的精力、财力和时间，一访二闹之后，问题得到解决，甚至可以放大物质效益，当然合算。

四是表现严重的道德失范。法院的天平倾斜、律师的心态扭曲、部门的利益维护、官员的徇情贪婪等，这些社会道德底线的日益突破的现状，驱使着部分底层民众丧失理性，因此产生了各种“人不法地，地不法天”的错位情况。

剖析一些乱象丛生、波谲云诡的“访闹”事件，在信“访”不信法的背后，往往有着法的不作为和乱作为，另外加之以权与钱的强烈干扰。于是，我们便听到了或看到了许多“和谐就是妥协，摆平就是买平；批示高于判决，领导在于级别”等见怪不怪的现象。事实上，好多一拖数年的上访案件，只要有个上层领导所作的批示，就会立马引起下面的“高度重视”。

我并不否定这种“为民排忧解难、保护弱势群体”的做法，我也欢呼着更多的“清官”闪亮登场。但是，在建设法治国家的今天，解决问题的根本途径，是“以事实为依据，以法律为准绳”，而不是领导批意见、唯上不唯下，“官大一级压死人”。因其本质上表现的是一种人治，所以只可能助长“权大于法、钱大于法”，滋生出更多的“访闹”事件，不能从根本上解决问题。看来，依法治国，还有一段多么漫长的道路要走。

对待“信访不信法”的现象到底怎么看？略作简单思索，我们会发现忽视了很多东西。比如：

忽视了法律地位。执法者忘却了法律的崇高，维权者抛弃了法律的约束，领导者强化了“官本位思想”，法律人放弃了责任与信念，致使本来就不健全的法律成为国家的附属装饰。

忽视了是非标准。不讲原则，不辨是非，不分场合，不做深入细致的工作，不敢主动正视矛盾，一味地“和稀泥”，力求早日“平息风波”，往往带来的后果是“树欲静而风不止”。

忽视了公平公正。“民不患寡，而患不均”，在批判“小富即安”小农意识的同时，模糊了“培植物质基础”的出发点，低估了分配不公、贫富差距带来社会“躁动”的危害，正义的大厦难以矗立。

忽视了信息对称。“谣言起于无知”，不能及时地发布事实真相，“雨点没有风声大”，或者言之无物、回避要害，任由媒体捕风捉影、推波助澜，终致小而化大、大而化闹，直到把事情闹得沸沸扬扬，不可收拾。

忽视了道德观察。没有充分揭示“仇官”“仇富”等社会现象的本质，混淆了权力滥用、官场腐败与社会道德严重滑坡的因果关系，你

“慌”我“访”、你“捞”我“闹”，人生的道德理想处于迷茫状态。

忽视了人民意愿。“民生问题是重大的政治问题”，“访、闹”的背后，总与民生息息相关，由于未能统筹好事关民生的就业、分配、教育、医疗、社会保障、生态环境等关键要素，就无法让每个人在社会中体现尊严、发挥作用。

面对着“信访不信法”的现象，我们应该怎么办？个人有以下几点未必很严谨的观点。

首先，当然要确立法律的“太阳”和“女神”的地位。人们喜欢神圣的太阳光芒，因为它是最好的防腐剂；人们赞颂圣洁的法律“女神”，因为她“为了实现正义，哪怕天崩地裂”。法律面前人人平等，不受利益诱惑，不畏权势压制，在法律的框架下，实现公平公正，一切纷争也就平息。所以说：“阳光灿烂的日子，令人精神焕发，心花怒放；阴霾满天的日子，令人萎靡不振，心烦意乱。人人都热爱阳光，人人都厌恶阴霾。”

其次，应该发挥机制的“方正”与“圆通”作用。所谓机制，机者巧也，制者刚也。机智与刚正结合，“智欲圆而行于方”，从而在社会发生不确定的变化时，能够“危中求机，危中化机”。坚持原则，分辨是非，一切由法律制度判断孰是孰非，这是其“刚”；妥善处理，化解矛盾，运用良好的策略和应急措施，自动地迅速作出反应，这是其“柔”。刚柔相济，终能实现优化的目标。

再次，处理民生的“载舟”与“覆舟”关系。取悦于民关键是取信于民，倾听民声，体恤民难，分解民忧，该由法律解决的交由法律去办，依法办事，绝不含糊，不混淆法律与人情的界限，才是真正意义上的“以人为本”。各美其美，美其所美，一句话，忽视了人民的地位和法律的地位，相信的仍然是“官治”。

最后，提高公众的“道德”与“文明”意识。点燃道德的航标，德法并举，刚柔相济，以德治国与依法治国得到有机统一。

（原载于《群言》2011 年第 10 期）

建立鄱阳湖区域生态补偿机制刻不容缓

大凡到过江西鄱阳湖区域的朋友都有这样一种深深的感触，在那方碧波连天、绿树成荫、候鸟群飞的水土，空气是那么清新，清水是那么甘甜，环境是那么优美。2007年4月，温家宝总理在江西视察“林改”工作时来到鄱阳湖畔，深情叮嘱“要保护好鄱阳湖那一湖清水”。去年春节期间，胡锦涛总书记在江西与老区人民过年，殷切希望“继续搞好造林绿化、森林资源保护、水环境保护等生态工程建设，让江西青山常在，绿水长流。”

我们都清楚，人类的祖先从森林中走出，现代人类更需要森林，因为森林是环境之魂。生命须臾不可缺少的三大物质——阳光、空气和水，都离不开森林的直接或间接作用。我们谈科学发展、绿色崛起、生态文明、和谐社会等，如果疏远了森林，一切都将会显得那样的苍白与空洞。虽然目前我国的森林覆盖率已超过20%，但森林覆盖率只有世界平均水平的2/3，人均森林面积和森林蓄积只有世界人均值的1/4和1/7，要切实解决森林资源总量不足、质量不高的问题，仍然任重道远。

我们都知道，鄱阳湖是中国最大的淡水湖泊，也是长江中下游地区的“生命之湖”；鄱阳湖湿地是世界重要的湿地之一，也是地球不可多得的“生命之肾”。“不尽长江滚滚流”，鄱阳湖作为长江干流重要的调蓄性湖泊，为长江下游提供了约15%的水资源量，超过黄河、海河、淮河的总水量，每年平均涌入长江的优质淡水约1500亿立方米，称为“长江之肾”一点也不为过。

应该说，长期以来，江西人民在保护环境、控制污染的思路下，为了“祖国的天更蓝，山更绿，水更清”，已经进行了不懈的努力，付出了辛勤的劳动，做出了无私的奉献。例如，他们为了保护森林资源和下游水资源环境，必须对工业、农业、林业及养殖业等发展做出种种限制，树不能砍，矿不能采，排放量大的工厂不能建，有面源污染的养殖不能搞，靠山不能吃山，靠水不能吃水，群众的就业增收变得越来越难，社会的稳定压力变得越来越大。他们不断提高生态公益林补偿标准，积极开展保护鄱阳湖水源和生态环境的“山江湖工程建设”“水质监测体系建设”，安排大量资金在全省范围内实施“五河一湖”及东江源头环境保护工程，相继推出农村清洁工程、污水处理工程等，并且取得实实在在的效果，使鄱阳湖生态系统得到有效修复，较好地保护了那不可多得的“一湖清水”。

尽管江西省采取种种积极措施，植树造林、防治污染，为保护鄱阳湖的生态环境，付出了一定代价，取得了很大成绩，但随着工业化、城市化进程的加快，工业与生活污水排放的增加，江西的森林、水资源和湿地保护任务还十分艰巨。如：生态经济区建设工程的实施，经济发展方式的转变及产业结构的调整，林农、渔民的转产，鄱阳湖区的新一轮科学考察，重要河段水质监测站的建立，水土流失的治理，生态公益林、湿地资源保护等等，这一切都需要巨大资金的投入。作为经济欠发达的内陆省份，江西要建立完成系统的森林资源和水资源保护工程，地方财力已难以承担，因此需要国家高度重视、关心和大力支持。

按照科学定义的诠释，森林、水、湿地所产生的价值是人类共有的财富，人类生存离不开森林，更离不开水。人类生命的礼赞，也就是森林与水的礼赞。就此而言，江西的森林、江西的鄱阳湖、江西的青山绿水已经超出了地域界限的概念，应当属于中国、属于世界、属于全人类！对于那些忠实的森林和水资源环境的保护者们，不仅仅要给予他们道义上的尊重，更要给予他们公平的经济补偿。因为，于情于理，保护森林资源、水资源环境是大家的共同责任，采取适当的经济补偿是大家应尽的义务和必需的支付，而不应视为一种赐予。为此，建议国家从政策、项目、资金、技术等多个层面，尽快建立江西“五河一湖”区域森林、水、湿地资源生态保护补偿机制，并就当前要做的工作提出以下意见：

第一，制定生态补偿政策。生态保护补偿是一项公共事业，具有全局性和复杂性，要尽快启动补偿立法工作，制定补偿政策，建立补偿制度，推动相关生态保护补偿政策法规的制定和完善，为全面建立生态补偿机制奠定基础。

第二，设计生态补偿方式。探索多样化的生态补偿方法、模式，建立试点区域生态环境共建共享的长效机制，在限制开发和禁止开发区域保护好生态环境的同时，优先引入生态工程项目，帮助地方抛弃“等、靠、要”的消极思想，努力发展绿色经济、低碳经济，激发他们保护生态与发展经济相统一的积极性。

第三，明确生态补偿责任。落实补偿各利益相关方责任，明确补偿的主体与对象，真正做到“谁污染，谁赔偿；谁得益，谁付费；谁保护，谁获利”，应根据各种生态保护措施所导致的收益损失来确定补偿数额。

第四，建立生态补偿标准。研究建立森林、水资源保护补偿标准体系，改变生态公益林补偿标准简单划一的现状，根据森林质量不同形成适当差距；通过生态经济区水资源保护目标管理，将区域提供的水源等级制定标准，依据水源的优质程度给予奖励或补偿。在合理考虑环境条件差异的基础上，允许一定幅度的上下浮动，以实现其科学性和公平性。

第五，落实生态补偿资金。既要坚持政府主导，努力增加公共财政对生态补偿的投入，又要积极引导社会各方参与，探索多渠道多形式的补偿资金来源。要形成生态补偿资金来源多元化的格局，确立多样化的生态建设产业支持项目。

第六，确立管理考核体系。首先，要建立统一、协调、高效的管理体制；其次，要建立生态保护补偿鉴定评估机构，建立确保公众参与的机制以及严密的生态补偿申请、管理、补偿和评估程序，使生态补偿的金额和程序透明、公开；再次，要建立生态保护补偿重点地区领导干部政绩考核机制和激励机制。

我当然明白，有些事情说起来容易，做起来很难，正所谓“站着说话不腰疼”。但无论再难，我依然坚持，建立森林资源和水资源生态保护补偿机制的工作有必要尽早启动、尽快完成。且不说这是一件功在千秋、利国利民的大事，平心而论，那些身居于大山深处，默默无闻地耕耘着“森林绿海”的人们，那些生活在江河湖畔，勤勤恳恳地保护着“一湖清水”的人们，委实太辛苦、太艰难、太不容易了，我们太应该给他们多一点“民生的关爱”，让他们劳动得更加体面，生活得更加幸福、更有尊严！

（2010年4月在全国政协委员视察江西生态环境保护调研座谈会上的发言）

竹产业发展之随语

金秋九月，很高兴随同全国政协人资环委副主任、国际竹藤组织董事会联合主席江泽慧率领的全国政协推动竹藤产业发展专题调研组一行，到江西的几个“竹子之乡”实地考察。我们走进茂密的竹林，走进繁忙的竹加工企业，一次次感受着青青翠竹的勃勃生机和迷人魅力。几天来的所听所看所学，获知良多，因此产生了一些联想，信笔录之，姑且是随意碎语。

俗话说：“十年树木”，而竹子则是“一月做菜，三年成材，八年变柴”。竹子有别于树木的最大特点，就在于它生长周期短、成材使用快，“一次栽培，永续利用”。如今，利用现代科技加工技术，以竹子制品替代木塑、金属制品等，已经不是可能，而是成为事实，这不仅可以大量节约稀缺的森林、石油、煤炭和金属资源，更为重要的是减少了碳的排放、促进了碳的吸收，有效保护了自然生态环境，让人们切实体验着“不可一日无竹”的绿色生活。由此一来，竹产业的意义不但在人们的现实生活中日益彰显与放大，竹产业发展中所出现的一些情况和问题亦愈发引起了人们的特别关注。

一、竹产业发展之“四问”

推进竹产业发展，我认为应该重点设问并且廓清这样四个问题。

一问：怎样理解现代意义的竹产业?

竹产业作为一个现代产业的重要分支，它由传统林业种植及其加工，

“林工结合”，不断向现代信息应用、材料合成、建筑交通等领域延伸，竹制产品也一步步地向国内国际两大市场推进。完整意义上的现代竹产业，至少包括资源培育、科学种植、合理采伐、精深加工、市场营销等五大环节。在发展竹产业的过程中，如果我们仅仅着眼于其中一个环节或一个方面，实践中必然会出现一定的局限性，终致产业的“营养不良”甚至发生“梗阻、早衰”。

二问：怎样推动传统竹产业向新型产业发展?

有记载表明，早在人类进入文明社会之前，我们的祖先就会简单地制作与使用竹器，如竹签、竹刀、竹筷等，历史可谓悠久。考察我国历史的每一个进程，都离不开竹制工具的影响，文的有竹笔、竹简、竹帛，武的有弓弩、竹剑、竹铳，等等，生产生活用品更是不可胜数，由此产生了宏博的中国“竹文化”，礼赞竹者代有华章。在现代社会，如何进一步推动传统竹产业向新型产业发展？重要的是传统加工技术不能丢，及时注入现代科技文明因子，继承与发扬相结合，紧盯世界发展前沿，如是才能使“竹文化”精彩纷呈，煊赫光大。

三问：怎样实现“科技兴竹”？

“科技兴竹”的内涵十分丰富，蕴有对竹子的科学研究、科学管理、科学生产和科技创新等诸多内容。贯彻落实科学发展观，全面、协调、可持续地发展竹产业，必须依靠“科技兴竹”。“科技兴竹”是个很好的提法，但不能仅仅停留在概念层面，更要付诸实实在在的具体行动。“科技兴竹”，一靠科技，二靠人才，这是基本规则，也是基本事实。科技与人才密不可分，人才与教育培训须臾不离，发展竹产业，振兴竹经济，根本是科技，关键在人才，因此要舍得在教育与人才培养上花成本、下功夫。

四问：怎样提升产业的发展度?

系统的产业结构不能是若干独家企业各自孤立游离的状态。一个现代产业能否健康发展，不仅要看它的现代加工技术掌握度、现代科技成果利用度，还要看它是否形成了联系紧密的产业链、是否建立了统一的质量标准体系、是否形成了企业间相互依存的产业集群、是否实现了标准化生产和规模化经营体系。现代产业发展要借助于龙头企业，建立合理的以若干企业为单元的网络构架，不然，就难以称之为“现代产业”，充其量叫作现代家庭式的加工作坊。

二、竹产业发展之“五难”

当前，竹产业发展面临着五大难题。

难题之一：资源退化。许多竹林经过几十年乃至百年的自然生长，资源正在悄悄退化。以江西为例，粗放型经营的竹林达70%以上，毛竹立竹度平均仅1872株/公顷（丰产林标准是3000株/公顷），绝大部分竹林平均胸径在9厘米以下，有的还不到7厘米，大径竹比例逐年减少，不少竹林呈现“矮、黄、瘦、稀、病”的衰退现象，竹林的种类结构也不尽合理。

难题之二：使用率低。由于山区道路崎岖狭窄所造成的交通瓶颈，给竹材运输带来了不少困难，约占整个竹林面积1/3的生长在高山深处的毛竹几乎是自生自灭，竹资源没有得到很好的开发利用。许多地方对原竹使用“挑肥拣瘦”，利用率只有70%左右，一些竹子“边角废料”的使用价值未能充分挖掘，往往被当作垃圾处理，综合利用程度不高。

难题之三：研发力度小。企业没有成为真正意义上的研发主体，绝大部分企业长期缺乏科研资金投入，技术装备水平低，新产品、新技术开发能力弱，产品处于“跟进”与模仿状态，没有注重深加工、高附加值竹产品的研发，忽视标准的制定与建设，拥有自主知识产权的产品少，具有明显优势的主打产品、拳头产品、名牌产品则更是微乎其微，发展后劲明显不足。

难题之四：粗放型经营。相当数量的企业属于传统产业的粗放型经营，上规模、上档次的现代竹加工企业不多，产业化程度低，市场无序竞争，缺乏现代化经营管理；园区产业集聚度不高，企业相关度不强，领军企业偏少，各自为政单打一，没有形成优势互补、物料互用的循环结构的产业链体系；初级产品多，低质及半成品多，高附加值产品少，有的企业仅能生产竹制坯板等“中间体”，无法生产市场卖价好的最终成品。

难题之五：产业支持不力。政府及其相关部门对竹产业发展的认识尚未提升到应有的高度，甚至不能区分竹、木两个产业的特性与类别，竹、木二者常常混为一谈，因而导致出现许多盲区与空白。例如，没有制定专门的竹产业发展规划，没有确立竹产业重大科技项目，没有出台竹产品加工出口优惠政策，没有实行竹产业新技术、新工艺开发利用的资金扶持，没有建立对竹产业生态补偿机制，等等。总之，迄今为止，政府对竹产业发展的支持力度还显得较为薄弱。

三、竹产业发展之“六抓”

竹产业要得到可持续健康发展，有六大抓手应该牢牢紧握。

一抓资源培育，提高种植效能。竹林资源培育基地是竹产业发展的基础和“第一车间”，竹产业发展要从选育良种、改造土壤、科学种植、合理采伐等方面入手，采取诱导扩鞭和人工造林方法，垦复施肥，加强管理，扩大丰产竹林面积，增加竹林蓄积量，提高竹林的产出效能。同时，有必要加大对边远竹林山区公路、电力等基础设施建设的投入，为竹资源的培育利用提供基本条件。

二抓科技进步，增强竞争能力。加大科研力度，在竹产地区建立包括竹栽培、加工、利用等内容的综合科研机构，促进新技术研发和新工艺推广使用；加强校企合作，实行产、学、研相结合，开发拥有自主知识产权的竹制产品；制定和完善竹产品质量技术标准，强化知识产权和专利保护，形成市场技术堡垒，提高企业核心竞争力；建立竹企业科技信息平台，加强科技信息的交流与科技成果的共享。

三抓精深加工，开拓应用领域。竹材的实际利用是多维的，需要在已有产品的基础上继续延伸产业链，通过不断对竹原材料的精深加工，开发出各种更新更广阔的应用领域；加快产业结构调整，大力开发新技术、新产品，扩大竹材产品的市场需求范围，充分利用竹木原材料加工后的边角废料、竹尾、竹枝等一切竹木纤维，通过技术转化，生产出更多更好的竹制产品或竹木混合产品，实现循环经济。

四抓产业集群，强化行业自律。采用“走出去，引进来”的办法，引导竹加工企业联合重组，鼓励本地企业与外地优秀企业联姻，加强企业之间的合作，扩大生产规模，快速形成园区竹产业集群；培育领军企业，依托龙头企业，建立行业协会，构架企业之间沟通交流的桥梁，通过行业协会的纽带作用，加强跨区域协调，以行业自律规范企业行为，促进竹产业良性发展，增加竹产品在国内外两大市场的份额。

五抓企业管理，实现更大效益。建立现代企业制度，加强企业文化建设，强化科学管理，创造企业良好形象，树立企业市场品牌；加强技术与业务培训，提高员工综合素质，为现代化规模生产创造条件；切实从竹子产地的管理开始抓起，采取“公司+基地+林农”模式，鼓励竹加工企业直接与林农合作经营，稳定原材料供应，降低原材料成本，保证原材料的质量标准和用材要求，为力求产品的质量效益和市场品牌夯实基础。

六抓机制建设，完善政策措施。竹产业是一项利国利民的绿色生态工程，是一个新型的朝阳产业，要通过多种宣传形式，厘正干部群众对竹产业的认识。政府及其有关部门应着手制定竹产业发展中长期规划，对竹、木产品正确分类对待，出台竹产业扶持政策，加强竹产业发展机制建设，将竹产业纳入国家新型材料和生态补偿范畴，把竹产品纳入“建材下乡”和政府采购目录，在栽培技术、科研项目和资金补贴等方面，对竹产业予以更多的支持措施，促进竹产业在现有基础上不断做大做强做优。

最后，我想引用某竹企业老总的一段话作为本文的结束：“一项技术可以造福千万林农；一根翠竹可以撑起一方经济；一片竹材可以挑起环保大梁；一块竹林可以开启节能革命；一个产业可以撬动全局发展。”以竹代木，目的是能为世界留下更多的树木，为人类创造更多的福祉！当我们面带愉悦的笑容，走进那绿色的森林，呼吸着那清新的空气时，不能不发出这样的感慨：我们应该更多地重视、支持和推进生态竹产业的发展！

（2010年9月29日在全国政协推动竹藤产业发展
专题调研座谈会上的发言）

发展战略性新兴产业之随想

战略性新兴产业，已经成为当前我国的一个热议话题。围绕这一话题，社会聚焦，大家关注，见仁见智，观点纷呈，诚然是一件很好的事情，至于一些在讨论过程中所存在的争议或不同见解，也确有值得深入思考的必要。以下谈几点个人肤浅的认识。

一、两则小故事的启示

先说两段我所知道的小故事。

之一：历史上中英两国GDP的比较。据记载，1820年我国GDP占世界的1/3，英国则不足1/10，然而事过20年即1840年，英国悍然发动鸦片战争，“强盛”的大清帝国处于落后挨打的地位。为什么？两国产业结构存在极大反差是其主要原因之一。当时，中国GDP的构成以粮食、蚕桑、茶叶、瓷器等四大产业为主，而英国却在大力发展钢铁、航海、蒸汽机及其动力机械等。产业结构的不同决定了中英两国后来百年历史走向的迥异。

之二：现代医疗器械产业中产品结构的比较。蜚声海内外的内地某省医疗器械行业，20年来一直生产一次性输液器和一次性注射器等低端大众产品，量大效益低，有时一支注射器的企业利润仅为1分钱甚或赔本。同是生产医疗器械输注产品的一些沿海发达地区，在本世纪初就转产更加先进的留置针、定时输液泵等，前些年，一套留置针可获得利润10元以上，而输液泵之类产品的利润则更加丰厚。孰优孰劣？非常清楚。于是某省只能一声叹息：全省的医疗器械产业利税不及省外一家同类企业。

以上故事给我们的启示是：

1.恒久不变的传统产业会引发经济落后，新兴产业将会引领未来经济社会的可持续发展，成为一个国家或地区各方面进步的助力器。

2.产业结构调整至关重要，我国当前粗放型经济增长方式已经到了非改变不可的时候，发展和培育战略性新兴产业是一件功在当代、利在千秋的宏大事业。

3.昨天的“新兴”产业可能是今天的传统产业，抑或是明天的被淘汰产业，为使“昨日朝阳”不致成为“明日黄花”，产业结构与产品技术路线需要不断创新、与时俱进。

二、由战略性新兴产业的范畴所想起

显然，“战略性新兴产业”这一名词系由三个关键词组合而成，即战略、新兴、产业。现不妨对这三个词略作分析。

战略：包括控制力、支撑力、竞争力，由此可以构成坚强的国防力量和综合国力，具有统领全局的意义。

新兴：科技含量高，环境污染小，标示着某一领域的制高点，拥有核心技术和自主知识产权，由此构成科技的时代前沿，能够引领先进、带动一批产业的兴起。

产业：实行标准化生产、规模化经营，产生经济技术的集聚效应，由此构成同类企业之间彼此相扣的链环式延伸发展，具有广阔的市场前景。

由此想到，发展和培育战略性新兴产业，不能似是而非，不能一哄而起，也不能盲目随从，关键是要按照战略性新兴产业概念的范畴，理性地分析产业发展中可能存在的缺陷，本着“缺什么、补什么”的原则，清醒地意识到现在应该做些什么，并且明白应该怎样去做，从而为产业的发展补偏救弊、储备后劲，打下坚实的基础。

比如，在稀土、钨产业的发展过程中，或许缺乏一些“战略”与“产业”的根本内容，各自为战，不能有效地控制矿产原料，难以实现系列产品的规模化生产等；在光伏产业的培育过程中，可能缺少核心技术和产业的合理分工，“小而全”现象比较严重；还有，发展战略性新兴产业急需一大批敢于创造、勇于探索、掌握知识技术的创新性高端人才，而人才现状却是明显的准备不足，等等。诸如此类，如果及时注意延长“短腿”，克服“短板效应”，就能在一定程度上防止产业及其产品受人牵制摆布、以致丧失市场地位的现象发生，促使产业始终显示出勃勃生机。

三、应该避免的几种倾向

1.避免“新兴产业是个筐，什么都往里面装”。不是新兴产业硬要乔装打扮成新兴产业，追求时髦，图个新鲜，显然没有任何意义。把土豆装进鸡蛋筐，怎样也改变不了土豆的性质和价值。其实，即便是一些传统产业如种植养殖业，只要赋予它绿色生态的内涵，同样具有现代发展乃至未来再发展的生命力。

2.避免把战略性新兴产业发展过程中的“疮疡”看作艳丽的鲜花。新兴产业在培育和孵化过程中，难免会有“婴儿的稚嫩”与“学步的蹒跚”，如某新型能源产品在生产的早期，可能因为缺少关键技术或节省成本，出现了严重的耗能高排、环境污染情况，对此就不能姑息迁就，听之任之，应及时“挑破疮疡、消除脓液”，提出改进性意见和建议，使之日臻完善与完美。

3.避免“唱新兴赞歌，走传统老路”。欲使战略性新兴产业发展壮大，不仅要练“唱功”，更要练“做功”，将基础性工作落实到位。如生物医药产业，必先加大高风险的科技投入，方可取得高效益的市场回报。如果一味只说“新兴产业”好，却又沿袭旧有的投资管理模式，无异于“既要赶着马儿跑，又要马儿不吃草”，虽然给产业贴上了一张“新兴”的标签，却难使产业换上一副“现代”的新颜。

4.避免以现实的经济效益确定新兴产业。毫无疑问，新兴产业必定有效益，但目前有效益的产业未必就是新兴产业。在这个问题上，应该“风物长宜放眼量”，具备前瞻的“战略”眼光，不能过早地“煮酒论英雄”，更不能“今朝有酒今朝醉，家家扶得醉人归”。否则，会导致一些异类项目误入新兴产业，或使就业贡献大的传统产业招致淘汰与萎缩。

说到这里，不妨做一个简单的归纳：在时代变革和社会转型的今天，我们既要以极大的热情，坚定不移地发展战略性新兴产业，对此不可有丝毫的彷徨和犹豫，因为这是中华民族伟大复兴的需要；又要持以理性的态度，清醒地认识战略性新兴产业的科学内涵，用科学发展观去正确处理好一切可能出现的问题，以更好地促进战略性新兴产业的健康发展和不断壮大。

（原载于《群言》2010 年第 10 期）

加快发展养老服务业势在必行

自1999年进入老龄化社会以来，我国老年人口急速增长。当前，60岁以上老年人已有1.6亿之多。但据专家测算，目前我国养老服务市场年需求约为6000亿元，而实际提供的不足1000亿元；机构养老床位约需480万张，实际只能提供一半左右……种种数据表明，面对汹涌澎湃的“银色浪潮”，我国养老服务业的发展显得步履蹒跚、严重滞后。

我认为，制约我国养老服务业发展的主要原因不外五个方面：

一是思想认识不统一。不少人认为我国养老问题主要矛盾是“未富先老”。潜台词就是解决此问题的难度很大、过程较慢，大家要忍耐，期望值不能太高，只有等到“蛋糕”做大了，养老问题也就好解决了。果真如此吗？据资料显示，有的国家人均GDP达到1000美元之前，已经制定了养老福利体系。而我们现在人均GDP快到4000美元了，再用“未富先老”做挡箭牌，显然无法令人信服，只会让人感到失望。

二是养老保障体制不健全。据媒体报道，目前全国仍有上亿60岁以上老年人没有享受养老保障待遇。如此之多的老年人缺乏社会保障，消费能力必然严重不足，养老服务业的发展缺乏拉动力和支撑力也就不足为怪。

三是制度设计不完善。近几年来，涉及发展养老服务业的文件出台不少，但大多是原则性、指导性的条文，缺乏明确具体的硬性规定，可操作性不强。另外，在现有各项制度政策之间尚存在相互抵牾、相互扯皮之处，需要相互衔接、相互协调。

四是支持力度不够。发展养老服务业的工作主要由民政和老龄等少数部门在推动，显得势单力薄，政府各部门和社会各行业的支持尚未形成合力；发展养老服务业所需资金巨大，但目前筹资渠道单一，难以适应新形势的需要。尤其是经济欠发达的中西部地区财力薄弱，投入相当有限，导致养老服务业发展举步维艰。

五是专业人才缺乏。由于老年人经济条件、文化修养、生活习惯、年龄和身体状况等存在诸多差异，服务需求也就多种多样，但现实是，在目前一段时期还非常缺乏多元化养老服务专业人才，少量的职业人员无法满足市场需求。

由此可见，要成功应对老龄化挑战，尚有大量工作亟待我们去做。

首先，要把加快发展养老服务业放在更加重要的位置予以高度重视。李克强副总理在今年3月举办的中国发展高层论坛上强调，转变经济发展方式、调整经济结构的首要任务是扩大内需；要继续优化投资结构，积极寻求投资与消费的结合点，努力实现增投资、扩消费、惠民生的一举多得；要提高服务业产值和就业比重。从这几点来看，加快发展养老服务业都是一个极佳的选择。而且通过健全养老福利制度，不断提高老年人生活质量，维护了最广大群众的根本利益，实现了发展成果由人民共享，对构建长治久安的和谐社会、树立有影响力的大国形象具有重要的政治意义。因此，建议国务院制定并出台《养老服务产业振兴规划》。

其次，要尽快建立健全养老保障体系。养老保障体系需尽快实现全国统筹，城乡统筹和行政、事业与企业统筹，以体现公平和正义。目前未纳入养老保障体系的老人以农民居多，2009年国务院决定在全国10%的县（市、区）开展新型农村社会养老保险试点，让人们看到了解决问题的一线绿色希望，但到2020年之前才能基本实现对农村适龄居民的全覆盖，未免试点时间太长，容易在此期间造成新的不公正和不平等现象。

最后，要加强养老服务体系的建设。抓紧建设养老服务信息库，掌握养老服务需求特征，只有不断完善养老保障体系，老人们才能逐渐消除后顾之忧，才敢增加消费，从而使养老服务业的市场基础做大做实。

切实加大政策扶持力度，在政府投入上尤其是对经济欠发达地区的转移支付力度上要有硬指标；必须注重整合各类社会资源，积极支持和鼓励民间资本投向养老服务业。

大力加强养老服务专业人才队伍建设，制定养老服务从业人员的职业水平评价和资格认定等政策制度，发展养老职业教育，开设养老专业，强化职业培训，提高从业人员的专业技能水平；不断改善从业人员待遇，稳定和壮大养老服务产业队伍。

综上所述，养老服务业是"弯弓一箭射多雕"的事业，它既是加强社会保障的需要、构建和谐社会的需要，也是实现基本国策的需要、拉动国内消费的需要、扩大劳动就业的需要，等等。总之一句话，"满目青山夕照明"，养老服务业是实现以人为本的需要，其意义深远而又现实，必须未雨绸缪，抓实抓好，不可懈怠。我期盼着，在党中央、国务院的正确领导和全社会的共同努力下，在"老有所养"的精神感召下，我国的养老服务业能够得到又好又快地发展，中国的老年人能够过上幸福美满的晚年生活！

（2010 年 6 月提交全国政协常委会议的书面发言）

农村清洁工程之随感

我对农村清洁工程不仅是一名举双手赞成的“拥护者”，而且是一名坚定的“力挺者”。在去年全国“两会”期间，我曾写过一篇小文章，叫《乡村保洁：一项“小而又大”的工作》，在全国政协会议上引起了关注，为此还接受了几家新闻媒体的专访。今年8月，我应邀出席全省农村清洁工程工作会议，看到在当今如林的“工程”之中，增加了农村清洁项目，党政主要领导亲临会议，表明了对这一工作的高度重视。于是，思绪翻腾，心情格外欣喜，谈些感言。

有一位市长同志在这次会议的发言时提到，农村清洁工程看起来是小事，做起来则是烦事，坚持好更是难事。此言不虚。看似小事是因为它太不起眼，做是烦事则由于它太繁杂，至于为什么是难事下面我再述说。按照辩证法的观点，转换一个视角从两分法看问题，农村清洁工程又是一件大事、一件乐事、一件易事。说它是大事，这项工程关系到几亿农民的健康，关系到城乡环境卫生的公平公正，关系到人类社会文明的进步，呵呵，岂能不大？说它是乐事，农村清洁工程好像是把大扫帚，“扫帚”一挥，垃圾全除，村庄整洁，家园亮丽，何乐而不为？说它是易事，因为这件工作得民心、顺民意，只要努力去做，容易得到大家的支持，容易产生“立竿见影”的成效。

“万事开头难”，客观地说，农村清洁工程开展伊始，不能说没有难度。难在哪？多着呢。

难之一，与生俱来的小农意识。“各人自扫门前雪”，我的庭院我打理。还有，即便我家脏一点、乱一点，又干他人何事？这些由“井田”格局派生的小农观念，会给农村公共环境卫生的整治带来系列难题，有时还会因为一个小小鸡窝的拆除而引发干戈。看来，在这个问题上，根本的是要提高农民的整体素质。

难之二，困扰干部的政绩思想。农村清洁工程不能直接带来GDP和财政收入，花了钱却不能创造经济效益，现实是投资引项目建污染企业制造蓝藻者容易提拔，埋头干农村清洁行当，恐怕“吃力不讨好”，在关键的当口会吃亏。于此而言，重要的是要建立相应机制，提高干部认识，激发工作热情。

难之三，一筹莫展的垃圾分类。只要是在生活着，家家户户每天都会产生各种各样形形色色的生活垃圾，对这些垃圾进行分类处理确实存在很多困难，诸如塑料废纸碎布的统一分类，需要千家万户共同的自觉行为，对此别说乡村，即便是在城市社区，目前也难以找到较好的解决办法。

难之四，运行不畅的筹资渠道。开展农村清洁工程，总得放个箱子购辆车、聘请几个保洁员，可这些都需要钱呀。钱从哪里来呢？如果又来一套“农民××农民建，建好××为农民”，单一地向村民集资筹工，增加农民经济负担，村民不仅不理这个茬，还会出现逆反心理。资金一旦没有保障，“今日捉襟明日见肘”，清洁工程就会遭遇“烂尾情节”，最终导致工程“流产”。

难之五，沿袭千年的不良习惯。猪狗牛羊跑，遍地撒屎尿；水沟漂落叶，垃圾路边倒。许多农村司空见惯的千年陋习，不是说改就改得了的，“传统习惯”与“现代工程”之间，势必将要发生一场“旷日持久”与“只争朝夕”的激烈交锋。只是我们希望，这个交锋的过程不要持续得太久。

针对上述难题，谈几点不成熟的想法。

一是要帮助农民树立清洁卫生的观念。对农民的教育不能依靠简单的说教或强制的手段，还得寓教于乐，潜移默化。通过影视宣传、参观考察等方法，让农民借助一扇扇敞亮的窗口，豁然打开“卫生的眼界”；建立示范村庄、示范庭院，让农民切身感受清洁家园的好处，不断提升“卫生的境界”；将农民对城市的热切向往，转化为“美丽的农村我的家，我的家园比城好”的理念，共同创造“卫生的世界”。只有在农民自觉自愿的前提下，才能实现农民的事情农民管，农村的事情村民办。只要大家齐动手，一起改变不良习惯，久而久之，就会固化为一种村民世代相传的“可持续卫生习俗”。当清洁卫生蔚然成为风尚，许多事情也就好办多了。

二是要积极探索垃圾处理模式。有一句话说得好，世界上本没有垃圾，只有放错了地方的物资。农村清洁工程关键是垃圾处理，而垃圾处理又在于一次次地对垃圾进行科学的分类，使之达到“减量化、无害化、资源化”要求。某市创造了一种“3+5”的农村垃圾无害化处理模式，即实行农户、保洁员、垃圾处理中心三级分类，按照沤肥垃圾、可回收利用垃圾、建筑垃圾、封存垃圾、焚烧垃圾等五种类型收集处理。这样一次次地将垃圾废物利用、再利用，最后“变废为宝”，把垃圾“吃尽榨干”。这些产生于群众之中，并被实践证明有效的经验与模式，应该及时推广运用。

三是要让农民在清洁工程中得到更多的实惠。农村清洁工程，主体是农民，这不是一句空洞的口号，说到底是要以实实在在的行动，给农民办实实在在的事情。“重要不重要，农民来投票；能办不能办，农民说了算。”搞农村清洁工程，不能强行“一刀切”，否则会在利益与感情上伤害农民。我甚至认为，能不能借鉴当年群众灭鼠运动交一条老鼠尾巴给一毛钱的做法，现在也来个交一斤分类好的某种垃圾给多少奖励补贴，而且，所交垃圾得到的直接奖励补贴要高于垃圾本身的价值，因为其中包含着垃圾污染及其处理的补偿费用。当农民尝到了这种实惠的利益甜头之后，农村垃圾也就会实现良性循环，变成越来越多的物质资源。

四是要加大政府对资金的投入力度。在现有的财政体制下，怎样保障农村清洁工程的资金费用？从长远计，应该逐步建立政府、部门、社会、农民共同投资的长效机制。但在启动阶段，政府还是应该多投入一点，该买单时就买单，尽量解决相关基础设施建设经费，转移支付农村保洁费用，以减少对农民的摊派。对于农村清洁工程专项经费与其他筹措资金应统一管理、严格程序、监督使用。记得温家宝总理曾动情地说过：要下决心继续增加对农民的投入，“在这些地方投入多少实惠都不算多，因为城乡的差距太大了”。对农村清洁工程的投入，体现了城乡的公平，是在为环境卫生买单，为国民健康买单，因此多投入一点是值得的。

五是要将农村清洁工程内容纳入干部的年度工作考核。干部年度工作考核是政绩测定的重要方式，往往会对某项工作的全面实施产生神奇的推动作用。信不信由你，只要将农村清洁工程的内容写入领导干部的年度考评方案，明确一把手为第一责任人，规定奖惩办法，强化责任意识，同时严格实施领导干部挂点包村制度、按期评比制度、末位淘汰制度等，各级领导干部就绝不会懈怠农村清洁工程，人们所希望的那种效果很快就会呈现出来。所以，很有必要开展对农村清洁工程下管一级的检查督导考评活动，延伸在线监管范围，促进农村清洁工程各项工作真正落到实处。

（2010 年 8 月 14 日在江西省农村清洁工程工作会议上的发言）

做好煤矸石这篇大文章

2011年6月中旬，中共中央政治局常委、全国政协主席贾庆林视察江西时，发现在“资源枯竭型城市”萍乡堆积着大量煤矸石，指出“资源的枯竭给这个城市的发展带来了很大的问题，带来了很多新的课题，怎么帮助资源枯竭型的城市重新焕发青春，在资源利用方面让它青春长驻，倒逼高科技产业的发展，就是一个很大的课题。”比如，“用煤矸石发电，就是把煤掺上煤矸石，供给电厂发电，这是很大的能源资源。”一再叮嘱江西政协要把萍乡煤矸石资源综合开发与利用纳入重要的调研课题，“积极建言献策，帮助老区经济社会发展”。

一个月后，省政协调研组一行深入萍乡的安源煤矿、赣西电煤选配煤储运公司、高坑王家源、湘东区等煤矸石堆放点及湘东区煤电铝项目区，就“煤矸石资源综合开发与利用”进行实地考察，组织座谈会，倾听各方意见。通过调研，使大家深化了对“煤矸石资源综合开发与利用”这一课题的认识，发觉小小煤矸石确是一篇值得去做的宏大文章。

煤矸石是一种资源性物资，只是“放错了地方”。萍乡是一个以煤起步、靠煤立市、依煤发展的城市，曾是全国100个重点产煤城市之一，是江南重要的能源基地和煤炭生产基地，已有100多年的机械开采历史，素有“江南煤都”之称。但是伴随着煤炭开采，全市境内的煤矸石已堆积如山。据有关部门测算，到目前为止，萍乡煤矸石存量达到4亿吨，占地面积达89.5平方公里，近年来还以每年新增300万吨堆存量的速度增加。如此大量煤矸石的堆存，造成土地被大量占用、大气和水体的环境污染、引发水土流失和地质灾害、植被遭到破坏、影响城乡景观等严重问题，成为一个实实在在的沉重的生态包袱。

有人说："世界上本没有真正的垃圾，只有放错了地方的物资"。煤矸石正是这样一种"放错了地方"的资源性物资，只要处置得当，合理利用，露天堆放的煤矸石将完全可以"变废为宝"，具有十分广阔的开发前景。

在循环经济理念下，煤矸石应该可以成为发展的"香饽饽"。循环经济是把清洁生产和废弃物的综合利用融为一体的经济，是对"大量生产、大量消费、大量废弃"的传统经济模式的根本变革，它遵循"减量化、再使用、再循环"的原则，促进资源能源得到最充分的利用。按照循环经济理论，煤矸石完全能够形成"发电—精制盐—离子膜烧碱—聚氯乙烯—工业废渣制水泥"的一体化循环经济产业链，"做到吃干榨尽，资源充分利用。"（引自贾庆林：《切实抓好生态文明建设的若干重大工程》，《求是》2011年第4期）此外，煤矸石还可以用作工业陶瓷、建筑材料、造纸纤维等，用途十分广泛，不仅保护了生态环境，节约了土地资源，而且创造极大的社会财富，或许不用多久，煤矸石会被作为一种稀缺资源而备受人们的青睐。

煤矸石的综合开发利用，还必须迈过"一道道坎"。显而易见，煤矸石资源的综合开发与利用，具有显著的社会效益、生态效益和经济效益，对于推进资源节约型、环境友好型社会建设及保护生态环境均具有十分重要的意义。但通过萍乡的调研，我们也了解到，由于受煤矸石开发利用市场规模小、无序利用等因素影响，目前煤矸石资源的综合开发与利用水平仍然较低，各方面对煤矸石的重视程度仍然不够。以萍乡为例，煤矸石资源综合开发与利用，虽然被地方政府提上了议事日程，并取得了初步成效，但还存在政策支持力度较弱、部分项目启动困难、缺乏整体产业规划、科研技术尚待起步、企业规模偏小粗放等。这些问题的叠加，使得现有的部分煤矸石综合开发利用企业及其产品科技含量低、经济效益差、带动作用小，有的企业举步维艰，难以开工。因此，煤矸石的综合开发利用工作，还有待社会各方的关注和支持，努力逾越因百年煤矸石堆积形成的那“一座座山坡一道道梁”。

同心协力，发掘好煤矸石这座“新的矿山”。对于煤矸石的综合开发与利用，当前应该做好以下几项工作：

一是要把煤矸石作为一个产业来开发，将传统产业提升为地方的战略性新兴产业。坚持科学化设计、标准化生产、规模化经营、市场化运作，走现代集约化生产经营道路，按照科学发展的要求，注重精深加工，形成煤矸石产业链，切实提高煤矸石的综合效益。

二是要以保护生态环境为先，制定综合开发利用规划。搞好资源普查，摸清家底，对煤矸石的分布、积存量、类型、特性等进行研究和分析，建立煤矸石资料数据库，为合理有效开发利用煤矸石提供翔实可靠的基础材料，使之“能电则电、能砖则砖、能瓷则瓷”等，分类开发并形成市场影响。

三是要加强先进技术成果的引进、开发与运用。要以大宗量利用为重点，发展高科技含量、高附加值的技术产品，煤矸石发电应向大型循环流化床燃烧技术方向发展，提高燃烧效率和废弃物的综合利用率，以发展高掺量煤矸石建材制品为主，鼓励煤矸石建材及制品向多功能、多品种、高档次方向发展。

四是要强化管理，积极扶持，做大做强龙头企业。对于煤矸石综合开发利用效益好的重点企业和重点产品，要加大扶持力度，帮助形成产业的集聚效应和带动效应，做大做强企业规模，扩大市场占有份额。

五是要切实破解难题，把握重点，整体推进。制定包括税收减免、生态补偿、研发基金等各项优惠政策，增加资金投入，引进和培养人才队伍，为促进煤矸石的开发与利用打好基础；建立健全机制，严格监管，有序开采，推动煤矸石综合开发与利用工作健康有序向前发展。

六是要加强生态建设，抓好煤矸石资源化利用的综合评价工作。优化工业固废综合利用指标，实施节能技术，降低减排指标，提高煤矸石利用效率；引导企业开展煤矸石山地的绿化工作，改善生态环境，建设美好家园，使煤矸石综合开发与利用取得实实在在的效果。

七是要争取上级有关部门的支持，省市联动，多方配合，切实帮助尽快处理好目前亟待解决的几个困难与问题。（1）国电萍乡煤矸石综合利用项目2×300W发电工程项目获得国家有关部委立项审批；（2）增加赣西电煤选配中心企业优质煤配额指标和煤炭调运指标，以及铁路部门配套的运力指标，实现“海铁联运”；（3）落实国家对煤矸石综合利用项目在投资、资金、税收、电价等方面支持的优惠政策，创造条件，把萍乡市列入国家煤矸石综合利用产业示范基地；（4）利用人民政协组织人才密集、联系广泛的优势，帮助萍乡“引资引智”，引进煤矸石开发利用的企业、技术和人才，建设生态文明，发展循环经济，在上级领导的重视和关怀下，把握好煤矸石综合开发与利用的这一难得的良好机遇。

时不我待，事在人为，通过认识的提高、各方的努力，我们有理由相信，萍乡市一定能够做好煤矸石综合开发与利用这篇大文章。

（2011年7月在江西省政协人口资源环境专门委员会视察萍乡煤矸石开发利用调研座谈会上的发言）

对医药研发“说三道四”

我国的医药产业，虽然经历了本世纪前后的几次较大规模整顿，有了长足进步，但是我依然认为，还没有步入良性发展轨道，尤其是在新药研发方面，仍是薄弱环节，这与我国医药产业大国的地位极不相称。医药核心竞争力“文弱难挺”，真正具有自主知识产权的专利产品“寥若晨星”，医药产业发展“待米下锅”等，对于这些被业内外人士深刻认识并长期受到批评的现象，至今没有得到根本改观，因此有必要来个“说三道四”。

首先，说“三个问题”

第一说，利益分配扭曲导致医药研发“就是差钱”。天下熙熙皆为利来，天下攘攘皆为利往。“利”不会从天而降，必须竭尽谋划，努力争取。我国目前药品的利润实际不低，药价虚高严重背离了价值规律，已经多年来为国人所诟病。现实情况是，国内过高的药品利润主要流向不是源头企业，而是中间药商和终端医疗机构，相当一部分制药企业利润微薄、资金短缺，由于“差钱”继而引发人才匮乏、设备落后，这已经成为新药研发的一块“软肋”。

产业经济学告诉我们，企业的研发能力一般从科技人员和研发费用两个占比进行衡量。在发达国家医药企业，科技人员国际先进水平的基准是20%，而我国医药制造业的科技人员占比为4%；每年用于研发的投入占其销售收入的比重在7%以上，我国研发费用占比却不足2%。从初始水平来看，科研人员的储备和研发费用的投入不仅远低于国际平均水平，甚至不抵发达国家的一家大型公司。在本世纪前后的十多年间，尽管我国的医药产业总值每年以两位数增长，但由于利益分配的不合理，并不是所有制药企业都能获取两位数以上的利润，有的企业甚至处于惨淡经营的状态，这种情况下怎么可能舍得拿出占比7%的资金投入到研发中去？由于资金投入与人才储备两项占比指标增长缓慢，新药研发现状与整个医药产业向好形势形成了明显反差。因此，理顺医药利益分配，解决好“以药养医”问题，让制药企业获得足够合理的利润，是促进我国新药研发的一个关键问题。

第二说，医药管理现状导致医药研发“被动起舞”。谋事在人，成事在天。谋求我国医药的新发展在于主动创新，成就新药研发的成功梦想应该具有良好的创新环境。然而，我国现实情况却不尽如人意。行政管理部门“各执一政”，部门权力决定着各自行使不同的监管职责，致使医药研发难以形成合力。医药企业过多地注重利润获取，未能真正担负起药品安全有效、研发创新的责任；科研院所、大专院校隶属于不同的部门，条块分割较为严重，扮演着医药研发主体的角色，却又往往忽视成果的市场转化；医疗机构在医药研发的过程中，缺乏创新的压力和动力，不能积极发挥临床配合作用；等等。已经谈了多年的强化新药科学审批，严格新药上市后监管，各方切实承担相应责任，具体实施起来还是难度不小。

现在看来，行政管理部门、制药企业、研发单位和医疗机构，各个方面由于内部体制原因，研发主体错位，企业与科研院所、医疗机构之间产生了极大的信息不对称，医药智库云集而又与市场需求脱节，故而难以发挥整体效应，都有一种“被动起舞”的难言之隐。研发工作是“要我做”而不是“我要做”，这好比驾车系好安全带、下矿戴上安全帽，如果不是主动地“我要使用”，而是迫于无奈“要我使用”，那就很容易出现偏差。不是吗？尽管在国家“十五”计划和“十一五”规划当中，都明确提出要建立有效的国家创新体系，但医药研发在十年间的应用成果方面总是不能出现实质性的突破。

第三说，盲目浮躁心态导致医药研发“杀鸡取卵”。“阶前偶有东风入，杨柳千条尽向西。”我国的医药研发正处于这样一种尴尬的局面。有一组数据表明，2003年至2005年，全球十几个主要国家产出的创新性药物的数量分别为261个、199个、290个，适时，我国每年审批的“新药”虽然也以成千计算，但实际情况却是至今还没有研发出具有原创意义的新药。

新药研发是一件“文火慢炖”的细活，只能水到渠成、瓜熟蒂落，少不得每一道“工序”。在欧美等发达国家，新药研发的周期一般在10年左右甚至更长，而我国却难有这种耐性。为什么？投资不足是一个方面，但更令人担忧的是急功近利、揠苗助长的浮躁心态。地方政府及其部门领导“为官一任，造福一方”，任期内不考虑科学制定医药发展中长期规划，提供必要的财税、融资等方面倾斜政策，却一味要求企业和研发单位尽快拿到批文，以便早日产生GDP和财政收入；制药企业及研发单位出于一己之利，不管明日市场风云变幻，只为“今朝有酒今朝醉”，对上市的传统产品进行滥开发；行政审批部门时而睁眼、时而闭目，缺乏政策及标准的连续性和严肃性。于是乎，便有了“投机取巧编数据、不择手段跑批文”等诸多怪现象。可想而知，如此情况下所取得的成果，岂能没有“杀鸡取卵”式的未成熟畸胎？所以我们要有一个清醒的认识，医药研发离不开“以人为本”的道义思想，离不开树立崇高的社会良知，如果过早地强调医药的经济性，以追逐最大利润为目的，就容易出现医药产业的异化和医药道德的沦丧。这是一件十分危险的事情，需要警惕！

其次，道“四个结合”

中国原本是医药创新的发达国家，医药繁荣是中华民族五千年生生不息的重要原因所在。然而，近百年我国医药研发的“集体沦陷”，不能不使我们感到揪心般的痛楚。今天，当我们嚼着老祖宗留传下来的养心安神丸、喝着古时候配伍和合的健脑定志汤的时候，在心灵的煎熬之余或许会幡然大悟：天上不会掉“馅饼”，地上常有“大陷阱”。我们不能天真地认为经济在自由地运行、社会在自行地前进，医药也会随之自我发展。促进新药研发，振兴我国医药，需要持续“给力”，这是时代的要求，我们大家责无旁贷。

之一：**把政府扶植与各方责任结合起来。**“要使马儿跑，先得喂饱草”，这是一个常理。政府大力支持医药产业发展，不仅要制定明确的产业扶持政策，还要对研发型企业进行多种形式的扶植，让其在税收、价格和费用补偿方面拥有特殊待遇，鼓励其加大医药科技创新力度。从研发活动初期开始，政府应提供资金投入、财政补贴等，在产品上市以后，提供增值税减免、市场开发的经费报销等优惠政策，使各项扶植贯穿于产品研发的整个过程。政府的扶植要有“靶向型”，不能撒胡椒面，以产生力量集中的“按图钉”效应。与此同时，企业、科研单位、医疗机构要积极响应，自觉担负起研发责任，提高研发能力，增加研发投入，充分利用好资金项目并努力配套，按照各自现有基础条件和未来个性发展，主动紧盯医疗市场需求并选好产品，使研发工作能够未雨绸缪、发挥优势、形成合力、联合开发，不致流于形式。

之二：**把公益事业与经营赢利结合起来。**药品所具有的社会公益和经济利益的双重属性，事关着民众的身体健康和生命财产，使得医药研发活动亦成为一种特殊的科研行为。之所以出现环磷酰胺之类药品在市场上的普遍短缺，之所以药品名称“狸猫换太子”之举引起社会的广泛抱怨，关键是没能把握好“利、义”的价值取向。医药产品的研发，首先是耿耿忠心“求大义”，而不是孜孜汲汲“逐大利”，使居于公益事业的医药事业，从市场经济回归到公益事业的正常轨道上来。医药的根本宗旨是“继承创新，造福人类”，在此过程中，强化监管固然是政府的一种职责，但重要的是企业为了人类的健康与福祉，也为了自我的生存与发展，必须树立“荣辱”意识，加强自我管理，为人民提供高质量的药品和高品质的医药服务，在求得社会效益的前提下获得较好的经济效益。

之三：**把化解风险与收益回报结合起来。**医药研发项目投入大、周期长、成功率低，其投入与回报有时未必能成正比，抑或是“春播一粟，秋收万担”，也可能是“春播一担，颗粒无收”，其风险包括了技术风险、市场风险、财务风险、政策风险、生产风险和管理风险等。为保证医药研发项目一步一个脚印地做下去，更加有效地规避风险，达到成功的目的，政府部门在进行充分科学论证、增加风险投入、引导各方积极参与的基础上，应引导和鼓励建立医药研发基金，实施科技保险补贴配套资金，按照各方资金、技术投入的比例分成，从而化解和控制创新风险，实现研发项目风险分担、研发成果利益共享，并根据初衷要求，不断激发医药研发的动力，促进自主创新能力提升，为医药科技的发展注入新的活力。

之四：把"基药"制度与新药研发结合起来。基本药物制度的建立，可以满足大众对医药产品"安全有效，价格低廉"的需求，直接降低百姓的医疗费用，是一件利国利民的好事。但也应该清醒地看到，基本药物不是永恒的，它具有时间的阶段性、动态的淘汰性，不能因为实施基本药物而束缚新药的研发。"基药"目录和新药研发所出现的暂时矛盾，可以通过多种方法进行解决。一是国家配套完善新药定价机制，对新药研发项目进行综合评价，预先提出研发费用估算，合理控制研发成本和支出，为新药制定合适的价格提供参考依据；二是对新药采取专门的保护措施，将符合"基药"基本要求的新药及时纳入目录，使基本药物制度能够在较长时间内得以稳固；三是深入挖掘新药项目的价值所在，支持、鼓励企业开发出有价值的新剂型、新复方、新的给药方式等，以提高整个医药行业的核心竞争力。

以上对我国医药研发的"说三道四"，未必准确，目的是希冀各个方面更加关注我国医药产业健康有序地可持续发展，促使医药这项"恒久的事业"拥有未来的春天！

（原载于《中国食品药品监管》2011 年第 3 期）

关于药价虚高问题的思考

药品是一种特殊商品，它直接关系到广大人民群众的身体健康和生命安全。一段时间以来，我国药品价格迅猛上涨，有的药价离谱到高出其成本价格近10倍乃至更高，人民群众对此意见纷纷。药价虚高问题已成为老百姓共同关注的一大热点问题。

按照市场经济理论，当一种物品供过于求时，其价格势必下跌。自20世纪90年代开始，我国制药企业的规模越来越大，产量越来越多，药品已告别短缺时代，然而价格非但没有下降，反而飞扬直上，一路飙升，市场“无形之手”的神奇作用，对调整药价似乎显得无可奈何，药价虚高在市场规律中简直成了一大“悖论”。对于这一问题，我们不能不进行深入的思考。

思考之一：产生药价虚高的主要原因

产生药价虚高的原因非常复杂，具有多元性，据分析，主要有以下几个方面：

第一，药品的特殊作用，为药价虚高建立了基础

由于药品是在人们追求健康、挽救生命状态下所迫切需要的一种特殊物资，为人们所不欲，却又不能不使用。当某种疾病急需某种药品救治时，患者及其家属在药价与健康的权衡与抉择之中，自然会选择后者，他们往往不惜代价，愿意掷千金而求一药。这一情况为药价的攀升建立了基础。在经济利益的驱动而又缺乏规范的市场管理和道德法律的约束下，很容易导致药品从生产到使用的每一个环节，出现处处雁过拔毛，价格层层加码的现象，药品的价格于是出现了“逆调整”的怪圈。一种药品如果合理定价，由于其利润偏小，它只能闲置在仓库，而当其在正常价值下提升额外的“附加值”，再作一番“济世救人”“治病如神”之类的广告宣传和“公关”促销，则可以在市场上大卖特卖。

第二，患者的被动消费地位，为药价虚高创造了条件

一般而言，普通消费者在自己的生活消费中，具有一定的自主选择权和知情权，然而对于药品的消费却不是如此。由于医院和医生的不可置换的主体角色，加之患者对医药知识的缺乏及对自我病情的不了解，医方理所当然地成为患者药品消费的“权力者”，患者只能一切服从医方指定的药品消费。而医生在扮演药品消费“把关”角色的时候，鉴于各种利益（个人利益和大、小团体利益）的关系，则难以履行为患者利益“把关”的职责，时而会与药品生产经营商站在一起，成为药价虚高“同一战壕里的战友”。患者于是不自觉地充当了“挨宰”的角色，即使不情愿也不行。

第三，计划体制的深深影响，为药价虚高亮起了绿灯

毋庸置疑，我国医药行业在近10多年来得到了长足发展，但从整个内部情况看来，仍受计划体制的深深影响，市场化程度还很低，药品价格处于封闭状态。比如，由于城镇职工医疗保险制度改革和卫生体制改革的滞后，目前我国仍实行“医药不分”“以药养医”的体制，售药利润一般占据医院收入的50%—70%，有的医院甚至要超过70%，这就决定了医院在药品销售和药价问题上，希望追求最大利润和“高回报”。作为卫生行政部门，则是充当着管医院和办医院的双重角色，既然拿不出更多的钱来支付医院的运转经费，也就不便对医院获得高额药品利润及回扣现象采取有效的管理措施。即使实行药品集中招标采购，也是内部操作运行，最终还是让利于医院，老百姓并不能得到多少实惠，药品价格仍然可以居高不下，因此很难从根本上解决药价虚高问题。显而易见，医药体制改革的不到位，药价的封闭运行，是市场规律不能在药价这块“禁区”内发挥作用的一个重要原因。

第四，医药行业的不平等竞争，为药价虚高营造了环境

首先，由于现行医疗保险体制与医疗体制改革不配套，医院能够参加医保，药店和社区医疗服务机构则没有同等待遇，患者在指定的医院买药可以享受报销，拿着同样的处方在药店或社区医疗服务机构购药就必须自己付款。这就导致了患者即使明知可能“挨宰”，也必须选择到医院买药。如此在药价上“井水不犯河水”，不但不会形成真正意义上的市场竞争，反而会使药店和社区医疗服务机构的药价相互攀比，积极向医院的药价“高标准看齐”。

其次，同样一种达到质量标准的药品，允许不同的生产企业定出不同的价格，其目的是鼓励支持条件好的企业做大做强，而导致的结果则有违初衷。在地方和部门利益的保护下，一些中小型企业不是在改造生产条件上做文章，而是在药价上动脑筋，千方百计通过各种办法提高药品价格。由此引发出的药价不平等竞争，致使各种企业在药品定价上都“不甘落后”。

第五，法制管理的不健全，为药价虚高提供了方便

《药品管理法》第五十五条规定，政府物价部门应当按照《价格法》的原则，“依据社会成本、市场供求状况和社会承受能力，合理制定和调整价格，做到质价相符，消除虚高价格，保护用药者的正当利益”，“药品生产企业应当依法向政府价格主管部门如实提供药品的生产经营成本，不得拒报、虚报、瞒报”。也就是说，药品价格是由国家物价部门根据企业上报的生产成本材料来“敲定”的。这就要求两点，物价部门必须“全知、全能”，熟知每种药品成本核算；生产企业必须诚实守信，如实提供合理定价的数据。其实要做到这两点都非常困难，法律对此的约束力也显得比较弱小。在行政管理不严的情况下，企业无可避免地会夸大成本，提高药品价格，追求利润最大化，并很容易地留足各种“公关”费用空间，以使产品更加顺畅地进入“寻常百姓家”，而这一切价格的虚高部分，最终都会被摊派到老百姓头上。至于对获取暴利，损害用药者利益的价格欺诈行为的单位和个人，法律追究显得不力，充其量是以罚代法，赚多罚少，不会受到重创和打击。这样一来，助长了企业在药价虚高问题上有恃无恐，药价上涨之风于是不断蔓延，形成居高不下的态势。

思考之二：制止药价虚高的根本措施

要有效地遏制药价虚高势头，使药价回归到合理水平，我认为应该采取三个方面的措施。

首先，建立有效的市场机制，创造公平竞争的市场环境。从以上分析我们可以获知，市场规律对药价虚高现象显得无能为力，关键是药品行业市场化程度不高，甚至游离在市场之外，药品价格并没有遵循市场规律真正放开，市场竞争在这里只是成了促销大战的一个代名词。因此，必须按照市场优胜劣汰的机制运作，搅动医药行业相对封闭的“一潭静水”。其有效办法：一是消费者应充分享有药价知情权、购药选择权和主动权，患者持处方可以到任何具有经营药品资格的地方购药并报销，医院、社区医疗服务机构和药店在医疗保险上享受同等待遇，打破就诊医院“肥水不外流”的一统天下；二是在保证药品质量和政府限价的前提下，药品也应具备普通商品的共性，价格由市场调节，按质论价，随行就市，各种药品生产经营企业一律享受“国民待遇”，不能在药品价格上给予“特殊保护”；三是尽快实行“医药分业”，把医院门诊药房剥离出来，从产权上与医院根本分开，切断医疗机构与药品营销之间的直接经济利益联系，医院门诊药房按市场办法，可以与医药零售连锁企业合并，也可以独立经营或其他方式经营，独立核算，照章纳税，共同参与市场的竞争。

其次，深化医药卫生体制改革，切实解决药价虚高的内在性问题。药价虚高牵涉到方方面面，靠“单一突破”是行不通的，在现有体制下，实行药品集中招标采购也只能是隔靴搔痒，因此，必须全面出击，同步推进医药三项改革。例如，鼓励在基础医疗服务领域引入民间组织的会员性医疗保险机构，打破由政府独家运作医疗保险的垄断局面，使各种保险机构在竞争中开展对医院、药店药价的有效选择，借助宏观管理和有序竞争方式，使药价逐渐趋于合理；鼓励和支持社会、个人资金投资卫生事业，建立各种成分参与的医疗实体，按照现代企业化制度管理，为公办医院树立实力雄厚的竞争对手；建立健全社区医疗服务体系，采取公办医院财政适当补偿办法，切实解决医院“以药养医”、药价封闭式垄断问题，使医院参与以提高医疗服务质量为主的良性竞争；通过宏观部门相互协调，协会相互配合，共同解决药品生产企业过多、过乱、低水平重复以及药品流通领域秩序混乱等问题，让企业把精力放在提高药品质量、保证药品市场供应上，而不是放在任意扩大药品价格空间上，使药价逐渐回归到稍高于市场边际价格的合理水平。

最后，健全和完善法制体系，加强药价管理的科学性和严肃性。我国社会已进入法制化管理的轨道，依法行政已成为行政管理工作的最基本要求。要全面抑制药价虚高现象，必须健全和完善法制体系，通过法制手段，强化药品价格的管理和调控，有效遏制医药企业、医疗机构的药价垄断行为。其一，在执行《价格法》《药品管理法》过程中，有关部门要相互衔接，共同配合，把监督检查药品价格列入议事日程和工作重点。药品监督管理部门由于工作的性质，比较了解药品的研制、生产、经营成本，有必要介入药品的定价活动，及时制止虚列成本；要把药品价格管理纳入医药企业、医疗机构提升质量管理水平的重要内容，在企业换证检查、“放心药店（房）”和“满意医院”的评比中，始终把药价检查纳入其重要内容，药品价格检查不合格的，一律不予通过审查和评比。其二，对于药品价格管理要做到科学、公开、透明。在实施政府定价行为时，要合理核算药品的研制、生产、销售、管理的平均成本，考虑社会的承受能力，剔除不合理的促销、广告等费用，并利用媒体如实公布药品价格；招标采购要面向社会，实行“阳光操作”，让利于百姓，招标过程中要切实消除药价的附加成分，保证药品质价相符。其三，依法加强对药品价格的监督管理。《药品管理法》及相关法规针对药品价格虚高的违法行为，应规定法律授权范围内相应的处罚内容；通过举办培训班、召开研讨会等形式，加强规范药价的法制教育，从源头上有效遏制药价虚高行为；建立药品价格监督网络，发动群众举报药价虚高现象，对举报者实行奖励，对违法造成药价虚高者予以重罚甚至令其倾家荡产；要像打击制假售假和偷税漏税违法行为一样，依法严肃处理擅自提高药价和虚列药品成本的单位及直接责任人，构成犯罪的，依法追究刑事责任，形成强而有力的监督管理高压态势。通过对药价虚高违法行为的打击活动，彻底破除玩弄虚高药价者的侥幸心理，使他们感觉违法成本的昂贵及其不合算，从而深知药价虚高之事不能为，不敢为，也不愿为。

（2009 年 5 月在江西医药学会推进医药产业健康发展座谈会上的发言，原载于《中国食品监管》2011 年第 3 期）

加强耕地开发的思考

"为什么我的眼里常含泪水，因为我对这土地爱得深沉。"每当我们吟诵这一诗句的时候，就会对"大地之母"充满着深深的敬畏。作为世界第一人口大国，中国用全球7%的耕地养活了世界22%的人口，成功解决了13亿多人口的吃饭问题，这确实是一件了不起的事情。

现在，我国已步入"十二五"规划时期，保护耕地的任务还十分艰巨。据专家介绍，"守住18亿亩耕地红线"的主要挑战，来自城市和小城镇的快速膨胀和农村建设用地的扩张，土地供给相对不足与土地利用粗放浪费并存，用地指标紧张将是长期存在的一大难题。这就要求，我们一方面要加强耕地的保护，有力遏制地方政府违法违规圈地行为，另一方面还要因地制宜，努力"造地"，不断开发出新的耕地。在"保耕地"与"促发展"之间寻求平衡点，这已经成为当务之急，不少地方也正在实施造地增粮工程。如何加强耕地的开发与使用，在现有条件下造出更多更好的耕地？个人有以下思考：

第一，合理规划，提高质量。做任何事情，都要讲究质量，开发耕地的目的，是为了增粮，增粮就是我们追求的造地质量目标。在一些地方，耕地开发一味追求数量，却不管这块耕地能不能种植庄稼。因此必须从质量角度进一步开发土地后备资源，有效增加耕地面积和提高耕地质量。合理规划就是哪些地能够开发，哪些地不能够开发，宜耕则耕、宜果则果、宜林则林、宜水则水。如果一定要在一片水沼之中硬性开发一块土地种粮食，就显然违反了自然规律，会影响到工程效益的发挥，最终必将受到大自然的惩罚，我们必须汲取这方面的教训。

第二，部门联动，加强协作。耕地开发是一项系统工程，涉及面广，牵涉到国土、财政、农业、林业、交通运输、建设、环保等多个部门。参与部门之多，尤其需要相互支持、紧密配合、齐抓共管。比如，在耕地开发项目规划上协调联动，对于荒山、荒坡、滩涂等联合踏勘，具体分析，防止项目仓促上马，出了问题又相互推诿；在落实加快农村土地整理复垦及耕种上协调联动，不能一边造地，一边抛荒，做没有实际价值意义的工程投资和劳动付出。在耕地开发中，一定要注重“双腿并举”，促进土地节约集约利用，积极探索和建立对耕地的有偿保护制度。

第三，筹集资金，市场运作。耕地开发最大的瓶颈，还是资金的筹措问题。这个问题怎样在现实中得到有效解决？需要加以重视。一要用足政府资金，不撒胡椒面，把钱用在刀刃上，提高资金使用效率；二要引入市场竞争机制，吸引民间资金参与土地开发整理，由市场参与造地，投资渠道多元化，实现参与者各方共赢；三要遵循市场规律，政府职能部门引导造地，但是到一定的时候，又要退出主体地位，让市场来运作，按照市场价格支付土地指标的补偿，使造地资金能够进入良性循环的轨道，放大其使用效益。

第四，科学论证，严格管理。耕地开发是项富民工程，实施过程中要按照科学的方法，认真把好设计、招标、施工、验收“四关”，切实将好事做实，将实事做好，不能扯皮。考核验收这一关很重要，哪些地能够验收，哪些地不能验收，一定要严格标准。比如在河滩上造地，鹅卵石上面填上一层薄薄的土，把它一围，一块耕地就给造出来了，行吗？从农村出来的同志都知道，这样的耕地是不宜耕种的，水土肥料全会渗透流失，在相当长的时间内根本不能用作粮食耕种。显然，这样的耕地开发就是形象工程，说严重一点是用来套取资金。所以说验收这一关一定要严格把住。

第五，未雨绸缪，规模经营。开发出来的耕地，应该怎样经营使用？这是一个值得关注的问题，不能将耕地一“造”了之。耕地项目开发完成以后，可能出现的情况大致有三种：一是“晒太阳”抛荒，二是“井田制”分割，三是规模化经营。第一种情况要坚决杜绝，第二种情况仅适合于小块“边角”耕地，至于开发的大面积耕地，当地政府和有关部门要引导土地有序流转，进一步改善机械耕作、水肥灌溉等生产条件，引进农业大户和农业龙头企业承包经营土地，建立生态农业示范园区，以提高土地集约化经营水平，为现代农业产业化打下坚实的基础。

（原载于《农村工作通讯》2011 年第 8 期）

小水电建设与发展之随思

处暑时节，适逢中国水电迎来百年纪念之际，我们一行带着“小水电有序发展”的调研课题，走进了河流发源的山区。伴随着一阵阵吹来的凉爽林风，聆听着一个个有关小水电故事的述说，我们切身感受到了那一座座水电站的过去、现在和未来。

几十年前以农村山区“夜明珠”著称的小水电，曾经有过它的辉煌历史，为新中国的建设和发展作出过重要贡献。我们不会忘记：在人们对“楼上楼下，电灯电话”的美好憧憬里，小水电给广袤的农村特别是边远山区人民送来了光明；在一次次暴雨袭击山洪肆虐时，小水电起到了蓄洪防汛减灾的作用；在推进工业化、城镇化的伟大进程中，小水电往往在关键时刻补充了电网的不足；在老百姓举刀伐林砍柴取火的日子，小水电代替柴薪做饭烧菜直接保护了森林植被……由此看来，在我国的经济发展、社会进步、生态建设、人民安康等方面，都凝结着小水电一份份不小的功劳。

随着岁月更替的匆匆脚步，人们走进了新世纪的春秋。大家越来越感觉出，山河依然，而小水电的昔日风采却不再依旧，有关小水电的争议之声似乎越来越多。比如说：有人指出，一条河流建起一串串大大小小的水电站，漂浮物积聚，水流减缓或断流，会导致水质的层层污染、水液自净作用的弱化和下游取水灌溉的困难；有人分析，小水电淹没的植物可能在土壤里面散发出甲烷，所释放的温室气体比搞火电站还要大；还有人猜测，小水电建设会产生地质变化和局部植被破坏，容易引发山体滑坡、泥石流等自然灾害……不同的争议内容还远不止这些。当然，也有人坚持着，小水电作为一种可再生清洁能源，符合低碳要求，顺应时代潮流，时不我待，应该在扩大我国小水电建设规模的同时，进一步加快小水电发展的步伐。

目前，围绕着小水电发展的“价值取向”，各种观点还在继续交锋。在没有获致充分的事实根据以前，我们都不能过早地断下孰是孰非的结论，对于一些不无道理的说法，我们还得采取认真的态度加以对待。运用科学的眼光，无论现在抑或将来，小水电就是小水电，它给人们带来了利益，同时也出现了种种弊端，关键在于采用正确的视角，权衡利弊，趋利避害，使它更好地造福于人民，我们不能因为脏水而将婴儿倒掉，也不能因为婴儿可爱而把脏水当成香水。因此，有必要对小水电作一次全身体检，号脉知病、审症求因，把握好小水电建设与发展的“度”，从而对症下药，潇洒走出对小水电的种种认识误区。

通过一段时间的实地调研，使我们逐步了解到，在我国近几十年来小水电的建设与发展过程中，患上了急功近利、盲目上马等为人所诟的通病，同时也面临着不少亟待解决的困难与问题。简单归纳为：

一是管理缺位，机构不健全，既没有制定地方行政法规，也没有确立监管主体；二是产权不明晰，利益分配复杂，经常出现产权纠纷和对利益的激烈争夺；三是缺少科学规划，不需论证，无序发展，追求数量和利润的最大化；四是建设行为不规范，压低工程造价，减少安全性投入，埋下质量隐患；五是技术设备落后，甚至20世纪六七十年代的设备仍在继续使用；六是电价机制不顺，电价由供电企业与物价主管部门协议商定，小水电没有主动话语权，有的县上网电价竟然有39种之多；七是各自为阵，分散经营，管理水平低下，企业效益弱化；八是过度开发，一个个电站形成一道道屏障，河流层层被阻，自然生态难以修复；九是水量涵养不足，靠天吃饭，发电效能难以正常发挥；十是对当地居民的生产生活带来影响，有的地方甚至出现环境恶化。够了，如果继续罗列下去，肯定还有更多的内容。

针对存在的种种实际问题，必须尽早采取措施，拿出切实管用的办法。否则，积累的问题越多，解决起来就会愈加麻烦，极不利于小水电的建设与发展。怎么办呢？在这里，我不妨采用调研报告的文笔叙述，表达个人的一些简单思考。

第一，建立健全法规，明确管理机构。尽快制定颁发《农村小水电建设管理条例》及相应的地方性配套文件，设置责权统一的行政管理机构，明确小水电监管责任主体，落实编制、人员与办公经费，建立对小水电基本建设程序及审批许可制度，使小水电步入法制管理的正常轨道。

第二，制定科学规划，优化电站布局。按照流域梯级开发与统一调度的原则，科学规划、合理选址、强化环评、有偿出让、规范建设、严格验收，促进山区流域水资源的合理开发利用，实现小水电综合经济社会效益和生态资源效益的最大化。

第三，运用市场杠杆，理顺电价体系。根据《电力法》“同网同质同价”的规定，遵循市场经济规律，建立与完善科学合理的小水电上网价格体系，制定小水电上网最低保护价，允许小水电借网向近区工业企业或城镇直接供电，通过市场竞争，促进企业减少亏损实现赢利，推动小水电的产业升级和良性发展。

第四，严格行政审批，强化质量监管。组织工程技术人员和专业人员，做好流域规划、水资源利用、蓄洪防汛、水土生态保护，以及环境修复、移民安置等论证工作，严格执行工程建设标准，实施项目审批和建设过程的质量监管，加强施工现场的监督与检查，增加安全性投入，切实保证施工质量。

第五，消除安全隐患，保护自然环境。认真开展对违规小水电和年久失修的陈旧小水电的清理整顿工作，对要求整改的，明确整改内容和整改期限，按照规定进行整改；对存在重大安全隐患和容易造成生态破坏的小水电，应该彻底清理，并且做好废墟处理的后续工作，防止严重灾害的出现。

第六，明晰产权责任，解决利益纠纷。通过政策引导和股份合作，建立现代企业制度，按照建设资本投入、土地资源权属、水资源和森林资源保护等，进一步明晰产权和利益分配关系，统筹兼顾各方利益，切实解决好小水电发电用水和群众生产生活用水的矛盾，避免发生群体上访事件，保持社会和谐稳定。

第七，增设资源税种，建立补偿机制。小水电是水资源、土地资源、森林资源的综合开发利用，具有低排放、低污染的环保优势，在计算小水电的电价时，应根据清洁发展机制的要求，增加生态资源税种，并参照风电、太阳能电的价格，国家给予适当补贴，增收的各种资金专门用于对山区植树造林、水土保持等生态建设工作的经济补偿。

第八，加大技改力度，提高发电效能。加快对现有老电站的技术更新改造，提高建设标准和自动化程度，积极应用新技术、新工艺、新材料、新设备，采用微机监控，实现智能化管理；享受同类企业职工技术培训同等待遇，以培训为依托，提高业务人员的专业技术水平和管理水平，增强企业竞争能力。

第九，整合现有资源，组建行业协会。通过改革改制的办法，把各自分散的小水电企业，优化整合成如水电开发公司、境内流域水电站等不同形式的规模企业，充分挖掘流域内的发电效能，把小企业做大做强；积极组建市县一级小水电行业协会，以中介组织为平台，发挥自我约束、反映诉求、沟通联系等桥梁纽带作用，延伸水电企业协调、管理或处理相关事务的功能。

就在我们对小水电进行深入调研的时刻，国家能源局在云南昆明隆重召开“中国水电100年纪念大会”。会上传出了一则令人振奋的消息：中国水电发展历经百年，装机容量已经达到世界最大规模的2亿千瓦。这是一个里程碑，它标志着中国水电过去艰苦创业、奋发图强所取得的光辉成就，也将注定成为现在努力迈进和未来高歌腾飞的新起点。我深深祝福：在科学发展观的正确指引下，中国的小水电一定能够不断呈现出健康有序发展的崭新面貌！

（原载于《中国水能及电气化》2011 年第 12 期）

不能忽视自然保护区建设

近一个世纪以来，环境的严重污染破坏，资源的过度开发利用，外来物种的大量入侵，导致诸多珍稀野生动植物灭绝或濒临灭绝的边缘，直接或间接威胁着人类的生存基础。今年上半年，洞庭湖、鄱阳湖连续出现的江豚非正常死亡，引起了全国乃至全世界的关注。它再次让人警醒，面对生存挑战，自然保护区建设工作的意义不能忽视。

一是维护人类生存环境的生态保障。自然保护区是“青山绿水”的根基，是维护人类生存环境的绿色屏障，也是时代文明进步的重要标志。我国是一个人口众多、资源不足的国家，保护和改善自然生态环境尤为重要。

二是野生动植物物种的基因宝库。随着生物工程技术飞速发展，自然保护区丰富、优质、可再生的野生动植物物种资源及其珍稀物种基因，愈来愈显示出不可估量的价值，对我国经济社会的现实需要和长远发展具有重要作用。

三是促进社会文明发展重要载体。自然保护区是大地精华最为富足的天然博物馆，是人们融入自然、尊重自然的天然课堂，是开展科学研究的天然实验室。认识自然的万事万物，促进经济社会的发展进步，每每离不开自然保护区这个天然场所。

通过近期对江西自然保护区建设和管理情况的调研，以及对有关方面资料的检阅，我们了解到，改革开放以来，我国自然保护区的建设和管理工作已经取得长足发展和良好成效，划建数量和保护面积处于世界领先地位。但是，依然存在一些亟待解决的问题。主要表现在：

区域发展不平衡，自然保护区网络布局有待完善。国家支持政策和各地政府重视程度不一，自然保护区布局失衡、结构不尽合理，现行的自下而上的申报、评审、审批制度，缺乏宏观指导。另外，国家级自然保护区基本上是按照行政区界划建，生态系统缺乏完整性，一些急需加强自然物种保护的区域，由于地方没有申报或受指标限制而被排除在外。

法律法规建设滞后，不适应自然保护区发展需求。1985年颁布实施的《森林和野生动物类型自然保护区管理办法》和1994年颁布实施的《自然保护区条例》（以下简称《条例》），两部仅有的国家法规已经不能适应当前多类型、多级别、多区域的自然保护区发展需要。如《条例》规定的禁止“砍伐、放牧、狩猎、捕捞、采药、开垦、烧荒、开矿、采石、挖沙等活动”，有悖自然资源保护与利用相统一的原则，难以协调保护区经济发展和群众生存的矛盾。

经费投入不足，基础设施和科研监测水平落后。目前中央财政仅设立了国家级自然保护区基础设施建设专项资金和少量能力建设补助专项资金，日常管理经费由地方承担。而多数自然保护区位于经济欠发达地区，配套资金根本无法足额到位，日常管理经费得不到落实，科研监测经费投入更是无从谈起，导致监测体系落后，资源本底不清。

保护区移民困难，居民生活收入偏低。以江西为例，全省自然保护区涉及人口多达126万人，70%的林地、98%的湖泊湿地属个人或集体所有。为保障生态完整性，大量竹木林划入保护区域，林农只能“望林兴叹”。而依据全省目前的财政状况，无力支付林农下山的全部移民费用，也无法支持当地发展生态旅游项目，保护区群众生活收入远低于全省平均水平。

生态公益林补偿标准偏低，生态补偿机制不完善。政策规定，中央财政对列入国家重点生态公益林的国有林、集体林分别补偿5元/亩、10元/亩，加上地方财政补助，一般不超过20元/亩，抵不上一根毛竹的收益，而湿地至今没有任何补偿。偏低的补偿标准和不完善的补偿机制，势必挫伤保护区建设的积极性。

管理体制不健全，保护工作难以有序开展。目前国家级自然保护区大多仍属县级政府管理，级别设置高低不等，机构性质五花八门，一些自然保护区集行政、事业和企业职能于一体，主要精力放在社会事务或创收自养上，无法保证巡护、监测、科研、宣教、社区共管等工作的有序开展，弱化了保护管理职能。

为此，提出如下建议：

一、统筹规划，优化国家级自然保护区的空间布局。采取自下而上的申报、评审、审批制度和自上而下的直接批建制度。对急需抢救性保护的重要生态系统和物种，在专家评估后由国家强制指令性划建为国家级自然保护区。对因地方财政困难导致申报工作滞后的生物多样区域，国家给予申报工作经费补助，并在申报指标上优先安排。

二、完善法规，推进自然保护区"一区一法"建设。尽快修改《自然保护区条例》并适时上升为法律。针对南方集体林（湖）区实际情况，科学规定在自然保护区实验区的经营活动，缓解保护与发展矛盾。加快地方法规建设，积极推进国家级自然保护区的"一区一法"，以适应自然保护区多类型发展需求。

三、加大投入，优先扶持集体林区国家级自然保护区。放大南方集体林（湖）区国家级自然保护区投资总量，针对南方集体林（湖）区国家级自然保护区情况复杂、管护难度大、巡护成本高等问题，参照西部省份做法，减免地方配套资金。同时，加大基础设施建设、能力建设投资力度，提高南方集体林（湖）区国家级自然保护区建设和管理水平。

四、以人为本，促进自然保护区与社区和谐发展。设立国家级自然保护区社区共建专项经费，一是支持南方集体林（湖）区发展替代产业、替代能源和技术培训，示范带动社区群众改变传统经济发展方式，提高社区群众收入水平，减少对自然保护区资源利用的依赖；二是支持自然保护区开展核心区和缓冲区移民，对居民搬迁、再就业培训等进行补助；三是采取赎买、租赁等方式，优先将核心区、缓冲区的集体林地（湖泊）权属转为自然保护区所有。

五、提高标准，建立和完善生态补偿机制。一是将国家级自然保护区范围所有林地纳入国家重点公益林范围，并提高补偿标准；二是参照生态公益林补偿办法，建立湿地生态补偿机制，对湿地类型自然保护区进行生态补偿；三是增加转移支付，建立多途径补偿投入机制，从受益的水电、旅游等经营企业提取生态补偿金，支持自然保护区建设。

六、理顺体制，规范自然保护区管理机构建设。明确规定和推进国家级自然保护区由国家和省直管，统一规定国家级自然保护区管理机构为全额拨款公益性事业单位，剥离社会事务性负担，并按有关规定落实人员编制，确保日常管理经费，着力改变体制不清、机构混乱的现状。

（原载于《群言》2012 年第 7 期）

高度重视我国人口的均衡发展

温家宝总理在今年的《政府工作报告》中明确提出，要“促进人口长期均衡发展”，不但很有必要，而且非常及时。目前，我国的人口问题已经日益凸显，而且变得越来越复杂，成为一个经济社会的综合性问题。概括起来，主要存在以下六个方面的不均衡：

一是人口总量不均衡。一对夫妇生一孩，预计在未来十年，我国会出现人口增长率递减，2020年人口为14亿，此后缓慢攀升，直至2045年前后的峰值人口16亿。

二是年龄结构不均衡。2010年我国老龄化比例是8.3%，而世界平均水平是7.5%，“人口红利”逐渐消失，“刘易斯拐点”提前到来，“未富先老”现象已经无法回避。

三是性别比例不均衡。近10年来，我国0—4岁人口的平均性别比都在120左右徘徊，个别省份与地区超过130乃至更高，直接影响到国家安全和社会稳定。

四是城乡生育不均衡。贫穷落后的边远地区生育水平居高不下，生育三胎以上者已不是个别，生活在大中城市的“白骨精”阶层却只生一胎，甚至一胎也不愿意生。

五是文化素质不均衡。城乡基础教育的条件和水平差距很大，农村教育仍然是一条“短腿”，九年义务教育失学率偏高，一些山区农村中学的流失率竟然达到20%。

六是承载分布不均衡。大约95%的人口生活在36%的东中部国土上，东部人口密度位居世界第三，沿海地区人口尤其密集，提高人口就业率受到空间的严重制约。

由上可知，人口的均衡发展，涉及方方面面，情况复杂，意义重大，引用当年人口学家马寅初老先生的话来说：这是“一件大得不得了的事情”，“如果不采取措施，我们会犯极大的错误，会给国民经济带来极大的困难”。因此，必须予以高度重视，统筹考虑，做出科学的决策，以促进我国经济的可持续发展和社会的稳定与进步。

更加努力地促进我国的人口长期均衡发展，正如温总理在《政府工作报告》中所指出，必须“坚持计划生育基本国策，逐步完善政策”，需要各个方面的积极配合与共同行动，在完善政策的前提下，妥善解决好生育水平、老龄化结构、就业岗位及机会等之间的矛盾冲突。对此，我有以下思考：

第一，加强和完善农村地区的医疗养老社会保障体系，做好流动人口计划生育服务管理工作，将计划生育国策与现行的普惠政策统一起来，切实解决好农民的后顾之忧，以达到稳定农村低生育水平、降低性别比例的目的。

第二，按照人口向城市逐步转移的构想，适当调整和完善城乡居民的生育政策，逐步放开“双独”育龄青年生育两胎的范围，并且享受独生子女的同等优惠待遇，实现城乡地区的生育均衡和教育公平，不断提高人口素质，保障人口安全。

第三，在不影响“占岗”和保障身体健康的前提下，根据个人自愿的原则，在部分地区试行推迟3—5年退休年龄，帮助中老年临界人员在精力旺盛时期，适当延长就业时间，创造更多的社会财富，从而减轻社保养老负担。

第四，以改革开放初期的决心和办法，制定更加优惠政策，进一步加大西部开发力度，创造有利条件和创业环境，鼓励和支持大学生到西部寻求发展创业机会，引导人口合理分流，促进人口在区域之间的合理分布。

第五，坚持教育资源向农村贫困地区倾斜，优先投资于人的全面发展，在普及九年义务教育的基础上，发展职业教育尤其是农村人口的职业教育，注重加强技能培训，促进人力资源大国向人力资本强国转变。

第六，在推进转变经济增长方式的同时，更加注重第三产业尤其是服务业的发展，提升劳动密集型的传统产业，促进传统中小企业发挥好容纳就业的“海绵效应”，挖掘潜力，增加就业岗位，缓解就业压力。

（2011年10月在江西省政协人口资源环境委员会
考察计生工作调研座谈会上的发言）

城乡发展如何一体化

我国的基本国情之一就是“底子薄”，薄就薄在城乡发展不平衡，农村人口太多。中共十八大报告提出要把推动城乡发展一体化，作为解决“三农”问题的根本途径，这不失为一个好的举措，与单一的城镇化相比较，也是一个大的递进。

城乡发展一体化，难就难在一个“化”：乡村“化”为城镇、乡民“化”为市民、贫穷“化”为富裕、落后“化”为文明……其中还包含着产业结构的变化、身份职业的变化、生活习俗的变化等，哪个“化”做起来都不容易。

说到底，城乡发展一体化的落脚点是为了缩小城乡差距，提高城乡居民的生活质量，逐步实现城市与乡村各个方面的同等化、均等化、平等化，逐步“形成以工促农、以城带乡、工农互惠、城乡一体的新型工农、城乡关系”。在现阶段，要努力实现这一目标，以下几个方面值得关注。

“大、中、小”并进，把农村当作城市来建。城乡一体化，不是单一做大城市框架，把农村圈进城市，让村民“被市民”，也不是在农村一股脑儿盖高楼，让农民“被上楼”，重要的是兼顾大中城市和小城镇的发展格局及其各方面利益，促进新农村建设融入各“大、中、小”城市的发展之中。

一是重视大中城市的扩容建设。城市建设不能“摊大饼”，按照经济学家厉以宁的观点，开展新一轮的城市建设，应该采取“老城区+新城区+新社区”的模式：老城区改造，通过机关企业外迁，形成商业区和服务区，保留城市的文化特质；工业新区建设，发展实体经济，形成新的经济增长点和产业依托；城市周边农村的新社区建设，为城市未来健康发展留下空间、奠定基础。与此同时，完善提升县城功能，积极支持产业基础好、经济实力强的县级市和县城发展为中等城市或“卫星城”，形成新的区域次中心城市。

二是重视小城镇的作用和地位。充分挖掘各地特色产业的潜力，发展“马赛克”经济，发展壮大小城镇的规模，大范围推动小城镇建设，把一些特色镇、重点镇做多做强做优。围绕特色产业，形成服务网络，联结区域市场，辐射农村腹地，推动小城镇从更广阔的空间寻求动力，达到以业兴城、以镇带村的目的，构架独具特色的新型城镇化体系，就地容纳更多的城镇居民。

三是合理分布产业园区。工业园区相对集中，但不能仅仅限定在大中城市周边。以“飞地经济”的共赢理念，突破行政区划的限制和壁垒，着力推进工业园区提质扩容，实现“一区多园，一园多城”，提供更多的就业岗位，分散中心城市的人口压力，实现不同区域的资源互补，促进县域经济相对独立的发展活力。

四是及时推进新农村建设。加大城市对农村的影响，加强农村的社区建设，让城市经济辐射农村，“促进城乡要素平等交换和公共资源均衡配置”，保证农村拥有的公共资源与城市不能相距悬殊。实现农村的各项设施基本齐全，政府各项服务全面覆盖，使农民群众的生活环境优美、住房设计科学、建筑布局合理、娱乐休闲设施齐全，生产、生活需要能够享有城市般的待遇。

“规、建、管”并重，把农业当作工业来办。城乡发展一体化，关键是要“城乡规划、基础设施、公共服务等方面推进一体化”，切实把城乡协调发展的“规划、建设、管理”有机地统一起来。

制定好城乡一体化发展规划。城乡发展不能简单地等同于城市规划，它包括产业的协调发展、土地的合理使用、人口的合理流动、设施的合理布局等，更具全局性、整体性和权威性，应经得起历史的检验。在制定规划的过程中，领导者不能随心所欲“拍脑袋”，应立足现实，着眼长远，以前瞻超越的正确“意图”、为百姓谋福祉的根本“意愿”、充分采纳专家的科学“意见”，避免在若干年后，出现“欧洲的城市、非洲的乡村”，让人唾骂规划师是“富有创意的愚蠢”。

不失时机地将农业“化”为现代产业。城乡发展一体化的建设，是促进农业发展的一个契机，应抓准机遇，稳妥推进土地流转，发展现代农业的规模，促进一产向二产、三产变化。在稳定农村土地承包关系的基础上，通过土地承包经营权流转、土地入股等形式，进一步创新农业生产经营体制，城乡联手，发展农业大户、家庭农场、农民合作社等各种形式的适度规模经营。

抓好土地管理是当务之急。适合城镇化建设的土地非常稀缺，集约节约土地，重点在城市，潜力在农村。在农村人口逐渐减少的趋势下，通过有效手段，结合新农村建设，扩大乡镇规模，将乡村闲置的旧宅基地、零散的滩涂荒地进行复垦整理，实施符合群众利益的土地流转和集散成片，开展农业机械化生产、规模化经营，减少道路、沟渠占地。在坚守“耕地红线”的同时，要提高农村征地补偿，逐步实现农村集体土地同权同价参与城镇开发，以“增减挂钩”的方式解决城市用地紧缺难题，把增加的土地周转指标优先用于城市建设，推动城乡一体化的良性发展。

不能忽视“种粮吃饭”的严峻问题。急剧的城市化浪潮将农村的青壮年劳力席卷一空，农村“空心化”现象日益严重，“无人种粮”将成为新问题。解决这一问题的前提，是要坚持工业反哺农业、城市支持农村和多予少取放活方针，持续加大强农惠农富农政策力度，千方百计地促使更多的城市资本流向农村、支持农业、惠及农民，保证农民种田不吃亏、种粮能赚钱、生活有保障、收益有提高。

“进、住、留”并举，把农民当作市民来看。农村人口有序走向城市，让他们“进得来、住得下、留得住”，关键是要让他们“有工作、有尊严、有盼头”，真正享受到当地城镇居民的同等待遇，没有生活的后顾之忧，不能“理想丰满而现实骨感”。

首先，取消城乡户籍差别，创造就业机会，提供市民待遇。农民工是农民进城的先遣军，也是城乡一体化的主力军，他们迫切希望在身份上成为堂堂正正的城里人。要尽快消除城市隐形二元结构，进一步放宽城镇落户条件，加快推进户籍制度改革，使长期在城市打工的农民工能够市民化，为不同人群提供适合他们的不同工作岗位，让更多的农民能够离开“一亩三分地”，从“面朝黄土背朝天”的农耕中解放出来。

其次，实现城市化的社会保障广覆盖。对于农业人口进城的新市民的工资待遇、教育医疗、子女就学、养老保险、住房分配等，要一视同仁，公平对待，不能搞差别制，尤其不能歧视。完善城镇公共服务体系，帮助山区移民直接“入园就业”等工作要及时跟进，切实解决好他们的就业、安居、社会保障等问题，尽量缩短由乡到城的“过渡期”，防止出现“伪城市化”。

最后，注重农民工住房的功能配套。城市提供给农民工的经济适用房、廉租房或公租房，不但要让他们“住得下”，更要让他们“住得好”，不能一味在城市外围搞连片开发建设，要与一般城市小区融合，形成新老市民杂居共处的局面，尽量做到交通方便，环境舒适。此外，还可与工业园区附近的商住楼建设结合起来，功能配套，设施齐全，方便新市民的工作生活和子女就学等，防止形成新的“贫民区”或衍生其他城市病。

农民工还有一个深切的希望：“就是农村老家的爹娘生病能瞧得起病，孩子们有地方读书、好好读书，等到自己年老时不用再天天一身灰尘出来打工。”所以，减少留守儿童、留守老人，让他们有个完整的家，这也是城乡一体化的重要内容。总之一句话，城乡发展一体化，不能漠视农民工对美好生活的向往。

（此文部分内容选登于2013年3月8日《江西日报》）

让“百灵鸟”在蓝天飞翔

——谈文艺院团改革后的政府责任

众所周知，文艺原本是自由飞翔在民间的“百灵鸟”，由于近几十年被体制供养，久而久之便成为笼中的“金丝鸟”，逐渐失去了展翅飞翔的特性和自我觅食的能力。国有文艺院团转企改制，就是要通过“放鸟归林”，让“百灵鸟”回归文艺的起点与初心。

前不久，江西政协对省内80家国有文艺院团转企改制情况进行调研，了解到江西省国有文艺院团自2012年5月转制后，坚持以人民为中心的创作导向，培育践行社会主义核心价值观，剧目创作和演出场次明显增加，资产盘活与监管工作有序推进，演职员工的积极性和收入明显提高，形成了党委统一领导、政府依法管理、院团自主经营、社会广泛参与、市场有序调节的新格局。

一是落实财政扶持政策，建立健全权责利统一的政策激励机制。各级政府将转制院团纳入文化产业发展专项资金支持范围，通过政府托底保障、购买服务、定向补贴等方式，鼓励和引导转制院团创新发展，积极参与公共文化服务，释放旺盛而未能喷薄而出的内生动力，改变“排练一台戏，演出三五场，熬上好几年，荣获一个奖”，或者“干与不干、干多干少都一样”的体制弊端。首先是承担责任，托底保障。5个省直国有文艺院团转制后，原有的省财政拨款不减少，每年达到3870万元，实现了省直转制院团基本工资、基本运转、养老保险政府全兜底；其次是购买服务，送戏下乡。每年省财政安排1000万元购买文艺院团下乡演出服务；

最后是定向补贴，鼓励商演。每年从省级文化发展专项资金安排1000万元为文艺院团商业演出奖励补贴。省财政对省直文艺院团的资金支持每年超过1亿元。

二是想方设法，解决转制院团无演出排练场所、演出设备等现实困难。宜春市政府不仅将价值4亿元的原市博物馆大楼无偿划拨给市剧团，还将原剧团场所改为经营场所，经营收入补贴剧团经费不足。江西省委宣传部计划将闲置多年的省展演中心划拨给省直院团作为演出场所。江西省政府还积极争取中央支持，得到的1780万元专项资金，专门用于文艺院团的设备改造更新。

三是落实省校合作战略协议，培养和引进转制院团急需的创作、演出领军人才，使院团“生旦净末丑”行当齐全；完善突出以品德、能力、业绩和贡献为导向的专业技术职称评价标准，制定实施文化领域的百千万人才培养计划，促进文艺人才脱颖而出。

国有文艺院团转企改制，目的是要将“百灵鸟”放飞放活，但政府不能一放了之，任其自生自灭，也不能“放风筝”，总是把一根线牢牢地拽在手上。习近平总书记在文艺座谈会上明确指出：“要重视文艺阵地建设和管理，坚持守土有责，绝不给有害的文艺作品提供传播渠道。”同时又要“切实加强对文艺工作的指导和扶持，加强对文艺工作者的引导和团结，为推动文艺繁荣发展作出积极贡献。”通过依法管理，大力扶持，助力“百灵鸟”培育坚强的翅膀，恢复觅食的本领，焕发新的生机与活力，在广阔的蓝天飞得更高、更远。为此建议：

一是进一步深化体制改革，完善配套政策措施。要坚持把社会效益放在首位，实现社会效益和经济效益相统一，大力弘扬社会主义核心价值观，肩负起传播正能量的职责使命，创新发展理念、产品内容和方式方法，“把满足人民精神文化需求作为文艺和文艺工作的出发点和落脚点”，创作更多更好的作品，让人民群众切实感受到文化改革带来的发展变化。

二是进一步简政放权，做到放管结合。坚持“双百”方针，扩大院团的自主经营权，减少过多的行政干预。在用人上放手让其独立自主，民主遴选掌门人，实现任期聘用制；在运作经营上采取不干预态度，收入分配由院团做主；简化演出审批制度，根据市场需求，只要不违背《营业性演出管理条例》相关规定，由演出审批改为演出备案。

三是进一步建立有文化特色的现代企业管理制度。明确股份制改造的范围、股权结构和管理要求，明晰产权关系和授权者、监督者、经营者的职责，优化资源配置，强化资产监管，完善企业内部运行机制，实现投资主体多元化，建立与健全演艺市场产业链，提升企业文化生产力与市场影响力。

四是进一步树立以人民为中心的创作导向，坚持扎根人民，创作优秀作品。文艺工作者要把目光聚焦人民、聚焦生活，在热爱人民、尊重人民、了解人民、理解人民的基础上进行创作和演出。只有立足人民的沃土，放眼时代的蓝天，才能获得无穷的智慧与灵感，落笔生花、下笔有神，创作出无愧于时代、人民欢迎的优秀作品。

（2016年8月提交全国政协十二届十七次常委会议的书面发言）

农业水土安全：粮食安全的另一面

自打上个世纪末，那位名叫布朗的美国博士提出将来“谁来养活中国”的质疑之后，粮食安全问题引起了国人的关注。然而，近段时间接二连三发生的“镉米风波”“毒姜事件”等，又使人们的目光聚焦于粮食安全的另一面：农业水土安全。

“水清清，田绿绿，乡村风光多秀丽。”可曾知道？在那片青山绿水的深处，却潜伏着诸多的安全隐患，为农产品质量安全埋下了“祸根”。面源污染泛滥、禽兽粪便横流、化肥超量施用、剧毒农药屡禁不止，致使我国目前近2亿农村人口在饮用不合格淡水，约2亿亩农田遭受不同程度的污染。即便在水资源丰富的江南水乡，也正面临着饮用水安全的问题。

“一方水土养一方人。”如今我们生活的那方水土，已是“遍体鳞伤，满目疮痍”，污染形势十分严峻。水源地废物围城、粮田旁垃圾堆山、“毒企”排放“毒水”、“猪场”乱投“猪尸”，这些现象早就“见怪不怪”。大量工业排放物和有机污染物，含藏着多达百种有害物质，叠加在水体和土壤的地表农业层上，远远超过水土的自净能力。

民以食为天，食以安为先。在我国，仅被重金属污染的耕地接近1/5，每年约有1200万吨粮食遭到重金属污染。农业水土污染不仅直接影响农作物的产量和质量，威胁到城乡居民“粮袋子”“菜篮子”的安全，而且通过食物链的生物积累、毒性放大，引发各种急、慢性中毒，或产生致癌、致畸、致突变作用，严重影响人类的身体健康。这不能不让人们心有余悸，“谈食色变”。

农业水土安全关乎着粮食安全，关乎着每个人的生存和发展。以法制建设为保障，尽快制定《农业水土安全法》，健全和完善现有法律中关于农业水土保护的条款内容，已经刻不容缓。与此同时，各级政府应该积极行动起来，打一场农业水土安全保护的攻坚战。

其一，坚决摒弃“带毒”的GDP。之所以农业水土环境污染会成为一个老生常谈的问题，这与一味推崇GDP不无关系。有人作了这样一则数据分析，不知准确与否？在中国，GDP增长率每提高一个标准差，书记和市长的晋升概率分别可提高4.76个、10个百分点，而政府治理污染、改善环境的开支，却与官员的晋升呈现显著负相关。在GDP主义的引导下，一些地方政府的官员加速对GDP的追逐，把经济发展简化为GDP，甚至异化为“带毒”的GDP，放任引进工艺设备落后、国家明令淘汰的污染项目和企业，对于大面积水土污染却视而不见，无动于衷。这是一件非常可怕的事情。

时至今天，警钟敲响，无论如何我们不能再干一些“今天赚钱，为了明天买药”的傻事，不能因为企业项目创造了GDP、贡献了财税就可以对其污染网开一面，更不能以牺牲环境为代价，在对生命的漠视中换取GDP的增长。GDP一定要关进绿色发展的笼子，对“带毒”的GDP必须采取“零容忍”的态度，干部的政绩考核要“经得起实践、人民、历史的检验”。

其二，勇敢拔掉“排毒”的保护伞。不时从媒体读到类似的消息：某地某企业没有环保设施，肆意排放毒气、毒水、毒物，群众举报不断，核查的单位一拨又一拨，结论却是手续齐备，验收合格。几年过去，毒企“屹立不倒”，老板“神通广大”，排毒“依然故我”。如此的反常现象让人怀疑，当地政府是如何把关、部门是如何执法的？这样的“毒企”到底有什么“靠山”，有什么“保护伞”？

工业污染已经引起农业水土环境质量下降，有人面对企业污染问题竟然“不管不问”，甚至竭力干扰相关部门的正常监督检查，使得“毒企”在一些大大小小的“保护伞”下逍遥自得，这种失职行为，危害极其严重。天雷滚滚，呼声阵阵，如果不打掉“毒企”的“保护伞”，斩断千丝万缕的“利益链”，不对失职渎职人员追究法律责任，一味地姑息迁就下去，“毒企”就不可能关停并转或受到惩治，企业的“排毒”事件就不可能得到有效遏制，农业水土安全也就根本无法得到保障。

其三，严厉打击“施毒”的违法者。国家已有明文规定：禁止甲拌磷、神农丹等在蔬菜、果树、茶叶、中草药材上使用。但一些地方，还是在公然制售、施用违禁剧毒农药，而且这不是个别现象。对此，地方政府往往是睁只眼闭只眼，即便追查下来，也有一个堂而皇之的搪塞理由：照顾农民利益，帮助增产增收。其导致的最终结果，是少数违法者短期获利，广大群众长期受害。过莫大焉!

有令则行，有禁则止，这是最基本的执政观。对制售、施用违禁剧毒农药行为，仅归咎于“唯利是图”思想作祟是不够的，还要追根溯源，从源头抓起，强化对违禁农药的监管，严厉查处和打击违法行为，大力推广高效低毒低残留生物农药，不断减少农药的使用量。尽快建立农药监管员、检测员和信息员队伍，对农药的生产、经营、使用实行全程监管，对农药残留进行严格检测，对所有的剧毒农药进行彻底的查禁，对各个环节真正实现无缝对接，让违禁农药无处遁逃。

其四，切实清除“流毒”的污染源。2008年开展的第一次全国污染源普查表明，农业面源污染是水土环境安全的主要“破坏者”。我国农业过量使用的化肥渗入到土壤、残留塑料薄膜形成的白色污染、过密养殖排泄的禽兽粪便和生活污水中的氮磷进入水体，造成了水体富营养化，土质日趋下降，这不仅对现有的生态环境造成巨大破坏，也给粮食和食品安全构成危害。

农业面源污染是世界性难题，我国应舍得投入，花大气力去破解这道难题，扫除农村的每一个污染死角。按照“减量化、再利用、资源化”的循环经济理念，以实施清洁田园、清洁家园、清洁水源为主线，以农村废弃物资源化利用和农业面源污染防控为重点，实施畜禽粪便、生活污水、生活垃圾、秸秆等生产生活废弃物的资源化利用，已经时不我待。我们都要明白这样一个道理，农村清洁工程的意义不仅仅体现城乡环境卫生的公平，更在于强化农业水土安全，实现粮食安全，与每一个国人密切相关，政府投入再大也是值得的。

其五，努力寻求“清毒”的好方法。清除水土毒污染，总体理念是“封修改建”，即通过“封育”，对污染的水土进行“划圈封闭”或种植苗木花卉等非粮食作物，使水土生态环境经自身净化作用，逐渐恢复原有状态；通过“修复”，以人工的手段措施如对受污染水土进行冲洗“透析”，使其重现被干扰前的功能和特性；通过“改善”，人为促进污染水土环境品质的提升和某些功能的改变，以达到生态的要求如水土酸碱平衡；通过“重建”，采用科学方法重新“构造”一个新的水土生态环境。

借鉴一些国家如墨西哥、哥斯达黎加农业环保新经验，政府实施环境保护计划，结合农村地区的扶贫项目，建立“植物生产—动物转化—微生物还原”的农业循环系统，对水土环境保护实行奖励补贴，让农民成为水土安全的积极参与者和受益者；推进水土环保新技术，利用活性污泥进行生物氧化，促进微生物的繁殖及新陈代谢，一次性将污水处理为合格中水；采取加氧催化裂解的无烟焚烧技术，对农村生活垃圾进行无公害处理。

中国梦是每个中国人的“幸福梦”，没有一日三餐的安全保障，何来真正的生活幸福？要而言之，以人为本，“正本清源”，粮食安全离不开农业水土安全，因此，应该高度重视农业水土安全问题，并有必要把它上升到国家安全战略的位置。

（原载于《群言》2013 年第 7 期和《中国政协》2013 年第 12 期）

建设美好的生态城镇

“阳春三月”，原本是阳光灿烂、春光明媚的时节。可近几年的3月，全国一些城市却被遮天蔽日的浓浓雾霾所笼罩。朦胧的天色、呛鼻的空气、拥堵的交通，使人觉得压抑。于是，一种对生态生活的热切向往，就像梦幻般的幽灵，把我的心绪引向对生态城镇化的思考。

简单地说，生态就是适合人的生存和发展的状态。2014年《政府工作报告》明确指出：“推进以人为核心的新型城镇化”，“进一步提升城镇化质量和水平”。这使人们备感欣慰而又振奋。城市的灵性是人本文化，新型城镇化的核心在“人”而不在“城”，根本追求就是以人为本，满足人们生产生活的基本需要。归结为一句话：“以人为核心的新型城镇化”，始终离不开美丽的生态。

前些年，我国城镇化建设刚刚起步，人们对城镇化概念的理解不是十分明晰，一直以为城市越大、楼房越高就越气派。一提及城市化，就是做大城市圈、城市连成片，一味地扩面积、摊大饼，拉大城市框架，毫不在乎浪费土地资源，也不懂得珍惜自然生态环境，更不清楚大城市会形成旋涡般的陷阱，各种人群被卷吸进去之后，便难以跳脱出来。

几年下来，在我国的不少地方，已经衍生出了许许多多、形形色色的“大城市病”，交付的“学费”极其昂贵。其实，早在百年之前，一些发达国家就曾出现了类似情况，有过沉痛的教训和深刻的反思。

20世纪40年代，芬兰建筑师沙里宁以独特的视角，系统阐述了著名的“有机疏散”理论。按照他的观点，城市建设不能过分集中，城市发展不能过分膨胀，一些产业项目应该从城市疏散出去，腾出来的面积用作生活绿地，让城市居民能够尽情就近享受美好的生态生活。

“有机疏散”理论对于当前我国“推进以人为核心的新型城镇化”建设，具有一定的启示意义。至2013年底，我国城镇化率接近54%，今后的城镇化建设任务更加艰巨，道路更加坎坷。选择适合我国城市发展和居民生产生活需要的城镇布局结构，科学构建生态城镇化模式，已经成为切实摆在人们面前的课题。为此提出以下建议。

把城市新区建设成“碎花布”。众所周知，“碎花布”的美就在于花朵的“碎片”结构，没有其“碎”，就没有其“美”。在拉大城市框架的过程中，我们不能紧紧盯着“土地经营”，贪图土地收益，搞所谓的城市“连片开发”。见山挖山、见湖填湖，把好端端的一座生态城市，建造成远眺近看都是连片灰色的“水泥森林”。把田野留住，让山水永存，用绿地将城市新区与中心城区隔离，将每一城区美化成为一片片的“碎花布”，而每一片“碎花”又都在为另一片“碎花”作点缀。建筑密度低、生态环境优、生活质量高，能够“看得见山，望得见水，记得住乡愁”，这似乎成了城市居民的美丽愿景。“风景这边独好”，片片“碎花”更好看，城市行政长官和规划者们需要用大智慧去考虑这个问题。

将大小城镇布局成“满天星”。就像太阳系是由太阳、八大行星及卫星、矮行星和数不尽的小天体所组成，新型城镇化也应该由各种大大小小的“卫星、矮行星”环绕的“天体”组合。将大城市的产业和功能设施向四周合理分散，在每个大城市的周围建设若干中小卫星城市，让相对独立的周边中小城市依附于大城市。在每个中小城市的周围，又有若干个与大中城市紧密联系的小卫星城镇。如此由大而小，由中心向四周辐射，借助于各大中城市的辐射力，把旧有的小城乡镇带动起来，构成星罗棋布、错落有致的新型生态城镇群，犹如夜空中闪烁的千颗星、万颗星，汇聚组成“满天星”。那种满天星光灿烂的隽永意蕴，当是未来新型城镇化版图上的美丽风光。

沿着交通干线串联出“糖葫芦”。1997年，社会学家费孝通先生沿京九铁路视察时，给人们留下了一句难以忘怀的精辟语言："京九是竹签，沿线城市是竹签上的'糖葫芦'。"将"糖葫芦"的思路延伸到当今生态城镇建设中，就是沿着某一条公路、铁路或水路等交通干线，构建"糖葫芦"型的城镇体系。一城一品、一城一貌，一城接着一城，在城市与城市之间，再插入一些小巧的"糖葫芦"，并赋予它们不同的文化内涵，形成独特的人文景观。借助交通联络、达成城市对接、满足功能互补、实现合作共赢，这是建设好、发展好一批"糖葫芦"型生态"花园城市"的要义所在。而且，我国恰有做好"糖葫芦"城镇的历史基础，因此"糖葫芦"的城镇化值得去做，有理由做好。

"使农村转移人口和城镇居民共建共享城市现代文明"，"让我们的城镇各具特色、宜业宜居，更加充满活力"，"努力建设生态文明的美好家园"。这是2014年李克强总理《政府工作报告》中的一大亮点，也是东风吹拂的改革动力。激励、激发与激越，如图如画的憧憬从我们的心底升腾，那就是建设美好生态城镇的希冀！

（原载于《光华时报》2014 年 4 月 16 日）

坚持公正法治，促进土地流转

多少年来，我国政府一直致力于发展现代农业，推进农业现代化，但客观地说，进展未达预期效果。其中一个重要原因，那就是当前农村的土地承包方式，使得土地零散化、碎片化，直接制约了现代农业的产业规模化、生产机械化、产品标准化，成为实现农业现代化一大瓶颈，必须努力破解。

数据表明，2014年中国城镇化率达到54.77%。专家预测，到2030年，我国城镇化率接近70%，将有2.3亿人从农业转移到城镇。在这种情况下，一方面要稳定农村联产承包的格局，进一步明晰农村土地产权，防止农业发生动荡；另一方面又不能用小农经济的思维来指导现代农业，应适当调整农村土地政策，促进土地流转，保障农民增加种地收入。

随着近年来城镇化的强力推进，人们越来越清楚地认识到一个浅显的道理：进城农民绝不可能带走农村的承包土地，他们需要的是记住这份乡愁，希望的是落户城镇能够为他们提供较好的就业机会和生活条件；而留村的农民也在现代潮流的激荡下，绝不会满足于在自己的“一亩三分地”上，“面朝黄土背朝天”，过着祖祖辈辈那种单调贫穷的农耕生活。一个农村农业的变革时代，将在这种大背景下横空出世，农业现代化因之应运而生。

顺势而为，乘势而上；抓住机遇，时不我待。做好新形势下的农村土地流转工作，以更好地适应当前城乡一体化和农业现代化的发展需要，许多工作已经摆在各级政府的面前，唯有担当，广接地气，才能探求好的方案。按照公正法治的原则，结合一些地方的实践经验，在此提出以下观点。

第一，由“法律规定”到“条例规范”。我国的《土地管理法》作出了土地承包使用权利的规定，“使用土地的单位和个人，有保护、管理和合理利用土地的义务”，《土地承包法》和《物权法》则明确了耕地的承包期为三十年。然而，当承包人在无法履行土地承包使用的权利和义务时，现实中却缺乏必要的土地流转相关规定。因此，有必要修订完善《土地管理法》等法律条款，尽快制定出台《土地流转条例》，运用法律的手段，规范农村的土地流转行为，防止土地承包而不使用的情况发生。

第二，由“三权分离”到“四权明晰”。为了有效推进土地的流转和使用，应在所有权、承包权、经营权“三权”划分的基础上，进一步细化成“四权”：所有权、承包权、经营权、使用权，确立土地产权的主体及其权利范围、责任和义务。成立类似于“土地银行”的农村集体经济中介组织，专事经营承包后需要流转的分散土地的集中使用，明晰土地承包后的经营使用权以及各方的利益分配，实现土地产权由国家、集体到个人的层级让渡。通过在严格程序条件下的“大稳定、小调整”，保持我国土地政策的连续性，并体现在土地承包使用问题上的公平公正。

第三，由“单向流转”到“双向调节”。当下的土地流转，主要是承包户的分散土地向大户流转，即小块地流向大农场，这是社会的一种进步。但是还应考虑到，城镇化的基础需要一定时间的培育和稳固，在这个时期内，受某些不可预测因素的影响，部分进城农民在特殊情况下仍有返回农村的可能。故而，既要让更多的农民从土地中解放出来，心无旁骛进城就业，不被农村土地所固化，又要未雨绸缪，“防患于未然”，积极防范进城农民的失业风险，规避返乡农民的用地矛盾。因此，应对《土地承包法》关于“转为非农业户口的，应收回土地承包经营权”，补充“在特殊情况下经专门部门批准也可以返回承包土地”的相关内容，建立土地的使用权可由大户向承包者逆向流转的机制，让进城农民吃下一颗定心丸。

第四，由“权利主体”到“责任主体”。土地产权不能虚化，权利主体也是责任主体，承包、经营和使用土地权利应担负相应的责任和义务。如果承包户只领补贴不种粮食，对种粮户而言就是极大的不平等。因此，在修改《土地承包法》中，不仅要规定土地在承包期限内必须正常使用，还要对承包地撂荒和擅自改变土地用途等问题，提出严格的防范措施和惩戒办法，切实加强监督，追究法律责任。通过法律的调节方式，维护社会的公平正义，促进土地的有效流转。

（原载于《人民政协报》2015 年 12 月 10 日）

感悟·建言

朝着“三好”的崇高境界飞翔

草木萌发，青山可望；山川气度，云水襟怀。2018年3月4日，一个阳光灿烂的日子，中共中央总书记习近平来到全国政协十三届一次会议的民盟、致公党、无党派人士、侨联界别驻地，看望委员并参加联组会议，发表了重要讲话，叮嘱各民主党派和无党派人士要做中国共产党的“好参谋、好帮手、好同事，增强责任和担当，共同把中国的事情办好”。作为现场聆听者，我切身感受到习总书记的话语洋溢着一股初春的暖流，温暖着每个人的心房。

对于“三好”，我们大家都不陌生。孩提时代，人人孜孜以求争当德、智、体全面发展的“三好学生”，“三好”成为少年的梦。进入中国特色社会主义的新时代，听到习总书记“好参谋、好帮手、好同事”的殷切期待，犹如缕缕春风，沁人肺腑，霏霏细雨，滋润心田。在我看来，这“三好”是在新的历史时期对民主党派、无党派人士提出的更高要求，也是“好伙伴、好朋友、好兄弟”等亲密称谓的全新递进。

要做中国共产党的“好参谋”。古往今来，大凡“参谋”者，必能参同商议、谋划策略，在运筹帷幄、谋篇布局中起着至关重要的作用，如汉代“共有大议，乃诣朝堂，与公卿参谋”。是以素来善理政者，“每有大事，必相咨访”，“用人之言，若自己出”。观当今的共商国是，“就是要同人民一起商量着办事”，“有事多商量，有事好商量，有事会商量”。共产党人这种广纳群言的博大胸怀，鞭策着民主党派、无党派人士必须当“好参谋”，建诤言、献良策，切实参政参到要点上、议政议到关键处，而不是不着边际、指手画脚、海说一通了事。

要做中国共产党的“好帮手”。俗话说得好：一个篱笆三个桩，一个好汉三个帮；众人划桨开大船，众人拾柴火焰高。“千人之诺诺，不如一士之谔谔”，民主党派要做“好帮手”，“帮手”的定位就是“干”，帮忙助力同心干，撸起袖子加油干，干事是天职，不干是失职。“好帮手”应该把握好一个度，既不能扯着嗓子喊、站在一旁看，也不能狂言妄为或阿谀奉承，瞎帮一气，应“提倡热烈而不对立的讨论，开展真诚而不敷衍的交流，鼓励尖锐而不极端的批评”。概言之，就是履职不越位，帮忙不添乱，真正做到与中国共产党共克难关、共同发展。

要做中国共产党的“好同事”。同事之谓，行事相同、相与共事，拥有共同的目标所向和事业追求。大道之行，天下为公。“国事是国家的公事”，中华民族伟大复兴是每个中华儿女的共同梦想。同心同德，齐心协力，“共同把中国的事情办好”，这既是“好同事”的应有之义，更是“好同事”的光荣使命。“同样的感受给了我们同样的渴望，同样的欢乐给了我们同一首歌。”一句“好同事”，饱含的是一种暖融融的浓浓挚情，寄托的是一份沉甸甸的光荣重任，情谊和责任相互交织，融为一体，足见其感情真挚、深切、绵长。

飞跃八千里路云和月，回首民盟70多年的苦难与辉煌，民盟先贤为我们作出了“好参谋、好帮手、好同事”的表率。费孝通先生提炼的“出主意、想办法，做好事、做实事”12字箴言，则可视为对“三好”较早的另一种精辟论述。

回味那一个个历史片段，让人思绪万千。重庆谈判期间，毛泽东前往特园向张澜介绍和谈情况，张澜建议毛泽东把国共双方谈判内容公之于众，免得蒋介石事后不认账，毛泽东当即称赞其“老成谋国”；延安时期，梁漱溟曾经与毛泽东就将来中国如何走向民主彻夜长谈，推心置腹，肝胆相照，坦诚地交换意见；在延安窑洞，黄炎培向毛泽东直言不讳地提出“历史周期率”，激荡出“找到了一条民主新路”的响亮回应；新中国成立之初，沈钧儒发现长江中下游地区血吸虫病流行极为严重，立即写信向中央高层反映情况，引起毛泽东的极大关注，发出了“一定要消灭血吸虫病”的伟大号召。他们，称得上中国共产党的“好参谋”！

追忆那一桩桩人和事，让人激情澎湃。新中国刚刚成立，“巾帼英雄”史良主持制定中国第一部《婚姻法》，并不遗余力亲自到基层督促检查《婚姻法》的执行情况；1950年，“数学王子”华罗庚在国外发表公开信，“梁园虽好，非久居之乡”，归去来兮，毅然回国参加科学研究；“特立独行”的社会学家潘光旦拄着双拐，跋山涉水，行程万里，进行针对我国少数民族的调查研究，弄清了不少情况；费孝通从1984年9月开始，前后七次到定西实地考察，提出许多帮助该地区脱贫致富的金点子，为国家作出了突出贡献。他们，无愧于中国共产党的“好帮手”！

记念那一件件闪光的业绩，让人意气勃发。“力学之父”钱伟长放弃国外优越条件，毕生为“两弹一星”耗尽心血，却一再谦虚地说，“我没有专业，国家需要就是我的专业”；我国实验胚胎学的引路人童第周，从对细胞核与细胞质的反复实验研究中成功培育出“童鱼”，达到了当时世界生物科学的高峰；被毛泽东誉为“凤毛麟角”的学者任继愈，提出儒、释、道是中国传统文化的三大支柱，充实和求证了中华文化长久屹立于世界的根蒂；“正人君子”陶大镛，“端方刚正、敢于直言，始终如一、从无虚伪”，他顶着压力，带头对三峡工程的一些项目提出质疑，呼吁论证务求严密，以免愧对子孙。他们，当得起中国共产党的“好同事”！

尽管不少往事犹如云烟悄然消逝，但民盟组织为国为民的初心不改。人们不会忘记，虽遇磨难，数不清的民盟先贤仍然宣称“无时无刻不与共产党在一起”，把爱国之心化为报国之行，在人们心中树立起一座座“好参谋、好帮手、好同事”的丰碑。他们表现出的高洁志向和奉献精神，始终激励着我们坚定前行。

磅礴的力量出于团结，恢宏的气势来自民主。中国新型政党制度，把各民主党派和无党派人士紧密团结起来，有事大家共同协商，推动决策科学化、民主化，有效避免了由于各种原因导致社会撕裂、国家动荡的弊端。在中国新型政党制度的框架下，在建设富强民主文明和谐美丽的社会主义现代化强国的滚滚洪流中，民主党派、无党派人士矢志不渝做中国共产党的“好参谋、好帮手、好同事”，这是响应新时代召唤的行动，也是与时代同步前进的姿态和作为。人间正道，唯此无他！

“三好”是一种信念。把握好“总开关”，加深“四个认同”，增强“四个自信”，“有了坚定的理想信念，站位就高了，眼界就宽了，心胸就开阔了”。通过数十年风雨同舟、荣辱与共的合作历史，民主党派越来越深刻地认识到，中国共产党之所以“能”，就在于她能把“以人民为中心”当作最大的初心。所以，要把中国的事情办好，必须坚持中国共产党的领导，坚定不移地走中国特色社会主义政治发展道路，切实把“以人民为中心”的共产党人的“心学”修炼好、实践好。

“三好”是一种担当。担当决不推责，履职务必尽责。在伟大的变革时期，我们充当了新时代的见证者、开创者、建设者；我们每一个党派成员，都应该知行合一，把责任扛在肩上，把使命放在心上。民盟先贤“位卑未敢忘忧国”，为我们做出了恪尽职守、忍辱负重，一心为国、公而忘私的表率。事业自有后来人，灯塔照我去远航，共同的理想共同担当，“只要精诚团结、共同奋斗，就没有任何力量能够阻挡中国人民实现梦想的步伐！”

“三好”是一种品德。道德守礼、诚信友善，保持个人内心世界的广阔，这是做“三好”的人生基点。一是维护大局立政德，“明大德、守公德、严私德”，不做“两面人”，不当“墙头草”，对于党外人士而言，显得尤为重要；二是实事求是讲真话，不耍花枪，不唱高调，不见风使舵，不附和迎合，具有辨别是非的眼力，善于讲好老百姓的故事，多反映民众的愿望与呼声；三是坚持操守重品行，遵纪守法，探索真理，以修己而获致良知，以良知而秉笔直言，练就任由世界风云变幻，胸中自有一盘棋的定力。

“三好”是一种本领。按照“五种能力”的要求，加强自身建设，自我加压，苦练内功，沉下身子到民众中去，虚心拜群众为师，深入基层广接地气，“不调查不建言”，力求参加会议能讲真话，反映情况能讲实情，本职岗位能显身手。会协商、善议政，努力做到“言之有据不道听途说，言之有理不主观臆断，言之有度不偏激偏执，言之有物不大而化之”，使提出的对策建议符合客观实际、符合群众意愿。这些都是“三好”实打实的硬功夫。

就像70年前“五一口号”的那一声惊雷，当前，进入中国特色社会主义的伟大新时代，中国共产党又一次吹起响彻云霄的集结号。“凝聚共识、凝聚智慧、凝聚力量”，承载着13亿多中国人民伟大梦想的中华巨轮，正乘着新时代的浩荡东风，继续劈波斩浪、扬帆远航。

踏上新征程，面对新挑战，我们将以更加昂扬的斗志，与中国共产党携手并肩，朝着“好参谋、好帮手、好同事”的崇高境界、朝着“两个一百年”的奋斗目标勇敢地飞翔！

（原载于《群言》2018年第4期）

人民情怀的时代高峰

习近平新时代中国特色社会主义思想浩如烟海、博大精深，其中出现频次最高的一个词是“人民”。在中共十九大报告中，“人民”一词出现了多达203次；在十三届全国人大一次会议闭幕会上，习总书记发表的重要讲话4000余字，就有80多处提及“人民”。“人民是历史的创造者，人民是真正的英雄”，那洪亮的声音，回响在人民大会堂，回荡在神州大地山水之间的每个角落。

中国共产党来自人民，代表着人民的利益，与人民血肉相连。从她成立那一天开始，就迎着《共产党宣言》的真理光芒，站在时代的前列，最大的初心就是为人民谋求幸福，拯救黑暗下深受三座大山压迫的亿万劳苦大众。听听当年毛泽东在中央苏区的一段话：“妇女群众要学习犁耙，找什么人去教她们呢？小孩子要求读书，小学办起了没有呢？对面的木桥太小会跌倒行人，要不要修理一下呢？许多人生疮害病，想个什么办法呢？”会让人感动得潸然泪下。之所以中国共产党“能”，战争岁月人民群众会冒死跟着共产党人“同心干”，答案就是：共产党替人民想到了一切。

中国共产党一路走过近百年苦难辉煌的历史，终于带领中华儿女在1949年告别了灾难深重的“黑沉沉的天，灰沉沉的地”。如今，中国人民由站起来、富起来到强起来，我们正站在历史的交汇点。开启伟大的新时代，人民群众还有着日益增长的对美好生活的新需求，也有着不断新添的身边“烦恼事”，发展不平衡不充分的矛盾越来越显突出。“人民对美好生活的向往就是我们的奋斗目标”，字字千钧，掷地有声。这是新一代共产党领导人对人民的庄严承诺，更是自我加压的沉重责任，传递的是暖融融的情意，表达的是真挚的为民情怀。

“老百姓是地，老百姓是天，老百姓是共产党的力量源泉。”在极不平凡的爬坡过坎中，面对党和国家存在的突出矛盾和问题，习近平总书记带领中国共产党人没有丝毫犹豫、没有寸步退却，义无反顾勇往直前，取得了历史性成就，综合国力迈上新台阶。他坦言，几年来“不是没有掂量过。但我们认准了党的宗旨使命，认准了人民的期待。”“掂量”一词，充分展示了总书记历史担当的原动力和果敢出击的深层考量。因为在他的内心深处，装得满满的是老百姓，最牵挂的是人民过上好日子。

“我们是人民的勤务员，帮你们跑事的。”担任总书记五年多来，习近平同志始终把内涵极其丰富而又深邃的“以人民为中心”的发展思想，把人民放在心中最高的位置、充分尊重和发挥人民的主体地位，贯穿在治国理政的生动实践。从黄土高坡到茫茫雪域，从西北边陲到云贵高原，走遍全国14个集中连片特困地区，把“最深的牵挂”转化为“最大的担当”，为的是“不让一个贫困群众掉队”。近几年临近春节，总书记与革命老区、民族地区、边疆地区百姓一起打糍粑、炸年糕、磨豆花，同人民手牵手、心贴心，为的是引领人民群众摆脱贫困，增强获得感、幸福感、安全感。

习总书记的为民情怀和使命担当，“与人民心心相印、与人民同甘共苦、与人民团结奋斗，夙夜在公，勤勉工作，努力向历史、向人民交出一份合格的答卷”，赢得了广大人民的衷心爱戴，更为党内外各级领导干部树立起了为官做人的标杆。他是一座时代高峰，是一面精神旗帜，值得我们向他学习，向他看齐。知行合一，昂首前进，首要的是在内心情感上，自觉向习总书记的为民情怀对标对表，使自己的政治行为与民心共鸣，履行职责与党中央齐心协力。

高尚的品格来自实践的磨炼，迷人的气质表现在生活中的点滴。学习习总书记的人民情怀，就要像他那样，高卷裤腿撑雨伞，深入基层下农田，让人明白的是一个简单道理，“吃百姓饭，穿百姓衣，莫道百姓可欺，自己也是百姓”；学习习总书记的人民情怀，就要像他那样，心与人民紧紧相连，把为人民服务化为坚定信念，把为群众办实事牢牢扎根心底；学习习总书记的人民情怀，就要像他那样，“功深唯志，业广唯勤”，了解苍生事，掌握大众情，锲而不舍地做好每一件关乎民生的事情，“依靠人民创造历史伟业”。

时代的脉搏在共振下发生，有着梦的承载，也必有梦的实现。我们都曾亲历了改革开放40年的奋斗岁月，中国发生的巨大变化犹如一本厚厚的书，“春天的故事”总是阅不完、读不尽。特别是最近五年多来，我们见证了、并且还将继续见证，习总书记掌舵东方巨轮，劈波斩浪，扬帆远航，正在稳健地驶向胜利的彼岸。

（原载于《人民政协报》2018 年 5 月 24 日）

畅想新时代的“同心”礼赞

今年初夏，来到处于江西中部深山里的龙冈调研，那是第二次国内革命战争时期工农红军第一次反“围剿”的主战场，毛泽东曾在这里写下了气吞山河的诗篇《渔家傲·反第一次大“围剿”》。清晨漫步于山岗，轻雾扑来，林涛响起，仿佛听到了当年伟人的声音：“唤起工农千百万，同心干。”

倏然间联想起今年全国两会期间，我现场聆听了习近平总书记在参加民盟、致公党、无党派人士、侨联界委员联组会上首次纵论新型政党制度。习总书记明确指出，要坚持好、发展好、完善好中国共产党领导的多党合作和政治协商制度，以共同目标寻求最大公约数，以大团结大联合画出最大“同心圆”。

怎奈清风舞杨柳，又听小蝉鸣草丛。从呼唤“同心干”，到擘画“同心圆”，80多个春秋过去，中国共产党一路走来，经历了“枯木朽株齐努力”的弥漫硝烟，也跨越过“人间正道是沧桑”的急流险滩，一条弥足珍贵的经验不能忘却：“永远与人民同呼吸、共命运、心连心。”

历史的经验值得注意。在大革命年代，由于“左倾”路线的严重干扰，中央苏区搞“革命队伍清而又纯”，结果遭到严重挫折与溃败。毛泽东后来总结其深刻教训：水至清则无鱼，人至察则无徒；混一色好打，清一色难“和”。在延安的艰苦岁月，边区政府实行“豆选法”，政权机构人员分配实行“三三制”，在群众中产生了极大影响，被誉为当时中国的“民主典范”。

行程万里，不忘初心。中国共产党人的初心是为中国人民谋幸福、为中华民族谋复兴，而民主党派、无党派的初心，在响应中共“五一口号”之后就作了坚定表白：“愿在中共领导下，献其绵薄，贯彻始终”。从第一届中国人民政治协商会议开始，同心合作便成为各民主党派、无党派的共同选择，也成为新型政党制度的“压舱石”。

同心可以断金，团结汇聚力量，联合是胜利的保障。69年来，人民政协的发展历程告诉我们：有了“同心”，视野才会更加广阔，前进道路上才能步伐一致，灵魂深处才会产生“四个认同”，载梦的航船才能劈波斩浪、驶向远方。

迈进新时代，担当新使命，“同心”的意义显得愈加重要。学习领悟习近平总书记关于加强和改进人民政协工作的重要思想，其中无不蕴含着“同心”的哲理、闪耀着“同心”的光辉。什么是“同心”、为何要“同心”、怎样做到“同心”？习总书记阐述得清清楚楚、明明白白，从而彰显出“共产党领导，多党派合作”的历史逻辑、现实逻辑、实践逻辑，展示了中国共产党、中国人民、各民主党派和无党派心心相印的“同心”风范、“同心”气派。为之，我畅想着新时代人民政协的“同心”礼赞。

“同心”就是紧紧围绕一个“圆心”，犹如众星拱月、葵花向阳。中国共产党代表我国广大人民群众的根本利益，具有无比的感召力、凝聚力，是各项事业的领导核心，“在当今中国，没有大于中国共产党的政治力量或其他什么力量。”“六合同风，九州共贯”，坚持中国共产党的领导，这是人心所向、众望所归。拥戴核心、紧跟核心，只有把这个“心”定准了，而且始终不偏“心”，才能集聚万众一心、无坚不摧的磅礴力量，共同把中国的事情办好。

“同心”就是坚持以人民为中心，把群众利益摆在至高无上的位置。“民之所欲，天必从之”；民之所望，施政所向。齐心协力，通过各种途径、渠道和方式，为各社会利益群体搭建反映其多元利益诉求的平台，“做到知民情、解民忧、纾民怨、暖民心”。人心是最大的政治。当前开展的“三大攻坚战”，件件工作事关民生，要抓住人民最关心、最直接、最现实的利益问题，把人民群众的小事当作大事来抓，切实从人民群众关心的事情做起。

“同心”就是有事善于商量，真正做到“每有大事，必相咨访”。毛泽东主席曾经指出，人民政府的性格，就是跟人民商量办事，“可以叫它是个商量政府”；习近平总书记一再强调：“有事好商量，众人的事情由众人商量，找到全社会意愿和要求的最大公约数，是人民民主的真谛。”商以求同，协以成事，中共中央带了个好头，每年召开4—5次专题协商座谈会，就重大问题征求民主党派中央和工商联、无党派人士意见。近年来，人民政协作为专门协商机构，以各种形式把协商民主贯穿于履行职能全过程，发挥了商量出共识、商量出团结、商量出感情的作用，让人民群众感觉政协离他们很近。

“同心”就是厚德载物，海纳百川，虚心听取各方面意见。“‘虚心公听，言无逆逊，唯是之从。’这是执政党应有的胸襟。‘凡议国事，惟论是非，不徇好恶。’这是参政党应有的担当。”胸襟和担当，求同和存异，真诚地相互尊重与体谅，构成了新时代的“同心”基础。有了这个坚实基础，就会把朋友交得多多的、交得铁铁的，把同心圆的半径延伸得长长的，“用共同理想凝聚民族意志，用中国精神激发中国力量，动员全体中华儿女共同创造中华民族新的伟业。”携手合作，心往一处想，劲往一处使，奋斗的汗水流淌在一起，“同心”共筑中国梦，中华民族伟大复兴的壮丽事业必定无往而不胜。

（原载于《人民政协报》2018 年 7 月 26 日）

为善良而歌　为梦想而行

中共十八大正式提出并倡导的社会主义核心价值观，把“诚信、友善”放在做人的基石位置；中共十九大发出号召，要在全社会深入实施公民道德建设工程，“激励人们向上向善、孝老爱亲”；在2018年全国宣传思想工作会议上，习近平总书记着重强调，要坚持立德树人、以文化人，提高人民思想觉悟、道德水准、文明素养。善良而又美好的梦想，又一次在新时代的国人心中升腾。

“善不可失，恶不可长。”一半是海水，一半是火焰。当今，浸润着善良和大爱的雷锋精神，不断感召着中国的众多好人：“扁担姐”麦琼方，将粮油、衣物挑进山区孤寡老人的家，36年先后收养了87个孩子并培育成才；“抠门老人”赵家和、徐祖耀、韦思浩、王振美等一生节俭，却大气地倾其毕生所有资助贫寒学子。数不清的好人好事，把至美的善良谱写成生命的赞歌，让仁爱与奉献的故事在中国大地上广为传颂。

然而，社会上也不时发生种种假恶丑事件：本应慈悲为怀的“佛界领袖”，却做出令人不齿的世俗丑事；高铁列车上“霸座”男女的低劣行为，激起网民的极大愤慨；从地狱放出的顺风车“恶魔”，残害着鲜活的无辜生灵。这些丑恶现象，让人们在无法容忍的同时，愈加向往美好生活，憧憬人间的幸福和善良。

中国自古以来就是礼仪之邦，善良是中华民族传统道德文化的精髓与灵魂。“志于道，据于德”，国人把和善、友善、仁善等善良品德奉为圭臬，当作追求的崇高境界。“修齐治平”首要的是修炼一颗善良的心，人生启蒙课程的开头语即是“人之初，性本善”。

“上善若水，厚德载物”，说的是为人处世应该像水那样至柔能容、造福万物，像大地那样宽广深厚、承载万物；“己所不欲，勿施于人”，“立人”“达人”而不损人，这是“一言而可以终身行之”的人生价值观；“仁者爱人”“兼爱非攻”，人与人交往要设身处地为别人着想，在“兼爱”中形成“非攻”，在“非攻”中产生“兼爱”；“独善其身，兼济天下”，时刻安抚好自己的心态，穷困而不万念俱灰，腾达也不忘乎所以；“与人为善，乐善好施”，把好的留给别人，让自己心安理得，平静地享受内心的舒畅、惬意与恬淡；“积善成德，惟善为宝”，将善良内化成心中的理念，自觉养成善良的品行，培植圣贤的智慧；等等。这些古训都是中国传统文化的结晶，得其神要者，可以慎独而致良知，广济而安天下。

“对众人而言，唯一的权力是法律；对个人而言，唯一的权力是善良。”世上的真理繁如夜星，有一条真理亘古不易——善良！做人贵在诚信友善，厚道的人也许会吃亏上当、受伤流泪，可是，世界以痛吻我，我必报之以歌。“爱在，心就在，心在，世界在”，人间善良一脉相承。拥有善良美德，幸福自会眷顾，永远受人敬重。

善良是一种宝贵品质。人世间最宝贵的是什么？作家雨果作出了回答：“善良是历史中稀有的珍珠，善良的人几乎优于伟大的人。”善良是这世上难得的大美，它能洗涤和融化万物。做人，不要去功利地计较付出和回报的比率，“鲜花盛开，清风自来”，与善良之人相处，不必设防，心里舒坦。但须谨慎，善行有“偏正”，大善似无情，小善如大恶。盲目的善良、随心所欲的爱，有时无异于助纣为虐，甚或酿成大祸。不讲原则、没有底线的善良，恐会造成心中久久的愧疚。

善良是一种生命方式。人人为我，我为人人。大千世界，芸芸众生，相互资生，相互依存，“人”字的结构表明人类社会就是如此永恒地相互支撑。播种善良，能够放飞希望并收藏善果。古今中外多少事实证明了一个道理：善良是生命中的黄金，它让人生不致褪色变暗，历经岁月依旧熠熠生辉。司马迁说："天下熙熙，皆为利来；天下攘攘，皆为利往。"然，"君子爱财，取之有道"，求名当求万世名，计利当计天下利。如果罔顾法规铁律，损人利己，伤天害理，终会被人们所唾弃。

善良是一种文化教养。文化不在于掌握多少知识，而是"无须提醒的自觉、以约束为前提的自由、为别人着想的善良"，它植根于内心的修为并内化成习惯。"谦谦君子，温润如玉"，真正的善良不是作秀，不会颐指气使，而是纯良敦厚地默默照顾，在表达善意时，不忘记呵护别人的尊严。"率性之谓道"，善良行为使人的灵魂变得纯洁、人品变得淳朴，这大概就是老子"大音希声，大象无形"所要宣示的事理，也是为人们所推崇而又是有些人无法企及的文化教养。

善良是一种生活态度。英国作家萨克雷说："生活就是一面镜子。你笑，它也笑；你哭，它也哭。"心存善念的人，总是以感恩的心态，原谅他人的过失并继续帮助他人。善良行为总会得到社会的尊重和褒扬，因而自己也拥有一份愉悦的心情。良好的社会环境营造良好的生活态度，如果扶老人反被讹、做好事遭委屈，善良的好人利益不断受损，那么谁还愿意当好人？法律的审判必然要维护社会的道德底线和公正秩序，保护伤不起的良心，以防止道德的继续滑坡。

善良是一种成熟人格。英国哲学家、数学家罗素说过："若理性不存在，则善良无意义。"善良的突出表现是精神充实、心灵丰盈的人格成熟，既不是居高临下的同情，也不是"道德先生"般的绑架，而是一种宽厚待人、将心比心，与人方便、与己方便的平等关爱。"千江有水千江月，万里无云万里天"，人格越成熟就越善良豁达。观时下，有权有钱都不能任性，谁官气逼人或肆意炫富，谁就会令众人反感。大家和谐相处，少一些"戾气"、少一些纷争，多做一些于民有利的好事情，成熟的理性将拓展善良的提升空间。

善良是一种心灵慰藉。"人之为善，百善而不足。"美德积之于小善，除恶防患于未然。"锄一恶，长十善"，随时握紧手中战胜贪婪、自私和卑劣的利剑，瞄准虚假、邪恶、丑陋刺过去，能使好人一生平安。善良也不能懵懵懂懂，需要往深处理解。援助之手只能伸向同样善良的人，对于那些恶人即使仁至义尽，其本性也无法改变，甚至会给自己带来灾难。东郭先生和狼、农夫和蛇等故事使人们一再考量：善良不能养奸纵恶，它鞭策人生在漫漫道路上战胜风雨不断向前。

“从善如登，从恶如崩。”善良没有任何期求，只是生命中的福音，犹如山涧流淌的清泉，滋润着那些机体干渴的人们。如今，全社会都在企盼着善良归兮，在全民广泛开展崇尚友善的品德教育，发掘心灵深处的温柔善良，培育向上向善的人心力量，共同奋斗创造美好生活，意义尤其重大。

从孝老爱亲做起。仁义礼智信，百善孝为先，善良要从孝老爱亲做起。人的一辈子，真正亏欠最多的是父母，真正全心付出而又不求回报的也是父母。女儿让母亲叫起床，母亲可以彻夜不眠；孩子给父亲买双袜，父亲竟会激动流泪；哪怕儿子欲遗弃年迈的娘，娘也会担心儿子回家迷路而沿途撒豆。不要抱怨老人唠叨、责怪老人邋遢，更不能视老人为生活负担，把赡养的责任推向社会。倒茶、点烟、开车门……这些平时为领导做惯了的事，又有几人曾为父母做过？能像对待领导一样对待父母，父母又该多么欣慰。自古忠孝虽难两全，但不管怎样，都要多留给父母一些关怀，让善良陪伴着他们的生命远行。

把别人放在心里。以自己为中心还是以他人为中心，这是区分善与恶的试金石。中国共产党没有自己特殊的利益，坚持全心全意为人民服务，把百姓放在心中的最高位置，践行的正是善良美德的人间正道。“与人为善，福虽未至，祸已远离”。把别人装心里，多为别人着想，为人厚道一点，从长远看，别人还之以信任，由此得到人生双赢的真诚回报。譬如农夫将优良玉米种子分送他人，风吹花粉四处飞散，大家都能获得好收成。对他人心怀善念，原本于己也有善的收获。

给生活困窘者引路。扶危济困，救难暖心，需要“输血”，更要帮助“造血”。善良的出发点在于给需要帮助的人找到一条通向光明的生活途径，而不仅仅是一时的物质赐予。“我为一只走失的蚂蚁引路，让它拥有生存的机会”，小孩的话启发慈善者改变行善态度，把更多的人引上自食其力的道路。“授人以鱼，不如授人以渔”，扶智扶志、导航引路是大智的善举，它示人以一条哲理：美好的生活靠自己创造，“只有奋斗的人生才称得上是幸福的人生”。

于无声处显关爱。春风化雨，润物无声。仁爱无须刻意表现、到处张扬。“请让我来帮助你，就像帮助我自己”，越是能够摆脱自我的付出感，越是一种精神上的自我超脱。把不显山不露水的爱悄然送给他人而不沽名钓誉，本身就是善良的蕴意。为救叔叔而在深夜四处购买“上帝”的小邦迪，感动了愿意帮忙的亿万富翁，富翁暗中找来医生治好了叔叔的病；长大后的邦迪又用“邦迪”创可贴，续写了人类的大善之爱。它让人们懂得，善良有时是雪中送炭，却体现在无声的细微之处，真正的“上帝”恰是人们善良的爱心。

理解善待每一个人。人有春风得意，也有运交华盖，生活总是在曲折中不断延续。“多看别人长处，多帮别人难处，多记他人好处”，不挑剔别人的不完美，不感叹自己的不顺心，才会真正解悟“善待每一个人”的真谛。无论处于何种生活境地，始终坚守心中的善良，哪怕有时善举被误解，但仍坚持做下去，就会产生“做小偷的是他而不是我”的坦然。理解和善待，就是这样肩负着他人的希望，从容地继续着自己的生活，把善良和温暖相互传递。

大爱无疆，小事不奇，慈善无界。“我们不是伟大的人，但可用伟大的爱做生活中平凡的事。”善良，我们大家都可以做到。尽管一些人献出的只是绵薄之力，显得那么微不足道，但同样值得礼赞。《我叫山果》中那些衣衫褴褛的农民工，无私地伸出援助之手，扶持一个素不相识的卖核桃的小女孩，彰显了善良的情怀，散发出善良的芬芳。还有，现实生活中自己淋雨却为残疾人撑伞、“公主抱”将病人送去医院、捡到巨款归还失主的普通人，他们用行动诠释了什么叫“平凡中见伟大”的境界。

上过“中国好人榜”的一位道德模范说得好：“请相信有阳光，善良的心就像一颗糖；让世界充满正能量，再苦再累也无妨。”不要过多地抱怨社会，只需你我恪守做人的善良本分，从身边的点点滴滴做起，点燃心中那盏明亮的善良“神灯”，不偏离善良的航标，人生将显得斑斓多彩，生活将充满和煦春光。愿我们大家一起“为善良而歌，为梦想而行”！

（原载于《群言》2018 年第 10 期）

凝聚共识写春秋

“凝聚共识、凝聚人心、凝聚智慧、凝聚力量”，这是习总书记在历次重要讲话中出现频次较高的一组词语。在去年12月29日全国政协新年茶话会上，习总书记又一次强调，“人心是最大的政治，共识是奋进的动力”，“要把加强思想政治引领、广泛凝聚共识作为履职工作的中心环节”。

好比“无数小水滴欢呼着东流入海，亿万颗星辰支撑起夜幕中的苍穹”，由分散到集合的过程叫凝聚；犹如“同样的感受给了我们同样的渴望，同样的欢乐给了我们同一首歌”，众多人的同一认知叫共识。简而言之，凝聚共识即社会不同阶层、不同利益的人群，寻求共同的价值、理想和观念。在现代语境中，凝聚共识就是党和政府为了推进改革和发展事业，最大限度地减少社会阻力，调动社会积极因素，形成社会合力的过程。

近百年来，中国共产党成为中国人民的“主心骨”，团结带领人民进行艰苦卓绝的斗争，筚路蓝缕、披荆斩棘，一路成功地走来，谱写出气吞山河的壮丽史诗，离不开凝聚共识这一看家本领。

历史的长河滚滚向前，历史责任就像长长的接力赛。“人民对美好生活的向往，就是我们的奋斗目标。”一代人有一代人的历史担当，站在从“富起来到强起来”的历史交汇点，历史方位、历史使命，召唤着我们在凝聚共识中，激扬起新时代砥砺前行的精神力量，一棒接着一棒跑，迎来伟大祖国新的希望!

历史一次次告诉世人：凝聚共识就是“找到最大公约数”，构筑合作共事的基础，把思想观念差异多样的无数个人，联结成为原则目标认识一致的整体，从而产生社会的强大凝聚力，共同“画出最大同心圆”；凝聚共识就是酿造“信仰的味道”，形成团结奋斗的灵魂和动力，为着共同追求的事业不惜奉献一切，让后代“能够在我们的国土上建筑起一个自由、快乐、文明、进步、庄严、华丽的世界”；凝聚共识就是把握“百姓心里那杆秤”，任何时候都不忘“人心向背、力量对比决定事业成败”，不忘为“最大多数人谋利益”的根本政治诉求，获得中国人数最多的社会阶层的认可和拥护；凝聚共识就是发掘“思想宝库的源泉”，尊重人民的主体地位，把人民群众在实践中迸发出来的无限创造力，汇集成为治国理政的智慧和力量。

改革开放40年，随着我国经济体制深刻变革、社会结构深刻转型、利益格局深刻调整、思想观念深刻变化，出现了前所未有的社会结构复杂、矛盾风险挑战、思想文化多元。改革进入攻坚阶段和深水区，“好吃的肉都吃掉了，剩下的都是难啃的硬骨头”。如何分配“蛋糕”、该动谁的“奶酪”、多元多样多变的思想文化趋势应怎样“交流交融交锋”……

船到中流浪更急，人到半山路更陡，在这个“愈进愈难、愈进愈险而又不进则退、非进不可的时候”，必须以啃硬骨头、涉险滩的勇气，坚定信心，凝聚共识，统筹谋划、协同推进各项工作。正如习近平总书记指出：“凝聚改革共识难度加大，统筹兼顾各方面利益任务艰巨。这就更需要我们下功夫去凝聚共识。”

你的梦，我的梦，每一个中华儿女都怀揣国家富强、巨龙腾飞同样的梦，“我们都是追梦人”。

要把中国的事情办好，关键是要坚持中国共产党的领导，坚持走中国特色社会主义道路。这是重大原则，也是最大共识。增进一致而不强求一律，包容多样而不丧失主导。只有紧紧把握思想政治的引领，切实提高政治站位，协助党和政府做好解疑释惑、宣传政策、理顺情绪、化解矛盾的工作，把实现中华民族伟大复兴中国梦的智慧和力量凝聚起来，才能共同推进伟大事业不断走向胜利。

“用社会主义核心价值观凝聚共识、汇聚力量，这是非常重要的”，也是最有效的。社会主义核心价值观来源于我国优秀传统文化，植根于人民群众实践的沃土，是凝聚共识的结晶，也是最大公约数。通过培育和弘扬社会主义核心价值观，激发满满的正能量，可以在更大范围内凝聚社会共识，形成强大的社会合力。

“有事多商量、有事好商量、有事会商量，通过协商凝聚共识、凝聚智慧、凝聚力量。”协商民主之所以赢得广大人民群众的欢迎，就在于通过平等对话，让大家有机会公开公平地表达自己的利益诉求，在海纳百川的人文环境下取得共识。要用好协商民主这个形式，善于和大家商量着办事，既不居高临下、盛气凌人，也不噤若寒蝉、马首是瞻，广纳群言、广集民智，就大家关心的事情进行广泛协商，在多元表达、求同存异中包容理解。

“以法治凝聚共识、规范发展、化解矛盾、保障和谐，为实现中华民族伟大复兴凝聚人心、汇聚力量。”“法不阿贵，绳不绕曲”，法律面前人人平等。国家的法律规定和社会的法治精神，是人们形成共识的起点和条件。如同遵守“红灯停、绿灯行”的交通规则，一定社会的人们对某事形成共识的过程，是以法律的硬性框架作为约束和参照，在个人道德与社会利益的冲突中合理兼顾，使个人与社会和谐存在、协调发展。

“凝聚社会共识，坚持问政于民、问需于民、问计于民、问策于民”。人民是国家的主人，得民心者得天下。扩大公民有序参与，充分表达不同意愿，有利于保障实行人民当家作主的权利，进一步凝聚全社会的共识。“顺应民心、尊重民意、关注民情、致力民生”，坚持以人民为中心，始终把人民群众放在心中最高的位置，拜人民群众为师，把政治智慧的增长、治国理政本领的增强，深深扎根于人民的创造性实践之中，这是凝聚共识和力量的根本途径。

涓流汇海，聚沙成塔；接棒前行，续写春秋。凝聚人心，把党的主张转化为社会各界的共识，既是当务之急，亦属致远之要。万根线、能拉船，众人拾柴火焰高，在全体中华儿女的共同助推下，民族复兴的巨轮，将劈波斩浪，驶向远方！

（原载于《人民政协报》2019年1月12日）

沉重的人性考量

——我读《重新生活》

恩格斯有一句名言："人的一半是天使，一半是野兽。"人性中善良的光辉与丑恶的卑劣，总会不时表现在人们的生活中。著名作家张平先生的《重新生活》，正是这样一部揭示人性的反腐力作。

"有一百个读者就有一百个哈姆雷特"。只要我们不是"生活"的旁观者，而是置身于真实的"生活"之中，就会从小说里那一个个栩栩如生的人物身上，发觉"腐败对人与社会的戕害和毁伤"。现实生活中人性的变态、人性的扭曲、人性的修为、人性的考验、人性的升华……在这里接受一场检阅。

文学即人学。小说没有直接描写腐败的过程与细节，也没有更多地着墨于被纪委带走的市委书记魏宏刚身上，而是从教育、医疗、住房三大民生领域入手，着力展现与腐败相关联的周围人群众生相。有写意的"白描"，也有细致的"微雕"，作者把社会背景下的复杂人性刻画得淋漓尽致。

我们不妨走进作品还原生活。如同许多落马官员在忏悔时总喜欢说的一句话："我是农民的儿子，从田野中走来……"魏宏刚出身贫寒，父亲是地地道道的农民，身患重病也不愿拖累全家；母亲一生节俭，即使后来儿子身居要职，也甘居老家旧屋，给她两千块钱竟发愁不知该往哪儿放。由于姐姐魏红枝的自我牺牲，撑起生活半边天，才使魏宏刚很不容易地读完大学，一步步地走向了权力的舞台，于是演绎出后来小说中人性善恶的故事。

魏宏刚是怎样被“围猎”，从权力高处跌入幽幽的万丈深渊？作者从多个视角娓娓道来，独具匠心，跌宕起伏，一层又一层揭露人性莫测的本相。

延中的校长、班主任、老师等，为了公事私事、七姑八姨的事，“迂回包围”，卑躬屈膝，千方百计接近魏书记。让成绩很弱的外甥女绵绵转学、读重点班、当学生干部；请魏红枝夫妇吃高档宴席，让上座，连湿毛巾密封包都要帮你扯开；一些人什么话都敢说、什么礼都敢送，直让你哭笑不得。医院王副院长被误会受贿50万元，通过魏红枝给市委书记的弟弟打声招呼，再由书记的一句话，让他化险为夷，为表示谢意，送来一纸箱50万元重礼，使魏红枝感觉到一个书记的权力如此大得吓人。儿子丁丁要在学校外面租房，房地产商刘经理立马安排厨卫俱全的两室一厅，每月只收房租300元，并送来了用不完的5000元消费卡。

在恐惧权力、膜拜权力、向往权力、服从权力的旋涡中，腐败因子渗透到人们的文化骨髓，咬啮着人们的道德灵魂。“不管大权小权，一旦拥有，几乎人人都在行贿，人人都在受贿。”如果人性难以从肮脏的污泥中自拔，便会与污泥一起化为滋生腐败的土壤，埋下纵容腐败的陷阱，就等着谁来跳进去。

平日里看见的都是鲜花和彩旗、听到的都是谄媚与掌声，前呼后拥、自我膨胀的魏宏刚，在“这也行那也行，这有本事那有本事”的恭维中，被姹紫嫣红、莺歌燕舞蒙蔽了双眼，于是飘飘然、昏昏然、醺醺然，发现不了人性荒谬虚伪的那一面。

姐夫武祥给魏宏刚讲乡村的真实情况，即被厉声打断：我们确实问题很多，有些地方的问题也确实严重，但我们的成绩是主要的，不是宣传出来的。姐姐魏红枝不止一次忠告弟弟：“好好干，别忘本，心里真要装着老百姓”，不能人前威风凛凛，人后被骂得狗屎不如；她也曾苦口婆心地规劝弟媳马艾华，要把大门锁牢，将来万一真的出了事，毁的就是一大家子，咱本本分分、清清白白的，不是咱的，千万不能拿。然而，魏宏刚已经当官当得没天理、没人性了。姐姐的逆耳忠言，他一句也没听进去，只觉得烦，每次都是不欢而散，不知不觉容忍妻子的所作所为，深陷泥淖而不知忧惧，家庭成为约束监管的空白点。最终，贫困没有把魏宏刚撩倒，权力却把他变成贪得无厌、奢华无度的恶魔。

一旦东窗事发，有人很快撇清关系，留下的是亲人“冰火两重天”的生活。魏宏刚因腐败被带走，周围的亲情友情，“就好像一夜之间，完全变成了另一个世界”，在人们不禁洒下一把同情泪的叹息声中，也不由读懂人性如何在生活中遭侵蚀、在生活中被蜕变。

踏实过好自家普通生活的魏红枝夫妇，一生朴实慈祥的老母亲，还有单纯无瑕的绵绵、丁丁，实诚本分的司机刘本和等，他们在心灵的深处蕴藏着人性的淳朴与善良，但随着魏宏刚的出事，无辜者一个个成为“疑罪人”。姐姐的家庭顿时冷落，听到电话铃声都会惊吓一跳，“能给他们带来任何一丝安慰和希望的访客几乎绝迹”。那种生活的落差，使他们茫然不知人性为何。

绵绵的班主任出现了。以前她也经常来家，总是哈着腰，圪蹴在沙发边上，要给绵绵这干部那荣誉，推也推不掉，这次她“大模大样地横躺着似的靠在沙发中间”，要求绵绵写辞职书。延中领导约谈魏红枝夫妇，一晾就是一个时辰，教导处赵副主任奉命出场，以居高临下、咄咄逼人的神气，传达了绵绵当初转学是迫于她舅舅压力的学校意见，令魏红枝拍案而起，发出了“腐败亲属”的呐喊：魏宏刚“就是让你们这些人拉下水的”。房地产商看到唯一的靠山魏书记落马了，模样判若两人，表情严肃地对丁丁下逐客令，并提走丁丁卡上的钱，诱逼他到拆迁工地充当打手，把他“当枪使，当猴耍，做挡箭牌、防弹衣！”

人性的突然变化，用绵绵的话说，“自从舅舅出了事，没有一张脸是不变的”；绵绵妈妈发出感叹，在位时“拍马屁一个比一个拍得响，出了事一个比一个翻脸翻得快”。连医院院长也说看不惯那些势利小人，“有用的时候是一副嘴脸，没用了立刻就换成另外一副脸。”

“一如主仆易位，一切全变了”，人性无序变化的平庸劣根，化成一幅幅无情的生活景况。当初的魏宏刚，怎样也预料不到，他的腐败咋会形成如此“殃及池鱼”的惨局？这也许是小说要告诉人们的一个事理：观世态之炎凉，你还想腐吗？但，腐败的孽障还没完！

私欲是留在人们思想深处的野兽尾巴。当普通民众享受权利希望渺茫且无法改变自己的地位时，或者会通过一个偶然的机会去损害他人。腐败可谓“人人怨恨，人人自保；人人憎恶，人人向往”，它以直接或间接的形式，“不仅会伤害到广大群众，也同样会伤害到他的亲人和子女”。当权力无所制约，人性就会加速向腐败异化，甚至把社会魔幻成相互危害的世界，“腐败通吃通杀，在腐败的魔爪之下，人人无可幸免”。

救死扶伤的医院变成了摇钱树，过度的检查治疗让人“躺着中枪”，丁丁到医院检查伤情，一摞检查单的费用就是一万六千多元，还没算上特诊费；书记当年树立的典型私立学校乱象丛生而且学费高得离谱，“要高考，先发疯”“提高一分，干掉千人”的励志标语，绞榨着孩子们的天性，直接伤及了绵绵；备受书记关照又把书记拉下水的房地产商，一手操纵强拆事件，不仅损害了千百个像丁丁的同学陈玉红那样的家庭，还险些让丁丁送出了性命。这，都应了那句老话：种下的恶果自己品尝。

腐败是社会之痛、公众之恨！腐败病症发作在具有腐败能力的人身上，也潜伏在另一些人的心灵角落和生活交往之中。底下嗡嗡叫的苍蝇与上面张牙舞爪的老虎遥相呼应，“有的苍蝇还变成了毒蝎”。小说立意揭开这层人性的伤疤。

市委书记魏宏刚听不到村头老太太冬天重病卧炕痛苦叫唤的悲惨故事，只会对着镜头动情地一遍遍地摸着躺在病床上毫无知觉的老领导的手；每年春节给外甥女一千、两千的银行卡，绵绵问卡是从哪来的，他总会哄着绵绵说是正常的人情往来。舅舅出事后，绵绵放声痛哭：“舅舅为什么要骗绵绵，为什么要骗我？”这怎能不让人听得心疼？

生活中戴着面具的人又何止是魏宏刚们。班主任“好心”帮忙绵绵转入武家寨中学，私下里却要收三万块回扣。医院保安凶狠地臭骂蹲在地上吃包子的魏红枝一家：“真他妈的没素质没教养”，而在院长面前，他殷勤地端菜端水，表现得慈眉善目，并不像恶人。村主任一面疯狂地反对拆迁，另一面又阴毒地助力拆迁，就看于己是否有利可图。即便是小小年纪心地善良的陈玉红，与丁丁分别时也实情相告，当初因老师的授意给丁丁递条子送答案，只不过是为了给自己增加奖学金，其实“我也不是什么好人”。

各种人性的亮相、碰撞与交锋，凸显了腐败的无孔不入，也折射出人的“两面性”。然而与之同时，“心灵的成熟过程，是持续不断的自我发现、自我探寻的过程”。良知展示出人性的光辉，让生命大放光彩；腐败悲剧的落幕，让人们保留在人性中的善德不断觉醒、觉悟。

魏红枝夫妇抵制住了物质的诱惑，经受住了组织的严格调查，万幸地免除了生活的灾难，他们相互宽慰，期待以后过上平静的日子；司机刘本和跟着书记多年，明白是非，最痛恨贪婪的马艾华把丈夫拖下了水，一直牵挂着孤苦游荡的丁丁；还有陈玉红同学，她同情生活，拼力护卫丁丁，关键时刻鼓励丁丁“将来不管做什么，一定要做好人，即使做不了好人，也绝不能做坏人”，触动并唤醒了丁丁内心深处的本性与天良。

甚至可以这样推测，魏宏刚临出事前专门回老家一趟，在父亲的遗像前烧香磕头，把为老娘、绵绵、堂姐预存的银行卡和为姐姐购置的房产证藏在香炉灰中，也该是一种良心的发现、一种亏欠的报答、一种人性的补缺。只不过这种补救的方式错得离谱，险些把姐姐全家给害了。

有人说过，人性具有堕落的倾向，人性也有升华的本能。思想家的目的，就是要给人一根线，线的这头牵着人性的堕落，线的那头牵着人性的升华。在《重新生活》中，作者不是把反腐作为景观化的事件平铺直叙，而是以思想家的犀利目光和深刻洞察，郑重地告诉人们：腐败关乎每一个人，反腐功德无量，拒腐人人有责。

一部《重新生活》、一群鲜活人物、一串生动故事，透视出各种人性的变化。由沉重的人性考量，到人性的自我审视、自我批判、自我拷问：假如社会把生活中的你、我、他，安排在小说中书记市长、或校长院长、或老板大亨、或平民百姓的不同位置，我们的良知将会安放在哪里？将会扮演怎样一个角色？这还真的不好说。

由此推断，不敢腐、不能腐、不想腐，那还真不是一朝一夕一蹴而就的事情。全民反腐，铲除邪恶乾坤朗，从地平线上升起的理想，看起来美好，听起来伟大，真正要实施起来，却还有很长很远的道路要走，而且一路荆棘，会走得很艰难很辛苦。当然，我们也都抱有小说作者的乐观态度：归途漫漫，但充满希望；清气扑面，必定万紫千红。

凤凰涅槃，浴火重生，人性在烈焰的冶炼中日益升华，良心在苦难的磨炼中因而铸就。说到底，抵制腐败，法律制度的约束至关重要，个人的自我修为也不可或缺。面对人生现实，原本，我们都需要“重新生活”。

（原载于《群言》2019 年第 1 期）

在双向发力中提升政协工作质量

全国政协主席汪洋强调，要在建言资政和凝聚共识上双向发力，努力提升政协的工作质量。双向发力，是新时代人民政协理论的创新与发展，符合现实又与历史一脉相承，为我们今后更好地履职指明了工作方向，提出了新的更高要求。

跳出历史上“其兴也勃焉，其亡也忽焉”的周期率，有延安时期的“窑洞之问”。一个国家政权的根基，离不开千千万万“好参谋、好帮手、好同事”的同心建言资政，同向凝聚共识。这，是新时代人民政协双向发力的应有之义。

“真理不在乎是不是清一色。”双向发力体现了中国人的文化智慧。“泰山不让土壤，故能成其大；河海不择细流，故能就其深。”兼容并蓄、求同存异，通过鼓励支持各个方面敞开胸怀建言资政，才能成就伟业。毛泽东当年曾经说，一个党同一个人一样，耳边很需要听到不同的声音。邓小平历览古今多少事，在拉开改革开放大幕时向全党发出警示：“一个革命政党，就怕听不到人民的声音，最可怕的是鸦雀无声。”

犹如对于一棵古松的不同态度，木材商、植物学家、画家各有看法，实用的、科学的、美感的，见仁见智，不仅折射出苍松的美感，而且反映了人性的光辉。万千世界绿叶红花的多样性，在建言资政中必然出现碰撞，不同的观点在交流交融交锋中升华，真知灼见由是形成。故而周恩来曾指出：“我们是政协机关，可以同时提出各种不同的意见，争论的结果，不一定得出一致的结论。”人民政协是中国共产党领导的多党合作和政治协商的大舞台，协商式的和谐争论终会求同存异、聚同化异，从而找到最大公约数，画出最大同心圆。

双向发力也是中国人的实践结晶，它揭示的是一个简单而又深邃的道理：家和万事兴。建言资政好比共奏交响乐，需要七声音阶、多种乐器，更要有主旋律、总基调，如果你吹你的号，我唱我的调，七嘴八舌，五音不全，就会导致“大跑调”。因此，增进一致而不强求一律、包容多样而不丧失主导，在双向发力中显得尤其重要。只有同心同德，一心一意，凝心聚力，汇集各方智慧和力量，才能形成磅礴的气势、雄壮的气派。

在双向发力中提升政协工作质量，必须强化中国共产党同各民主党派和无党派人士的团结合作，而这种披肝沥胆、目标一致的团结合作，建立在中国特色社会主义共同思想政治基础之上。习近平总书记指出：“中国特色社会主义事业越是向前推进，越需要凝聚最广泛的力量。”今天，在应对防范重大风险挑战，聚焦全面建成小康社会的关键时刻，把握正确的政治方向，汇聚民智，吸纳各方面有价值的意见，广泛凝聚共识，诚然也就成为衡量人民政协各项工作质量的圭臬。

在双向发力中提升政协工作质量，必须建立和完善对建言资政实行科学化管理的有效机制，使之进一步规范化、程序化，而不是表面化、形式化。人民政协工作不轻松、不容易，也不简单。双向发力是求同存异的生动实践，提高质量是双向发力的精彩体现，充分发扬民主，广泛团结力量，两者相互贯通、相得益彰。建言资政与凝聚共识双向发力所产生的工作质量与能量，更好地彰显人民政协的时代价值。

在双向发力中提升政协工作质量，必须大力加强委员的履职能力建设，促进委员不断提高政治素养和专业素养。事业是由那些不畏艰辛、肯于攀登的人干出来的。委员是人民政协工作的主体，委员自觉“讲纪律、守规矩、重品行”，真正“懂政协、会协商、善议政”，锤炼真功夫，不搞花架子，依靠铆劲实干，深入调查研究，始终与人民群众心连心，双向发力才能落到实处，人民政协工作的质量才会在创新中不断得到提升。

“人心是最大的政治，共识是奋进的动力。”在差异中、协商中寻求共识，实现一致性和多样性的统一，在双向发力中推动政协各项工作的发展，不断提升政协各项工作的质量，已经成为广大政协委员的共同心声、共同愿望。在双向发力的奋斗中，人民政协定会大有可为。

（原载于《人民政协报》2019 年 3 月 13 日）

树立三个"崇尚"的政协"家风"

在2019年全国政协新年茶话会上，习近平总书记提出了"崇尚学习、加强学习，崇尚创新、勇于创新，崇尚团结、增进团结"的新要求。在全国政协十三届二次会议闭幕会上，汪洋主席对三个"崇尚"的丰富内涵和精神实质进行了科学阐述。学习、创新、团结是一个系统的整体，符合现实又与历史一脉相承，既是对人民政协优良传统的继承和弘扬，又是新时代人民政协工作的坐标和方向。

人民政协今年将迎来70周年华诞，全国各级政协组织已经俨然成为一个大家庭。家庭有家庭的风貌，需要培育形成一种向上向善的精神力量，沾濡滋润、浸染熏陶着每一个成员的思想行为，让大家在一种文明和谐的文化道德氛围中更好地凝聚智慧和力量。"家风好，就能家道兴盛、和顺美满；家风差，难免殃及子孙、贻害社会"。就这个意义而言，三个"崇尚"堪当人民政协大家庭一以贯之、不断传承的优良"家风"。

"清白家风不染尘，冰霜气骨玉精神。"如果说，家庭是人们心灵的归宿，家风便是家庭精神灵魂所形成的一种强大的感染力量。一个缺乏内在"精气神"的家庭，"皮骨筋肉"无所依附，则很容易分崩离析。人民政协正是有了三个"崇尚"的精神灵魂，德润人心，相沿成俗，才有了她生生不息的文化命脉、不可或缺的自我规范、坚韧牢固的心灵支撑，于是也就赋予了她强大的政治生命力。

"破千浪勇立潮头，排万难而达星辰。"70年前，在新政协筹备会议第一次全体会议上，毛泽东激情奔放，满怀自信，以诗一般的语言向世人庄严宣示："中国人民将会看见，中国人民的命运一经掌握在人民自己的手里，中国就将如太阳升起在东方那样，以自己的辉煌的光焰普照大地。"但要在当时满目疮痍、百废待举的中国大地上，迅速治愈长期战争的创伤，荡涤反动政府留下来的污泥浊水，建立起一个崭新的、强盛的、名副其实的人民共和国，谈何容易！"而今迈步从头越"，铿锵的宣言要化为理想的宏图、变成坚实的行动，在学习、创新、团结的奋进中，三个"崇尚"如春风化雨，成为人民政协集体认同的价值追求。

"不学礼无以立"，人民政协第一届全体会议期间，各界代表深谙"学习是进步的阶梯"这一道理，相互学鉴、彼此尊重，取长补短、建章立制，代行中国的立法机构职能，制定通过了具有临时宪法性质的《共同纲领》和两部《组织法》；"苟日新，日日新，又日新"，新政协干的是前无古人的崭新事业，各界人士走到一起，有事大家好商量，引导着一股股民主新风，展现了一幅幅共和新貌，在探索创新中生发出协商议政新气象，从而确立了新型政党制度这一伟大的政治创造；"同则相亲，异则相敬"，人民政协坚持的大团结大联合，是建立在求同存异、聚同化异之上的广泛团结，国号、国歌、国旗等成功协商，为新中国成立拉开帷幕，同时塑造了和衷共济、兼容并蓄、寻求"最大公约数"的光辉典范。

70年风雨砥砺，70年薪火相传，把学习、创新、团结淬炼成新时代人民政协朴实坚贞的优良品格，升华为三个"崇尚"的和煦"家风"，意味深长，意义久远。回看走过的路，经历了风雨如磐的同舟共济、筚路蓝缕的荣辱与共，中华儿女从内心深处认可中国共产党领导的多党合作和政治协商制度，增进对中国特色社会主义的政治认同、思想认同、理论认同、情感认同。远眺前行的路，学习古今决不僵化、革故鼎新永无止境、团结同心毫不退却，在大势面前，以辩证唯物史观深刻理解三个"崇尚"的逻辑联系，消除任何犹豫、懈怠、畏难情绪，不忘合作初心，继续携手前行，朝着一致的目标，改革不停步、开拓再奋进，必将迎来人民政协新的春天。

"昨天的成功并不代表着今后能够永远成功，过去的辉煌并不意味着未来可以永远辉煌。”我们如今正处在一个纵横捭阖、波澜壮阔的伟大时代，中国已经走到了一个历史紧要关头，抵达了新的历史方位，神州前景让人在无比神往的同时又产生惆怅。一方面，中国从来没有如此接近世界舞台中心、接近民族复兴梦想，重要战略机遇期扑面而来、稍纵即逝；另一方面，形势环境变化之快、改革发展稳定任务之重、矛盾风险挑战之多都前所未有。这，构成了当前时代风云变幻、危中有机的特质。

邓小平有句名言："我们要赶上时代，这是改革要达到的目的。”人民政协要紧跟时代进步潮流，担负起新的历史使命，须臾离不开大力弘扬三个“崇尚”的兴业“家风”。加强学习，将历史和现实相贯通、国际和国内相关联、理论和实际相结合；勇于创新，努力使专门协商机构“专”出特色、“专”出质量、“专”出水平；增进团结，在解决人心向背和力量对比上下功夫，努力画出“最大同心圆”。学习、创新、团结，三者相辅相成、互为基础、缺一不可。唯有如此，方能在各种严峻的风险挑战面前，以强烈的忧患意识和责任意识，“对青天而惧，闻雷霆不惊；履平地而恐，涉风波不疑”，继往开来，阔步向前。

“志行万里者，不中道而辍足。”承载着无数先辈的希望与嘱托，沐浴着人民政协三个“崇尚”的优良“家风”，坚守着伟大复兴中国梦的理想追求，新时代的政协委员将以新时代的英姿，朝着共同奋斗目标，在中国共产党的领导下，尽职尽责、用心用力，发挥好人民政协独特、独有、独到的优势，在建言资政和凝聚共识的双向发力中，续写新时代中华民族伟大复兴的不朽华章，坚定豪迈地走向更加灿烂辉煌的明天！

（原载于《人民政协报》2019 年 4 月 11 日）

书写三个“更有”的大格局人生

在纪念五四运动100周年大会上，习近平总书记殷切期望青年朋友“追求更有高度、更有境界、更有品位的人生”。三个“更有”，语重心长，蕴含着人生大格局的深刻哲理，发人深省。

做人不能没有人格，“人格要正，有人格，才有吸引力”。人生犹如一盘棋，人格在人生中的布局，可谓做人的“格局”。我们敬仰的那些“大写的人”所表现出来的顶天立地、光明磊落的伟岸形象，展示的就是一种堂堂正正的做人大格局。

“更有高度”，就会视野开阔，目光远大。一个人的眼界有多高，思想就有多深，在人生道路上就能走多远。成功的人总是目光远大，“会当凌绝顶，一览众山小”，朝着自己的人生理想和奋斗目标攀登，绝不仅仅盯着眼前的困境或蝇头小利而碌碌无为。他们“腹中虽也怀些不合时宜，却一味浑含，永不发露”，但当沧海横流时，方显出英雄本色。

“更有境界”，就会信念坚定，虚怀若谷。一个人的思想觉悟水平和精神修养能力，通常表现在气魄风度、胸襟志趣等具体行为。这种人拥有自信而不事张扬，坚定执着而淡泊名利。他们如风来疏竹、雁渡寒潭，能够忍辱负重；他们如海纳百川、壁立千仞，无不泰然从容。“待到山花烂漫时，她在丛中笑”，正好是这种境界的生动写照。

“更有品位”，就会品德高尚，止于至善。具有大格局的人们，始终追求明大德、守公德、严私德，向往着文明道德生活，举止儒雅，脱离低级趣味，远离是非场所。这种人具有一种由自然的亲和力和感染力所产生的“磁性”，“只是因为在人群中多看了你一眼，再也没能忘掉你容颜”，尽让他人从其言行中久久品味着做人的格局品位。

古往今来，大凡能够成就人生大格局的英雄豪杰，无不具备做人的信仰高度、思想境界和素养品位。李白气宇轩昂，高唱“仰天大笑出门去，我辈岂是蓬蒿人”；苏轼壮志豪迈，放眼“大江东去浪淘尽，千古风流人物”；岳飞精忠报国，抒怀“八千里路云和月，三十功名尘与土”；文天祥舍生取义，挥写“人生自古谁无死，留取丹心照汗青”；等等。他们对国家和民族的情怀，就像“南国盛开着的木棉花一样鲜明、美丽”。他们用心血凝练成灵魂的玉脂蜡膏，燃烧成熊熊火焰，千百年来一直照亮着后人，催生出一个中华新世界。

国家的梦，民族的梦，也是每个中国人的梦。圆梦是件幸福的事情，而幸福都是奋斗出来的。实现自身价值，绝不仅仅是发挥自身能力，还需要勇敢地去面对现实，增强自己的毅力，锚住人生的定力，把小我融入大我，让每一缕阳光都灿烂闪耀。就像鸟儿在森林里歌唱、雄鹰在蓝天中翱翔，我们大家都需要在本职岗位上放大抱负、放飞理想，使自己“更有高度、更有境界、更有品位”，书写出浓墨重彩的人生大格局。

多读一些好书。好书润物无声，味久愈深，能使人们从中汲取文化滋养、感受道德风范、树立鸿鹄之志。“读一本好书，就如同和一个高尚的人在一起”静静地开展内心交流，在川流不息的潜移默化中提高认知、充实思想，扩大做人的格局、丰富做人的内涵，让人明白事理、获得真理，在人生的道路上走得更稳更远。

处世尽可简单。大道至简，这是做人的大智慧、大格局。不仅在生活上要注重简朴，而且在处理事情时要擦亮眼睛，不能过于功利性和复杂化，自觉抵制拜金主义、享乐主义、极端个人主义等思想。不玩弄“小九九”，不计较鸡毛蒜皮，不加入无谓纷争。须知道，一些缺少大格局的“聪明人”，也许可以成就一时，但终究成不了大气候。

坚守诚实厚道。“人而无信，不知其可”。忠诚老实、言而有信，是修身处事的基本准则，也是人生的根本途径；厚德载物、宽以待人，内化于心是为善良，外化于行则成教养。人无信不立，没有诚信，人就会成为无源之水、无本之木，尤其处于人生的岔路口和紧要处，诚实厚道显得尤其重要，因为它会给人们带来生活幸福和事业丰收。

无愧天地良心。孟子曰：“仰不愧于天，俯不怍于人”。何为天地良心？张载释之“为天地立心，为生民立命”。无愧天地良心，才会扫除心中恶魔、远离低级趣味、抵制歪风邪气，才会“心存敬畏，行有所止”，敬畏天下百姓，敬畏天条法律。于是，人生的境界和格局在“求得真我”中不断提升。

遇事宠辱不惊。人生如茶，有苦涩也有甘甜；人生无常，有失意也有得意。“不以物喜，不以己悲”，体验一下“看庭前花开花落，望天上云卷云舒”的意境，心胸就会变得无比宽阔。昔日韩信忍“胯下之辱”，项羽哭“霸王别姬”，一串串的历史事件给予人们一个启示：得之不喜、失之不忧，褒之不傲、贬之不颓，胜之不骄、败之不馁，因为福祸总是两相倚。明白此理，做人方始有大的格局、大的成就。

保持心境愉悦。生活虽然五味杂陈，但乐观者说：活着就是愉快的事情。不一样的心态，也会有不一样的人生。要善于做情绪的主人，管理好自己的性情，打理好自己的心情，任何时候都不要为坏情绪买单。“不迁怒，不贰过”，能够控制自己的脾气，人生就会得到存在的自由空间。所以，每当开启新一天，都别忘记那句话：不发脾气的人最好看。

“志不求易者成，事不避难者进”，牢记习近平总书记“更有高度、更有境界、更有品位”的殷殷嘱托，放大格局，奋力追求，我们的人生定会绽放出更加夺目的光彩，清风正气、蓬勃朝气必将遍布神州大地。

（原载于《人民政协报》2019 年 5 月 30 日）

推进协商民主向基层延伸

作为专门协商机构的人民政协组织，做好基层协商民主的工作，不仅可以彰显自身在国家治理体系中的分量与价值，而且在实践中具有十分突出的优势。

一个时代有一个时代的主题，一代人有一代人的责任担当，中国特色社会主义正豪迈进入一个波澜壮阔的新时代，人民政协要有新方位新使命。对此，习近平总书记提出了明确要求，推动人民政协这一具有中国特色的制度安排更加成熟更加定型，发挥好专门协商机构的作用。

制度安排“更加成熟更加定型”，就是各级政协组织要坚持中国特色的社会主义民主政治，把实现人民最广泛、最有效的政治参与作为最大追求；发挥好“专门协商机构”作用，就是要“专”出特色、“专”出质量、“专”出水平、“专”出气派的品质和样子。贯彻落实习近平总书记对人民政协工作的重要指示，在双向发力上做文章，在提质增效上下功夫，离不开强基固本、筑牢根基，在当前，助力推进协商民主向基层延伸显得尤其至关紧要。

“知屋漏者在宇下，知政失者在草野”。一方面，基层群众对国家方针政策的感受最直接、最敏锐，对身边发生的一些问题的理解也最真切、最实在；另一方面，涉及人民群众利益的大量决策和工作，许多主要发生在基层。“要按照协商于民、协商为民的要求，大力发展基层协商民主，重点在基层群众中开展协商”，进一步拓展协商民主的深度和广度，把“触角”延伸到基层群众最为关切的问题，让协商民主“飞入寻常百姓家”，关乎社会进步稳定的大局。作为专门协商机构的人民政协组织，做好基层协商民主的工作，不仅可以彰显自身在国家治理体系中的分量与价值，而且在实践中具有十分突出的优势。

“源浚者流长，根深者叶茂”。各级地方和基层政协组织“上连天际”“下接地气”，在深入推进基层协商民主的进程中，处于一个不可或缺的特殊位置，能够发挥不可替代的重要作用。推进协商民主向基层延伸，首要任务是要解决好政协组织“头重脚轻、上粗下细”的问题，拓展人民政协工作空间、健全工作网络，推进地方政协工作向基层下沉，以此密切政协组织与基层委员之间的联系，给委员在基层安个脚踏实地的“家”，永葆人民政协的生机与活力。为此，谈几点个人的认识。

建立符合地方实际的协商制度体系。从黄河长江到深深峡谷，从崇山峻岭到茫茫戈壁，民族宗教地区、边远贫困山区、城市街道社区，等等，每个地方各有不同的风土人情，也有不尽一致的利益诉求。故此，推进协商民主向基层延伸，应该因地制宜、因地施策，结合本地实际情况，有针对性地建立完善顺民心、合民意的协商制度，确保协商工作有章可循、有据可依，从而提升人民政协协商民主制度化、规范化、程序化水平。

提高基层协商的参与度。进一步拓宽人民政协各参加单位对基层知情明政的渠道，做到协商在决策之前和之中，保障协商各方有调查研究和充分酝酿的时间，让协商过程成为凝聚共识、发扬民主的过程。同时，增加政协委员中基层代表人士的比例，基层政协组织至少保证每个乡镇（街道）有一定数量的政协委员，并根据工作需要，吸纳部分村（居）委会的干部、党员、教师等担任所在辖区政协工作联络员，参与到基层协商民主之中，以更好地协调关系、汇聚力量、建言献策、服务大局。

释放基层政协委员的正能量。积极开展委员活动日、委员接待日、界别视察等活动，加强政协委员与所联系界别群众的联系，让人民群众深切感受政协离他们很近。将释疑解惑工作落到实处，通过政协委员解除所联系界别群众的思想症结，引导大家心往一处想、劲往一处使，最大限度地凝聚人心、汇集力量。完善组织管理体系，布置委员履职“作业”，增强委员的责任感和使命感，为委员深入基层群众、了解真实情况、掌握第一手资料，更好地参与基层协商搭建平台、创造条件。

增强协商民主的广泛包容性。协商过程本身就是一个兼容并蓄的过程，要保持“眼睛向下”的情怀，兼顾好各方利益，倾听各方面呼声。只有坚持一致性和多样性、原则性和灵活性相统一，才能营建和而不同、聚同化异、协商共治的政治文化，包容的半径越长，画出的同心圆也就越大。

创新协商工作的方式方法。协商民主顶层设计，基层推动，正在成为我国一种新的社会政治生活方式。“竹外桃花三两枝，春江水暖鸭先知”。面对基层协商出现的新情况、新问题，不少地方政协和基层委员在“一线”扎实开展工作创新，探索出不少好的做法，如“工作室”联系方法、“理事会”参与模式、“恳谈会”调解形式等。对于形成的好经验、好做法，应该及时总结提炼、跟踪完善，并在试点实验的基础上适时推广，使人民政协制度在发展中创新、在创新中发展，面向未来更加成熟、更加定型。

增强基层政协委员协商的才干与本领。懂政协、会协商、善议政，关键是要充分尊重人民的主体地位和首创精神，拜群众为师，深深扎根于人民群众的创造性实践之中，增长政治智慧，增强治国理政本领。只有把心贴得近、把问题看得透、把建议提得准，方能通过协商活动不断增进参政履职的才干，打造建言精品，交出让人民群众满意的新时代答卷。

推进协商民主向基层延伸，事关民族复兴之伟业，前景光明，困难不少，人民政协责无旁贷。迎着风雨去战斗，越是艰险越向前，这是人民政协成立70年来孕育的一种坚韧品格。面对困难和挑战，“我们不管身处何处，我们要看着太平洋的海啸，要盯着大西洋的风暴，理解上甘岭的艰难。要跟着奔腾的万里长江水，一同去远方、去战场、去胜利。”因为，我们又在开始一场新的长征。

（原载于《人民政协报》2019 年 5 月 23 日）

民生是重大的政治问题

贾庆林主席在今年的《政协常委会工作报告》中指出："民生问题不仅是重要的经济问题、社会问题，也是重大的政治问题。"把民生摆到了一个非常重要的位置。《报告》还提出，要顺应人民新期待，始终情牵人民，心系群众，全面反映民思、民盼、民忧，要围绕民生察实情、讲实话、出实招。在深刻理解民生意义的基础上，我们应该自觉树立社会的良知，担当民生的责任。

在"十一五"期间，各级政府关注民生、贴近民心、顺应民意，促进民生改善，将建立和加强社会保障体系提到议事日程，如免除农业税、实行种粮补贴、免除九年义务教育学杂费、提高"新农合"补助标准、实施城乡居民最低生活补助，等等，受到广大人民群众尤其是底层百姓的欢迎。人民心中有杆秤，党和政府在工作中想着人民，人民也会打心眼里拥戴党和政府。

未来的五年乃至十年，中国所面临的发展机遇与严峻挑战，决定着各级政府的一切工作重点要"以人为本"，将民生放到更加突出的位置，让人民生活得更加幸福、更有尊严。为此建议：

第一，将人民幸福指数与经济发展指标统一起来。让人民在新的历史时期，感受到社会公平正义、生活愉悦体面，由衷地唱出新版本的"解放区的天是明朗的天，解放区的人民好喜欢，人民政府爱人民呀，共产党的恩情说不完"的心声。

第二，将民生工程考核与干部政绩考核统一起来。如把土地集约利用、生态环境保护、抑制房价过快上涨等方面内容，都一一纳入干部政绩考核体系之中，促使各级领导干部为保障民生殚精竭虑，更加努力地妥善处理好各种民生问题。

第三，将做大经济蛋糕与切好民生蛋糕统一起来。如群众长期反映强烈的"看病难、看病贵"，症结在于医疗资源的分配不公，广大农村地区医疗设施差、技术水平低，因此只好舍近求远、舍廉求贵，拥挤到城市各大医院，这就必须从根本上解决城乡医疗公平问题。教育问题也是如此。

"民生是重大的政治问题"，那是多有分量的语言，可谓力重千钧、掷地有声！我们大家都应该准确地把握，领会其精神实质，并在实践中认真加以贯彻落实。

（2011年3月在全国政协十一届四次会议小组讨论会上的发言）

别让公款消费酿成悲剧

这些年来，随着行政权力的过分集中，政府的腰包越来越鼓，公款消费也愈演愈烈。一些部门和单位，只要拥有公共权力，便有用之不竭的公共财富，便有享受不尽的“荣华富贵”，便有源源不断的“体制内”隐性福利，便可以随心所欲地请客送礼、购物补贴、按摩洗浴、观光游览、打球美容，等等。“踏遍天涯不缺钱，吃喝玩乐全报销”，一些见怪不怪的公款消费现象，已经到了让老百姓不能容忍的地步。

“公款消费知多少”，至今谁也说不清，举国上下名目繁多的公款消费所造成的巨大浪费，更是一个以千亿为单位计算的天文数字。一些官员挥霍公款如囊中取物，自己单位报不了的找下级单位报，下级单位报不了的截留专项资金冲销，反正是不怕没办法，只怕没想法，打折扣，搞变通，总得变着法儿使用公款任意消费；一些地方“拆东墙、补西墙”，“还老账、欠新账”，形成了一个个不沾公务边际的无底“黑洞”，最后都得用纳税人的钱去买单填补。对此，老百姓以调侃式的口吻叹骂：“败家子呀，别忽悠咋叫‘幸福’，你得先让咱心里‘信服’。”这类话，不知大家听到了吗?

平心而论，党和政府在限制公款消费、制止公款浪费方面，近年来已经做了很大努力。关于规范“三公经费”支出的文件没有少发，会议也没有少开，然而，老是上面“闪电打雷声声急”，下面“闻风听雨步步慢”。比如公车改革喊了多少年，公车的数量岂止未有减少，反而是呈逐年增长的趋势，标准档次也越来越高。公车“失控刹不住”，正演变成为我国当前的一大顽症恶疾，而且还都有一个堂而皇之的共同理由："为了工作方便。"有的贫困县不惜巨款购置豪华车，有的地方或部门领导一人配车两三部，大小局长五六人的科级局的领导们也都得分别配置公家车。面对这些现象，人们心头的那种焦灼感受和纠结情绪，"怎一个愁字了得"？

制约公款消费为什么这样难？原因其实很简单。一是"儿卖爷田心不疼"，公款消费需要钱，即便出让土地也要予以确保，名义上是为公家办事，说穿了是在吃祖宗的饭、花公众的钱、享自己的福；二是"头上没有紧箍咒"，千年的狐狸炼成精，"上有政策，下有对策"，天马行空，我行我素，"国务院遥远"管不着，乐意怎么地就怎么地，奈我若何；三是"左手举刀砍右手"，用权用钱同为一体，限制公款消费就得掐断自身的"脐带"，改革要改掉自家的利益，肥水流到外人田，够狠够痛苦，谁也不愿意。

相互攀比式的公款消费甚至浪费，并非区区小事，不可小视，如果任其一浪高过一浪如洪水般地泛滥下去，最后只怕会吞没人民群众对党和政府的信任，演变为一场现代中国的灾难。这绝不是危言耸听，而是忧患在即，多少"前腐后继"的沉痛教训说明一点：公款消费是滋生蔓延腐败的温床。不坚决纠正不良风气，"就会像一座无形的墙把我们党和人民群众隔开，我们党就会失去根基、失去血脉、失去力量。"习近平同志在担任总书记不久所说的那句铿锵之语，可谓振聋发聩，令人警醒。

我们坚信，中国共产党没有什么办不成的大事。推翻三座大山，喝令五岳开道，"横扫千军如卷席，敢教日月换新天"，这种所向披靡、势不可当的气魄何其了得。中共十八大之后，中央下达"八项规定"，积极采取系列措施，以"踏石留印、抓铁有痕"的决心和勇气，坚持"老虎""苍蝇"一起打，"壮士断腕以全质"，让全党全体人民来监督。整治时间尽管很短，但人民群众立即看到了实实在在的成效和变化。元旦春节期间，全国大多城市的高档酒店和娱乐场所一时冷清了许多，这就是明证。

遏制公款消费，刻不容缓，务求实效，关键在于各级领导干部有没有“铁心肠”、敢不敢“动真格”、能不能“自身硬”。在此提出以下观点。

盯住“一把手”。“其身正，不令而行”，公款消费的签单权往往是单位的“一把手”，“一把手”自身端正，以身作则，率先垂范，下属们谁也不敢怠慢，一定会跟着行动起来；“善禁者，先禁其身而后人”，把公款消费确定为“一把手”工程，“一把手”负总责，自我约束，敢于担当，说到的就要做到，承诺的就要兑现，出了问题无论谁，首先问责“一把手”。不管信不信，在现行体制下，这恐怕是很有效的办法。

晒在“阳光下”。公款是公共的财富，用之于民才是天经地义。要建立严格的公款消费制度，用途是什么、数额是多少、为何要消费、哪些人参与消费等，把明细账目一一公之于众，在阳光下晒出来，杜绝暗箱操作，让大家看得见，肯定立竿见影。这里不妨再重温一遍那段精彩的延安“窑洞对”。毛泽东说：“只有让人民来监督政府，政府才不敢松懈”；黄炎培应之：“只有把每一地方的事，公之于每一地方的人，才能使地地得人，人人得事。”

套牢“紧箍咒”。“规矩绳权衡！”紧箍咒可是“定心真言”，不仅要牢牢地套在官员的头上，还要有人不时地念一念，令其心灵有所触动，行为不敢乱动。“权为民所用，情为民所系，利为民所谋”，严正捍卫党风政风，绝不能成为一种嘴皮上的功夫。“八项规定”正气凛然，直击官场积垢，更是官员行为上的刚性“高压线”，触犯不得。头戴“紧箍咒”，常念“紧箍咒”，筑牢思想防线，将监督落到实处，就会使公款消费的胡作非为有所收敛，不致出现腐败分子屡禁不止的现象。

锁紧“钱柜子”。耳熟能详的“分粥故事”启示我们，掌勺者只有让他人先取，自己领取最后留下的那一份，才会使粥分得更加均匀。同样道理，管理公家“钱柜子”的人，应先将“发展成果更多更公平惠及全体人民”，而不是“近水楼台先得月”，才可体现“权利公平、机会公平、规则公平”。首先是健全机制，将权力关进制度的笼子，公款放进制度的保险箱，让公款真正姓“公”，为公众服务；其次是进一步发挥人大和政协的监督作用，对公款消费的预算、审批、支出等合法性与合理性，进行全过程的法律监督和民主监督，使管钱的人们无法多用乱用一分钱。

打破“潜规则”。一些限制公款消费的规章制度，往往会在实施过程中“发馊变味”，“潜规则”是一颗作怪的“酵母”。“你请我来我请你，吃完你家吃我家”，迎来送往，投桃报李，虽然大家各有苦衷，可是你我心知肚明，反正用的都是公家的钱，挣个人情人脉，何乐而不为。什么项目公关、特产宣传、单位联欢、部门互访、会议礼品、检查接待、工程剪彩，凡此种种，影响极坏。万水朝东，人心所向，我们应该理直气壮地向潜规则说“不”，倒逼着“跑部钱进”理性回归“进钱不跑”，共同打造风清气正的朗朗乾坤。

保护“爆料人”。某国企违规购买囤积高价酒，某县级局一次性采购公车百余辆，无不因为“爆料”而浮出水面。尽管“爆料人”的行为或许基于各式的理由，但他们感觉社会的需求，关注民众对公共生活品质的强烈渴望，利用网络或其他媒体工具，站出来揭露问题，反映情况，对于遏制公款消费，客观上还是产生了一定的威慑作用。所以，应当因势利导，畅通举报、投诉渠道，重视来信来访中的证据事实，鼓励实名举报，惩罚造谣诽谤，保护“爆料人”的正当权益，并以适当的奖励方式，激发广大公众参与对公款消费监督的热情和积极性。

记起一位外国作家很早以前说过的话：“人间有两种悲剧，一种是得不到想要的，另一种是得到了所要的。”据此联想，肆意公款消费的结局也是一出悲剧，它使大多数人失去自己“想要的”，少数人得到自己不应该“所要的”，有失社会的公平正义，最终引致部分人腐化堕落而贪婪疯狂，部分人惝恍迷离而道德沦丧。这种悲剧，我们决不愿意看到在现代社会主义中国上演。

（2013年3月在全国政协十二届一次会议小组讨论会上的发言，
原载于《中国政协》2013年第8期）

共同托起乡村明天的希望

今年全国两会闭幕不久，各地媒体传播着一个美好的故事：在江苏徐州乡村，一户贫寒的农家培养出三个博士生，其中两人就读清华、一人出国深造。博士姐弟的父母都是地道的农民，在过去一段时间，家庭收入仅靠种地养猪，以及父亲外出打工的菲薄薪酬，有时学费还得举债。如今，三个孩子学有所成，家庭生活越过越好，未来的希望自不必说。这则故事让人欣喜、让人振奋，也让人更加信服：阻断贫困代际传递的根本途径是教育。

诚然，这则故事还只是个案。反观当下农村教育普遍现状，又不禁让人忧虑丛生。2016年有人开展一项农村教育调查，通过收集四省24931名学生的信息，经统计分析，我国农村中学阶段的辍学率高达63%。这恰好印证了一位美国学者长期对我国农村进行考察的结果，农村孩子只有37%走进过高中校园，甚至低于一些非洲国家；而中国城市孩子上过高中的比例占93%，比美国还要理想。进而得出结论，中国的农村教育拖累了经济发展。两三年悄然过去，虽经多方努力，但这一情况的改善程度并不乐观，遑论教育质量，就接受高中教育人数而言，城乡差距非常明显。

为什么农村孩子会在未到成年的芳华岁月选择辍学？原因很多，生活困难、成绩较差、农村教育质量欠佳，还有上学成本远远超过预期收益等都是其重要因素。此后紧接着便将会形成“羊倌的孩子总是放羊”“啃苞谷的孩子还是啃苞谷”等大概率的贫困“马太效应”。如此循环往复，子子孙孙无有“穷”尽，在历史的长河中，农村贫穷难以泛起希望的浪花。

这，构成了令人揪心的一大社会痛点。

打好脱贫攻坚战，精准扶贫有“四看”：一看房，二看粮，三看劳力强不强，四看家庭有无读书郎。其中前“三看”说的是当代脱贫，而“家庭有无读书郎”，便是未来能否告别贫困的根本之举。“不怕一代穷，就怕代代穷”。有数据表明，在我国农村，11%的贫困人口因贫失学，又因失学而成为新一代贫困人口。由于劳动力文化素质偏低，加上缺资金、缺技术、缺项目，不少贫困家庭仅满足于传统的种植养殖，而致穷苗复生、穷根难拔，发展后劲严重不足。

支农先支教，脱贫先重教。教育公平是社会公平的底线、城乡一体化的轴线，也是脱贫致富的起跑线。坚持农业农村优先发展，首要任务就是“用好教育这个阻断贫困代际传递的治本之策”，把农村教育放在更加突出的位置，为开创中华民族的明日辉煌夯实基础。用上一句马克思曾经引用过的话：这里就有玫瑰花，就在这里跳舞吧!

在去年的全国教育大会上，习近平总书记着重强调，要推进教育改革，加快补齐教育短板，让人民群众在教育方面获得感明显增强。在今年的政府工作报告中，李克强总理再次指出，开展贫困地区控辍保学专项行动，明显降低辍学率，推进高中阶段教育普及。尽管我国城镇化率已接近60%，但仍有近1/2的孩子留守在乡村的各个角落学习生活，或者在城市接受九年义务教育后，再度返回乡村而举目茫然。因此，以农村高中阶段教育普及作为重点，着力补齐农村教育这块短板，帮助农村孩子成为国家栋梁，在当前乡村振兴战略实施中显得尤为重要。

实行国家十二年义务教育制正当其时。义务教育是国家统一实施、必须予以保障的公益性事业。从我国第一部《义务教育法》确立“国家实行九年义务教育制度”，至今已经过去30多年的时间，许多情况发生了很大变化，基础教育条件也有了明显改观。在现阶段，很有必要把义务教育扩大到高中阶段，同时把职业中等教育纳入义务教育范畴。鉴于城市高中教育已基本普及，在全国一般公共预算教育支出预算中，应切大义务教育“蛋糕”，增加普及农村高中教育经费预算。因为，能使农村孩子上得了高中、读得完高中，不仅有利于他们提高文化素质，更有助于减轻目前社会就业压力，拓宽他们未来就业的渠道。

全力推进城乡高中教育均衡发展。“初升高，如火烤，城里高中进不去，乡村高中读完也是拿钱当纸烧”，这是当下农村孩子泪别高中的心声吐露。因地制宜，设置普通高中教育规范，制订农村职业高中教育标准，是教育决策的当务之急。在现阶段，应千方百计将人力、物力、财力向农村高中倾斜，加快改善乡村学校办学条件及教学装备设施，优先支持发展农村高中教育，特别是农村优质高中教育。采用城市支援乡村的办法，大兴支教之风，发展“互联网+教育”，促进城乡优质资源共享，优化乡村各类教育资源，使农村高中通过扩容提质，逐步成为农村孩子“跳农门”的金色桥梁。

切实完善高考政策，善待农民工子女的就学。今年全国人大会议闭幕后，李克强总理在答记者问时一句“要善待农民工”，不知感动了多少人。中国现有2.8亿多农民工，而且每年以百万计的数量增长，成为我国经济社会建设中不可或缺的力量，他们不分日夜辛勤劳动，心中寄托着对下一代的无比期望。要善待农民工，就应当破除因城市政策优势而出现的各种户口歧视，切实帮助他们解决好子女在城市就学的现实问题，保障进城务工人员随迁子女教育的合法权益，允许农民工子女能在城市继读高中和参加高考，助力这一庞大群体能够享有社会的尊严和改革的成果，实现“华丽转身”的人生梦想。

支持企业和社会力量兴办职业教育。国家统计局公开数据显示，在我国9亿劳动人口中，白领近2亿，蓝领约4亿，其中农民工占2.74亿。另一方面，我国高级蓝领与一些发达国家相比，缺口近1000万人，成为困扰中国制造业做大做强的一个突出问题。以现代职业教育的大改革大发展，建立政府、社会与企业、院校等相结合的多元化培训体系，加快培养国家发展急需的各类技术技能人才，把众多农村青年培养成为未来的大国工匠，是当下的一项重要任务。要改变社会对职业教育的偏见，制定长效的培训计划，实行毕业证书与就业岗位衔接等方面的配套措施，鼓励农村青年就读职业院校，学得管用、学得有效，真正“让更多青年凭借一技之长实现人生价值，让三百六十行人才荟萃、繁星璀璨”。

高度关注农村孩子的健康问题。前些年有一项农村贫困地区的调查，27%的孩子贫血，体质虚弱，认知能力下降；25%的孩子患近视却没配眼镜，上课看不清黑板，无法集中注意力；33%的孩子肚子里有蛔虫，营养不良，影响身体发育。在各级政府的努力下，2018年农村义务教育学生营养改善计划已覆盖所有国家级贫困县，让3700万名农村学生受益，营养健康状况得到显著改善。关心下一代，好事要办好，实事要办实，效果要持久。在全面实施营养改善计划过程中，目前还需进一步扩大农村地区和高中阶段的覆盖面，增加学生体检项目，加强体质营养学方面的专业评估和科学监测，防止经费的“跑冒滴漏”，严把食品安全质量关，确保农村孩子的身心健康能够得到全面成长。

坚决抵制“新读书无用论”的不良影响。近几年有的媒体大肆渲染什么“中学肄业当老板，学霸毕业摆地摊”“大学毕业啃老娘，光棍儿子养老娘”“不怕孩子学习差，报恩父母靠学渣”等等。这不是在给孩子励志鼓劲，而是给孩子喂“毒鸡汤”，与本文开始所述故事的立意相距甚远，应坚决抵制。控辍保学、降低辍学率，要靠全社会共同营造良好的教育氛围，让所有的学生、家长都认识到，中华民族几千年生生不息，尤其是改革开放40年来所发生的如此巨大变化，知识教育起了不可替代的支撑作用。媒体宣传要明大德、识大理，因势利导，积极弘扬中华传统的文明追求，传送知识文化教育的正能量，唤起各个方面对农村教育的关注，以最大限度地减少当前农村学生的辍学现象。

政府过“紧日子”，为百姓过“好日子”，就在我国财政收支平衡压力加大的时刻，党和政府庄严承诺要坚持不懈地做好让人民群众满意的每件事情。殷殷民生情怀，擎起一片蓝天，春风里的阳光显得格外温暖，我们要切实把宝贵的教育资金用好、教育资源用足，全力推进农村教育的新发展，共同托起乡村明天的希望。

（原载于《中国政协》2019 年第 8 期）

也谈教育公平

围绕教育公平这个主题，我想阐述三个方面的认识：

第一，关于教育公平的概念。教育公平是一个动态、相对的概念，可以表现为空间、时间和人群等差异，不可能是一成不变的“绝对化”。为什么现在要提出教育公平这样一个问题？这是因为近年来国家对教育的投入越来越多，然而大家却仍不满意，在人们的心目中，教育似乎越来越显得不公平了。

为什么会出现这种情况？老祖宗已经告诉我们，“不患寡而患不均”，这里的“均”包含着均衡公平的意思。教育行政部门在教育计划和教育管理方面，没有注重均衡，没有处理好各种差异问题，干预太多，制造了一些新的不公平，比如，对经济欠发达地区的教育经费投入没有实施好的倾斜政策，高水平高校的分布与地区人口数量的分布不成比例。正因如此，今年的政府工作报告才会着重提出，要把教育经费这些钱用好，让人民满意，“着力推动义务教育均衡发展，加快发展现代职业教育，提高各级各类教育质量，进一步促进教育公平”，这些话是有道理的。

第二，关于教育公平的要素。教育公平是多元的，涉及各种因素。结合我国教育现状，我把与教育公平相关的主要因素概括为6个方面，即城乡地区的公平、经费投向的公平、学校类型的公平、师资分布的公平、设施标准的公平、学生尊严的公平。当然，还可能远远不止这些。

以上6个要素涵盖了不少内容，如教师待遇的公平、招生就业的公平、教育数量和质量的公平、各个地区根据长远发展储备人才资源的公平等。当前应该特别注意师资力量的分布，教师直接面对着学生，学生素质的高低与师资有密切关系，师资分布不均会导致整个教育的失衡。此外，教育不能紧盯着某一小块地盘或领域，说是要把有限的教育经费用在“刀刃上”，就只关注“211”“985”等高校。其实，各级各类学校，吸纳着不同的学生和教师群体，在办学的标准上不能搞“一刀切”，在条件设施上也不能搞厚此薄彼，更不能人为地造成区域之间、校际之间的一道道鸿沟，要让学生和教师在任何地区、任何学校都能感受到教育的尊严。

第三，关于教育公平的观点。谈到这个内容，我要多说几句，借此表明几个观点。

一是提倡教育公平，应该“有教无类”。教育的权益人人享有，教育的对象包括了各种各样的人，教育公平首先是要具有平等意识。因此，在发展各种类型教育的过程中，要因材施教，不能歧视，不能排他，既要保证家境困难的学生有接受教育的机会，也要大力办好职业教育、特殊教育等，尤其要对残疾人等弱势群体施以优质教育。

二是提倡教育公平，应该“强基固本”。“基”是基础教育，“本”是以人为本，教育贵在打好基础。按照一些发达国家的做法，国家教育经费的投向，重点在“强基”，政府的精力是切实抓好基础性的义务教育以及学前教育，至于一些大学反而可以释放其自主权，交给社会去办，以更好地激发它们的学术活力。

三是提倡教育公平，应该“执两用中”。凡事都得掌握个分寸，尽量做到不偏不倚，当前我国的教育既要“锦上添花”，更应“雪中送炭”，偏颇不得，在支持一些名校办得更好的同时，应提倡公平竞争，大力帮助一些社会需要、基础薄弱、条件较差的学校迎头赶上，使所有学校形成“百舸争流、百花齐放”的良好态势。

四是提倡教育公平，应该“美美与共”。“各美其美，美人之美”，五个手指长短不一但不可缺一，各种不同的学校虽然在水平上参差不齐，但学校之间应该取长补短，相互支持，兼容并蓄，通过各个方面的努力，补齐“短板”，拉长“短腿”，促进各类学校都能彰显个性，展示风采，提高教育质量，共同发挥效益。

五是提倡教育公平，应该“天下为公”。公平公平，有了“公”才有“平”，学校也好，部门也好，都不能过分强调自己单位和部门的利益，不择手段，将他人之利益据为己有，尤其要杜绝“跑部钱进”的现象。各自应该本着“天下为公”的精神，大道相通“中国梦”，齐心协力，优胜劣汰，办好我们国家的“大教育”。

六是提倡教育公平，应该“规矩权衡”。无规矩不成方圆，无权衡不知轻重，教育公平直接影响到能否建立一个健康、向上、文明的社会。要通过政策导向和建立健全完善法律法规体系，强化监督管理，特别是要加强对学校公用经费的监督审计，防止教育腐败，以教育的公平引导社会的风清气正和公平正义。

（此文为作者 2013 年 3 月在《群言》杂志“教育公平”主题座谈会上的发言）

农村的学前教育该怎么办

学前教育作为人生终身学习的开端，已经成为国民教育体系的重要组成部分；农村学前教育作为教育公平的起点，已经成为城乡均衡发展中一项不可或缺的内容，越来越受到政府和社会各界的重视。

然而，去年12月24日，江西贵溪发生的一起意外事故，直让人感到悲恸不已。一辆超载接送孩子上幼儿园的面包车侧翻坠入水塘，11条幼小生命在冷酷的冰水中离开了充满温情的人间。这起事件给人们敲响了警钟，同时也提出了一个严峻的问题：农村的学前教育该怎么办？

当前农村学前教育工作的一个普遍现状，是公办幼儿园少，难以满足群众需求，幼儿教育不得不依赖诸多“应运而生”的民办幼儿园。而大多民办幼儿园以营利为目的，未经资质审批和验收合格就仓促上马，存在诸多问题：教师专业素质低，绝大多数从教人员不具备幼教资格；办园条件简陋，教学保育设备基本不达标；交通车辆安全隐患多多，超载现象严重；食堂卫生条件差，膳食营养无从谈起；教学安排草率随意，不按教育规律实施幼儿教学活动等等。

面对以上问题，监管者却是一脸无奈和茫然。学前教育，上级有刚性指标，群众有迫切需求，相关职能部门在组织协调方面难能配合给力。在现阶段，坚决取缔“黑幼儿园”、整改“黄（亮黄牌）幼儿园”，非常必要，不容迟疑。可是一些民办幼儿园如果给整改“趴窝”，那些众多留守农村的幼儿们则“无园可进”，这是一个两难的问题。

恰逢其时，另一窘况又已出现。随着城市化的快速发展，加之近几年来对九年义务教育进行布局调整、优化结构、集中办学，农村学龄人口正在逐步转移至城镇，农村小学生源逐年减少，不少处于边远的农村学校资源闲置、农村小学教师相对富余。这又是日益突出的一个新问题。

一方面是农村学前教育资源的“不足”，另一方面是农村学校资源的“富余”，如何走出这个怪圈？国务院《关于当前发展学前教育的若干意见》指出，“中小学布局调整后的富余教育资源和其他富余公共资源，优先改建成幼儿园”，“中小学富余教师经培训合格后可转入学前教育”。这一举措可谓是“山重水复，柳暗花明”。按照“以多补少能相通”的思路，充分利用农村小学现有资源延伸举办学前教育，通过小学辐射学前班的办法分流幼童，解决农村部分幼童“入园难”，这不仅是立足现实的权宜之计，也是着眼长远的可行良策，具有不少好处。

有利于农村学前教育网点布局，加快农村学前教育工作步伐。现在的农村小学都是经过一段时间乡镇学校布局调整后所保留，布点较为合理，服务半径基本符合办学标准。在农村学校利用闲置校舍举办幼儿园，能基本满足农村学前儿童的需求，减少校车接送，保障农村幼儿就近入学，逐步实现城乡教育的公平，不让农村孩子输在起跑线上。

有利于发挥农村小学师资力量，提高学前幼儿教育质量。农村学校布局调整之后，一些学校出现“车水马龙”，另一些学校却是“门庭冷落”，富余教师再就业成了难题。一些年龄较轻的富余教师大多能够胜任幼教工作，对他们进行必要的专业培训，转入学前教育岗位再就业，既可缓解学前教育师资不足的矛盾，又能使幼儿教育质量得到相应提高，这是“一箭双雕”的好办法。

有利于发掘农村小学校舍资源，改善农村学前教育办学条件。农村小学一般都配备有音、体、美、劳等教学设施，在将这些教育资源与学前教育共享的同时，还可充分利用中央下达和各级政府配套的学前教育校舍改建类项目专项资金，做好农村闲置校舍和农村小学、教学点增设附属幼儿园的改建工程，促使农村办学条件不断改善。

有利于加强农村学前教育管理，促进幼儿教育按照科学规律办学。农村学校管理者一般都经过岗位培训持证上岗，具有一定的办学实践经验、政策水平和管理能力，懂得教育规律和儿童心理，让他们从事或参与学前教育工作，能促进农村学前教育管理快速步入科学化、规范化的轨道，有效防止诸如“虐童”一类事件的发生，保护幼儿身心健康。

有利于政府投入与民间投入有机融合，推动学前教育向义务教育过渡。学前教育是一项重要的社会公益事业，实行在农村小学举办附属幼儿园的办学模式，以政府为主导，加大财政投入，并积极引导和鼓励民间资金投入，基本形成公办保底、民办辅助、民办公助的发展格局，为未来的学前教育逐步向义务教育过渡打下基础。

祖国的花朵需要精心呵护，实现“复兴之梦”需要从娃娃的培育开始。各级政府及其部门应从战略的高度，充分重视农村学前教育工作，推进这项工作健康快速发展。

一是全面调查了解，统筹编制规划。由县级教育行政部门牵头、各相关部门配合，对农村中小学校内部及周边可利用闲置教育资源进行全面调查，摸清家底，并了解服务区域内农民群众对学前教育的基本需求。通过汇总分析，科学编制农村小学延伸举办学前教育或建设附属幼儿园的发展规划和实施细则。

二是优化空间布局，完善配套设施。教育行政部门督促各农村小学按照规划和建设标准，推进实施新建和改扩建幼儿园。在农村小学举办附属幼儿园，要根据合理布局、优化功能、分区管理的要求，幼儿园一般建在小学内部，但又相对独立、互不干扰，形成“园在校中、校中有园”的格局。一些不具备在校园内部建立附设幼儿园的学校，也应尽量在周边选址建设，便于实施管理。

三是严格建设标准，分步完善实施。在农村小学举办附属幼儿园，不能一哄而上，不能搞“一刀切”，应坚持因地制宜、分步实施、好中求优的原则，结合实际条件，按照质量标准要求，根据最佳选择，加强示范学校的建设。农村小学新建、改建附设幼儿园完成后，由县级教育行政部门组织相关单位检查验收，合格后方能投入使用。

四是创新管理模式，强化师资建设。农村小学举办附属幼儿园，可实行“校长即园长”的管理模式，人事、财务由小学统一管理，视情况增设幼教专干，或由一名副校长专职管理幼儿园。教育部门和学校采取多种形式，对志愿从事学前教育的教师进行培训，组织他们到示范幼儿园观摩学习、开展课题研究，提高专业素质和业务管理能力，同时在工作生活上予以关心，增加绩效工资的比例，鼓励他们满腔热情地从事学前教育。

五是加强管理指导，保证学生安全。县级教育行政部门应研究制定农村小学举办附属幼儿园业务规范、目标体系、办学水平评估等机制，加强工作指导和管理，主动帮助解决工作中面临的难题。举办附属幼儿园的农村小学，应积极改善办园条件，加强内部安全管理，消除一切安全隐患，不断提高事故应对和处置能力。按照幼儿教育规律开展活动，保持校园清洁卫生，试行开设“营养餐”，为孩子们的健康成长创造良好的环境。

（刘晓庄、辜清合写，原载于《群言》2013年第3期）

坚决把“形象工程”打入冷宫

“形象工程”的危害到底有多大？一言以蔽之，有百害而无一利，祸莫大焉。

挥霍民力。大凡“形象工程”，都得集中大量人力、物力和财力，动辄耗费几千万、几个亿乃至几十上百亿元人民币，说建就建，说干就干。过上几年，领导一换便来个“兜底翻”，另起炉灶，再搞一套，于是乎拆拆建建、挖挖填填，反正“崽卖爷田不心疼”。如此折腾来折腾去，几个回合下来，搞得劳民伤财、民力罄竭，责任人却是脚底抹油——溜之大吉，一推六二五。结果是主事者升了、当事者走了、办事者傻了、投资者亏了、纳税者苦了，白花花的银子也就打水漂了。

滥用公权。能搞“形象工程”的人，手中肯定握有权力，可以一言九鼎。为了赢得政绩分数，他们往往胆大妄为，目无党和国家法纪，我行我素，独断专行，说一不二，在“自己的一亩三分地上”，想干什么就干什么，什么科学论证、民主监督，全都抛到九霄云外。如果谁不知天高地厚，敢于较真，提出不同意见，那就够他喝一壶，轻则被处分，重则被免职，众人敢怒不敢言，唯有马首是瞻。长此以往，怎么得了。

丧失诚信。“形象工程”赶时髦、图表面，弄虚作假，欺上瞒下，直接影响党和政府的公信力，降低了人民群众对公权的信任度和支持度，也严重削弱了人民公仆在人们心目中的神圣地位和形象。有的官员上任伊始，习惯于喊不着边际的空口号，提不切实际的高指标，“开膛破肚”建工程，急功近利上项目，结果搞得鸡飞狗跳、尘土飞扬，群众苦不堪言、怨声载道。即便干出一点个人的政绩，但因弊大于利，很难得到群众的认可。

激化矛盾。一些地方别出心裁，修建华丽堪与“联合国大厦”媲美的办公楼、规模能与“白宫建筑”匹配的区政府、奢侈可与“凡尔赛宫”相似的县衙门等，成为社会舆论众矢之的，遭到老百姓的抨击；一些地方打着展示地方形象的名义，建造“世界水平、现代概念”的大型体育场、文化馆、纪念堂、歌剧院等，刮旋风般地大肆征地拆迁，引发各种纠纷和群体事件，导致干群关系紧张，增加了社会的治理成本。

侵害民生。部分官员作风浮夸、沽名钓誉，对“面子工程”“窗口工程”“路边工程”津津乐道，对事关民生的“里子工程”却少人过问或置之不理。有的挤占为数不多的公共财政，尽干些花绸子上绣牡丹——锦上添花的事情，把“面子”做得越来越光鲜亮丽，而“里子”却是破旧不堪，难尽人意。一些城镇居民区路面坑坑洼洼、街道污水横流、路灯幽暗不明、公厕无处寻找，甚至出现“处处无厕，处处是厕”的尴尬境况，招来了老百姓的强烈不满。

败坏风气。“三五年内出政绩，只争朝夕树形象”，在现实中“劣币驱逐良币”的错误“官经”引诱下，有的官员每到一个地方，总要变着法儿大搞一番“形象工程”，不然“过了这村没这店，冷了青菜凉了面”。为了赢得时间展示“典型样板”，于是公然违反公共决策程序，随心所欲，胡来蛮干，不但破坏了官场的良好政治生态，助长了投机取巧心理，还污染了政务环境，涣散了工作斗志，不利于干部人才的健康成长。

滋生腐败。值得警惕的是，“形象工程”与“腐败工程”往往是一对孪生兄弟。一些官员随着手中权力的放大，得意忘形，居功自傲，在“形象工程”实施过程中，经不住各种诱惑，什么都敢拿、敢要，最后不仅自己被“糖衣炮弹”所击中，成了腐败的俘虏，落得个“坐穿牢底”的可悲下场，而且使那些花里胡哨、浮华无效的“形象工程”成为无法收拾的“烂摊子”。在倒下的贪官背后，除了金钱美女，往往还有“形象工程”，这种例子并不少见。

坚决反对“形象工程”，着力解决“形象工程”“政绩工程”以及不作为、乱作为等问题，彻底清除“形象工程”的严重危害，这些内容已经写入了党和政府的重要文件。习近平总书记还多次指出，领导干部要“不搞脱离实际的盲目攀比，不搞劳民伤财的‘形象工程’‘政绩工程’”。最近一段时间，从上到下也出台了不少制止“形象工程”的严厉措施，人民群众为之欢欣鼓舞。

文件已经下达，措施已经制定，一条一条，严而又细，细而又严，关键是：“在贯彻落实上，要防止徒陈空文、等待观望、急功近利”；在实际工作中，必须来真的、碰硬的、抓实的；在当前形势下，要把“形象工程”坚决打入“假恶丑”的冷宫，不能当成香饽饽，这一点尤为重要。该说的内容文件上都已经写上，因此其他的话也就无须多说了。

（原载于《人民政协报》2014 年 3 月 27 日）

文化产业离不开产业文化

近些年来，文化产业已经成为我国的一个热名词。围绕着文化产业的发展，有些地方铆足劲儿，想尽办法，又是搭台，又是唱戏，诸如西门庆故里之争、孙悟空诞生之谜，还有扑朔迷离的女娲遗骨、曹操墓地的考证迭起……凡此种种，用心良苦。热闹终归是热闹，但都像黄昏里雨过天晴的一片彩云，稍纵即逝，留下的只是淡淡的印痕。

某些地方硬要把西门庆这个为国人所不齿的淫棍当成香饽饽，把神话虚构的那无影无踪的齐天大圣当成自己血脉相连的老祖宗，等等。如此对文化的美丑不分、真假不辨，是因为无知没有弄清文化的本意呢，还是故意打文化的混仗乱仗？暂且不论。有一点却是很真切的，那就是背后的利益因素不容小觑。

然而，文化产业的前提和基础是文化，文化不是手中的泥巴玩偶能随意捏制，也不是玻璃板上沾染的水汽能轻轻擦拭。文化是智识、是习惯、是渗入民族血脉的精神灵魂，是“打断骨头连着筋”的那根联络四肢百骸的“经筋”。打造文化产业，关键的是文化，是要从内心深处充分建立起的那份文化自觉和文化自信。

文化自觉是人们对自身文化认识的自知之明，文化自信是自我觉醒和反省后对文化未来发展的坚定信心。二十多年前，费孝通先生在谈到“文化自觉”和“文化自信”这一命题时，专门提出了“各美其美，美人之美，美美与共，天下大同”的文化兼容观，在这短短十六字箴言中，一连出现了六个“美”，含义深刻，值得珍视。

有一句歌词说得好，“永远都唱着最炫的民族风”。每一个地区、每一个民族都有理由美出自己最美的文化风采，亮出自己最真实的文化气派。然而，一些地方政府“打造”的所谓文化产业，动辄用一个杜撰的故事“搭台唱戏”，十足地缺乏文化底气，连一点儿“自觉自信”都没有。人们把那种既无根基而又虚假的“美”叫作“丑美”，小孩子们称为“臭美”，人们厌烦那种“丑美、臭美”的产物。

之所以一些文化产业乱象丛生，不仅没有文化的精魂，而且没有文化的品位。说到底，缺少的就是那种最基本的“产业文化”意识。

什么是产业文化？简而言之，就是产业在长期的实践中培育起来并且共同遵守的规则，是建设目标、道德标准、价值取向和行为规范的总称。打造和发展文化产业，离不开产业文化的支撑，需要守住产业文化的底线。为此，提出几个观点。

第一，在建设目标上体现“有中生特”。产业有异于事业，它要在满足各种需求的前提下讲求市场效益，只挣吆喝不赚钱的赔本买卖谁也不愿做。文化产业也不例外。外国的“迪斯尼”、横店的“影视城”，都是文化产业打造成功的案例，其中的启示是，文化产业应该创造文化内涵，万不可在粗制滥造中充斥虚假。文化产业该怎样打造？由此我又想起在1997年5月，费孝通先生视察江西赣南时概括提炼的几句话：“无中生有，有中生特，特在其人，人联四方。”

赣南的南康，没有生产家具的产业传统和优势，也没有多少家具原材料，却在改革开放以后，硬生生地出现了一个家具产业大市场，数以千计的各种家具厂家横空出世，营销市场遍及大江南北乃至国外。从无到有，从有到特，靠的不是物质的单一制造，而是人的无限创造力。所以费老的“有中生特，特在其人”，对于发展文化产业显得含有特别的“文化创造”韵味和灵气。

第二，在道德标准上把握伦理基准。文化产业需要追求经济效益，更要注重社会效益，不能充满铜臭味。如果以发展文化产业为名，只是单一地为了博取经济利润，借机把臭名昭著的西门庆之流请出来充当GDP的道具，这无疑是在绑架民意，玷污文化，有悖于文化的崇高境界，亵渎了文化的精神价值，也缺少起码的文化道德。

故而，文化产业发展不能出现道德缺失，更不能突破道德底线，应该在文化的基础上，寻找传统伦理道德中的文明基因，明晰伦理的美学基准，提出和制定完善现代伦理制度，为发展今天的文化产业建立一种文化真善美的自觉和自信。不然的话，就会留下许多戏说和笑柄，而且这种戏说和笑柄还会一代一代往后传递，成为谁也不愿意看到的事情。

第三，在价值取向上坚持昂扬向上。文化产业是物质文化和精神文化的综合体，也是具象价值和抽象价值的结合物。文化产业的价值所在，它能在给人以美的享受的同时，还能给人以联想感悟、给人以思想启迪、给人以力量鼓舞。凭空捏造出来的是文化垃圾，创造出来的才具有独特的文化魅力，文化产业发展需要有正确的价值取向，这也是文化的灵性所在。

2013年，西安准备斥巨资重建“新阿房宫”引起了社会上的广泛质疑，也引起了中央高层领导的关注。且不说，历史上的阿房宫是否建成，就其文化而言，它表明的不是中国的统一，而是秦王朝从颓废走向灭亡。杜牧写《阿房宫赋》，目的是为了告诫当朝统治者汲取历史教训：秦不以六国为鉴，好大喜功，横征暴敛，民怨沸腾，终于自食其果，“秦人不暇自哀，而后人哀之；后人哀之而不鉴之，亦使后人而复哀后人也。”如果今天硬要重建那样一座阿房宫，这就恰恰呼应了“后人哀之而不鉴之”那一声长长的叹息。

第四，在行为规范上遵守法律制度。以开放的眼光，善于学习和借鉴“他山之石”为我所用，使各种优秀文化通过交融整合，从而打造出既富自身特色、又富时代气息的崭新文化产业，但绝不能把他人的“疮疡”当成“鲜花”供奉。黄赌毒的不能搞、破坏生态的不能搞、污染环境的不能搞、有害身心健康的不能搞、颠覆历史民族文化的不能搞……这些都是我国法律制度的根本要求，必须自觉遵守。

产业文化依据法律制度，依据社会主义核心价值体系，这是每个文化产业共同的判定标准和共同的行为准则，也是组织规范的基础。只有在共同的愿景、共同的信念、共同的梦想之下，具有一致的法律意识和同一的价值观，我国的文化产业才能够健康发展、竞相绽放，共同畅想美好的未来！

（2014 年 3 月在全国政协十二届二次会议小组讨论会上的发言）

建立健全医院陪护制度

就在全国“两会”前夕，适逢岳父和老娘的生日。今年，他们都是八十四五岁的老人了，年事已高，身体不是十分硬朗，一直让人牵挂着。

临要赴京出席“两会”，岳父语重心长，一再叮嘱，要我在全国“两会”期间为他捎上一句话，那就是希望在医院配备正规的护理员工。

“现在的家庭如果出现一个病人，尤其是一个老人病倒，这个家庭就会乱成一团糟，全家围着病人转，该上班的不能正常上班。如果医院有了护理员工，既能解除家庭的后顾之忧，还能解决社会上部分人的就业，这是多好的事呀！”岳父如是说。

不能怪岳父人老话多，我从小就爱听家长的教导，何况老人家说的话也挺有道理。于是恭敬不如从命，按照岳父的要求，在这里专门谈谈“建立健全医院陪护制度”这个话题。

医院配备护理员工，看似一件不足挂齿的小事情，然而仔细琢磨，可真是一件大好事、大实事。它不但牵涉我们每一个家庭的幸福安康，也关乎我们国家的和谐稳定，与我们每一个人的生活直接相连、息息相关。

医院配备护理员工，除岳父提及的可以“解除家庭后顾之忧，解决部分人就业岗位”两大好处之外，其实还有更多的裨益。比如说：从社会层面，可以促进养老康复事业的发展；从医院层面，可以加强医患之间的交流沟通；从伦理层面，可以进一步体现社会的人文关怀；从个人层面，可以更好地发挥各自在不同岗位上的作用。许多好处是说不尽的，在一些国家也得到了印证，这里就不再详细地阐述。

并不是说，在我国医院目前没有护理员工的存在，但的确表现了不少医院护理员工质量、数量等现实问题。医院护理员工没有成为一种稳定的社会职业，难以称作“正规军”，充其量是支“杂牌军”“游击队”。由于医院护理员工不少是从社会临时聘请或由医院牵线搭桥介绍而来的，没有正式“番号”，缺乏专业知识和规范的组织化管理，不能像医生护师那样尽职尽责，带来的问题很多也较复杂，容易引起一些不必要的纠纷。

医院护理工作是全部医务流程的重要组成部分，也是医生护师工作的延伸，不可或缺、不可忽视、更不可草率，应该从上到下、全方位地重视这项工作。在此提出以下建议：

一是制度设计。政府主管部门要像重视医院医护人员的配备那样，制定医院护理员工的配备制度，建立好一支护理员工队伍。应规定在县级医院以上，根据不同类型医院的实际需要，依照医院病床数量，科学合理地配备一定数量的护理员工，并作为医院等级评定的一项必备条件。

二是业务培训。医疗机构和医护学校切实担负起对护理员工的教育培训工作，让他们接受上岗前的必备业务操练，了解医护基础知识，掌握护理基本技能，懂得怎样给护理对象测量体温血压、翻身搓背、喂食服药、以及简单的推拿按摩等，使他们能够更好地协助医务人员做好患者的日常护理工作。

三是社会参与。医务护理工作不是简单的劳动，需要一定的临床实践经验，可以在社会上乐意从事慈善事业的退休医务工作者中，征集经验丰富、身体健康的人员充实到医院护理员工队伍，通过师承授受的办法，将他们的护理知识、技能手法及各种护理经验，手把手地直接传授给新上岗的护理员工，以尽快提升护理员工的业务素质和能力水平。

四是经费来源。按照“谁受益，谁付费”的原则，“羊毛出在羊身上”，医院护理员工的工资一般由患者及其家属支付；对于护理员工的队伍建设和业务培训工作，政府要当作一项公益事业和民生工作来抓，就业上岗前的职业培训费用列入政府预算；倡导社会救助，引入社会慈善基金，帮助部分无力支付护理员工工资的患者能够得到社会的关怀。

五是社会待遇。医院护理员工的工作艰苦，应该受到全社会的尊重，他们的收入待遇有必要确立区域标准，工资收入水平不能低于医院职工的平均水平，并能享受到各种社会保障及其福利待遇。只有这样，才能使医院的护理员工生活得幸福体面而有尊严，更加乐于协助医院做好护理工作，更好地为患者提供周到的专业服务。

“老吾老以及人之老”，“鳏寡孤独废疾者皆有所养”，来到这个世界上，谁也不能躲避或幸免生老病死的关卡。医院护理员工的工作是人类一项神圣的职业，建立健全医院陪护制度，小事不小，理应得到政府部门的重视、社会各界的支持和医疗机构的配合，将这件事情落实、落细、落小、落好。

在当前，我国已经进入老龄社会，人们对医疗需求的期待越来越高。政府把关注民生当作头等大事来抓，有必要把医院的陪护工作作为一项“阳光春风”行动立即开展起来，切实帮助那些需要关心的人群和家庭，使广大住院患者能够得到社会的关爱和心灵的慰藉。

（原载于《人民政协报》2014 年 4 月 24 日）

户口啊，户口

最近一年来，媒体不断披露一些地方政府部门内外勾结，联手上演户口“变脸术”，买卖“幽灵户口”，使得有人因为拥有多个户口而成为“房姐”“房妹”“房叔”。与此同时，媒体还爆料了一起又一起由于“户口”引发的令人啼笑皆非的荒唐闹剧。比如：

在宁波高新区，一户家庭先是公公与婆婆离婚，儿子与儿媳离婚，几天后，公公又娶了儿媳，为的是把儿媳与孙女的户口迁入后可以多分得上百万的拆迁款。

在上海，一名男子与妻子离婚，再凭借着已经死去3年的儿时伙伴的身份证，让妻子与死者结婚，然后孩子成了上海户口，于是在上海贷款买房、办理医保卡等。

在成都，女儿想把父亲的户口从老家迁到成都，以便取得城市户口，购买城市的社保，但由于老人未达到投靠子女入户的条件，竟与自己的亲生父亲登记结婚。

接二连三发生的闹剧，最后都分别闹上法庭，依凭法律的裁决。对于闹剧中主角行为的深层次原因，那就是在户口的背后，包含了个人的巨大利益，以至于他们愿意冒天下之大不韪，甚至突破社会伦理道德的底线，做出一番令人咋舌的举动。这不禁让人要问：户口啊户口，中国的户口到底怎么啦?

1958年1月9日，新中国第一部户籍制度《中华人民共和国户口登记条例》颁发，户籍制度由此建立。中国步入了一个漫长的城乡二元分割体制。

历史地看，中国的户籍制度曾经发挥过它应有的作用。然而，社会发展到今天，如果继续实施原来的户口制度，不仅禁锢了公民自由流动寻求发挥自己才能的场所，也是对人的尊严和权利的蔑视，而且将会严重阻碍“以工促农、以城带乡、工农互惠、城乡一体的新型工农城乡关系”的建立。

中共十八届三中全会将“创新人口管理，加快户籍制度改革”作为一项重要内容，摆上了全面深化改革的议事日程，指出：“全面放开建制镇和小城市落户限制，有序放开中等城市落户限制，合理确定大城市落户条件，严格控制特大城市人口规模。”对户籍制度改革的内容作出了相关规定。

目前在全世界，保留户籍制度的国家已经为数极少。在我国，积极创造条件，统一城乡户口，直至逐步取消户籍制度，挥手告别城乡二元结构，已经是一个不可逆转的趋势。围绕着“全面、有序、合理、严格”这一户籍制度改革的主题思想，朝着城乡“无户口差异”的方向发展，势在必行，非常有意义，也是大多数公众的共同期待。为此，提出以下认识。

一是“由下而上，由小到大”，逐步淡化农村户口与城镇户口的界限。很多事情从下面开始，从小地方做起，往往可以规避许多风险，取得意想不到的效果，此所谓事半功倍。比如，农村土地承包的改革初期就是如此。淡化与模糊农村户口与城镇户口的界限，并逐步过渡到户口同一或取消户口，这项工作也可以从下面的小城镇开始。实际上，随着城镇化吸纳大量的农村劳动力，农民往返于城乡亦工亦农亦商，户口的作用及其价值已经越来越小，如果接着再使把力、添把火、加把温，统一城镇户口或取消户籍制度也就可能水到渠成。

二是“把握重点，惠及农村”，把民生重点放到农村及小城镇。有人之所以不择手段，争着抢着要一个某地的户口，肯定是因为在那本户口中包含了不少显性和隐性的福利。当户口变成利益和利润的象征，就会表现出马克思百年之前说的那个道理，“有百分之五十的利润，它就铤而走险；为了百分之一百的利润，它就敢践踏一切人间法律”。当下城乡二元结构仍然存在，阻碍城市化水平提升的户籍制度仍然存在，户口本成为城市与乡村的一道鸿沟，而乡村的发展建设管理又依然处于较低水平阶段。

怎么办？说来也很简单。在城乡一体化建设进程中，把民生工作的重点放到农村去，提高农村各方面水准，将城市、乡村“填沟补缺拉拉平”。这是户籍制度改革的一项基础性工作，应该切实做好。

三是“分类推进，循序渐进”，通过产业的合理布局转移特大城市人口。由于户籍的限制，进城后的大学毕业生或是农民工，很难享受到城市居民的待遇和社会保障，他们几乎找不到真正意义上的“市民”定位。另一种情况是，无论在大城市还是特大城市，总是会滞留着不少的“漂族”和“蚁族”人群，而城市的生产生活建设也离不开他们的存在。根据人口“有机疏散论”的观点，大城市人口“宜疏不宜限”，可以通过采用产业合理布局的办法，将大城市和特大城市的部分产业合理转移到中小城镇，让庞大的未取得大城市户籍的人群随着产业的转移而转移，使中小城镇发挥人口“拦水坝”的作用，挡住洪流般的人群涌入特大城市，以此减轻特大城市的人口负荷和生产生活压力，有效防止“大城市病”的发生。

四是“留下空间，做好衔接”，对户籍制度的“衍生物”先改一步。改革户籍制度，并最终统一或取消户籍制度，就应该通盘考虑，首先改革那些衍生在现行户籍制度上的权利福利，弱化或者剥离原来附加在城市户口上的特殊待遇。当前，要从容面对文化教育、医疗卫生、公共设施等各个方面存在的城乡差距，通过户籍制度的改革，使户籍与附加其中的各项福利待遇脱钩分离。在新的资源配置中，注意为户籍制度改革留下足够的空间，不能再因为户口原因而出现新的不公平。特别是在招生录取、子女就学、看病就医、就业职薪等方面，还有在一些城乡设施的衔接和共用上，改革过程中应该先行一步，不能存在户籍歧视，为将来城乡户籍的同一或户籍制度的取消做好对接。

五是“以点带面，逐步推广”，积极探索和制订相应的各项配套政策措施。我国现行户籍制度存在半个多世纪，事关多少人利益格局的重新调整，历史的沉淀使之成为一块“硬骨头”。为了加快户籍制度改革的步伐，求得最大公约数，除外农村小城镇，还应该先选择一些条件较好的生态新城、卫星城区作为试点，取得经验后逐步推广。既要立足当前，又要着眼未来，通过高位推动，在实践中积极探索出一条中国特色的户籍制度改革道路，尽快制订切实可行、人民群众满意的指导意见、配套措施和实施方案。通过户籍制度的改革，最终实现社会公共资源不分地域、不论身份和职业，为全体公民共同享有，实现权利与责任、权利与义务的真正对等。这是户籍制度改革的题中之义，也是统一或取消户籍制度的要义所在。

迁徙自由是人类社会的一个基本要求，它标志着社会的文明与进步。因势而上，顺势而为，积极而又稳妥地开展户籍制度改革，通过放开城市户口限制，逐步过渡到统一城乡户口，最终取消户籍制度，它有利于人才合理流动，优化配置劳动力资源，也有利于维护社会的公平正义、和谐稳定。这是一件好事情，从现在开始，一定要把好事做好做实。

人们不愿意再看到，在亲人友邻之间，为了那本小小的户口簿，上演一出出滑稽到惨烈程度的闹剧。人们萦绕在心头的一个急切期盼，用打工者的话来说："让我们走到哪里，无论干什么，都能享受到同等的待遇和尊重。"

（原载于《群言》2014 年第 6 期）

人才啊，人才

在“三才”哲学思想的故乡，“天、地、人”都出现了令人揪心的问题：天空的雾霾，大地的污染，再就是人才的短缺。如果说，只要上下协力治理，驱雾霾，除污染，蓝天白云不是遥远的梦。那么，对于人才培养而言，“十年树木，百年树人”，则需要一个漫长的过程，不是在短时间内就能办成的事情，理应得到更加充分的关注和重视。

人才兴则民族兴，人才强则国家强。谁都懂得人才的宝贵意义。1956年，毛泽东主席对钱学森说：“听说美国人把你当成五个师，依我看，你比五个师的力量大多啦！”这就是人才的威力。时隔半个世纪，钱学森向温家宝总理发问：“为什么我们的学校总是培养不出杰出的人才？”这是一代大师对当前人才价值观的困惑。

另外一种情况则是，“天涯何处无芳草”，我国的人才遍布世界各地。有人做过一项调查，在清华、北大、复旦、浙大四大名校本科毕业生中， 平均有77%的人选择出国，愿意在广阔的外部世界寻求个人发展。个别专业竟然是倾巢而出，一个不剩，而最后选择回国的不到10% 。人才匮乏和人才外流同时在我国出现，这不能不让人发愁发怵。

固然我国在人才问题上存在着很多棘手的难题，但表现突出而又亟待解决的，应该是对于人才培养与使用方面的“固化”。

教育的固化。有人调侃，在当下中国，除了足球，最容易挨骂的目标恐怕就是教育。别把它当作是指责抱怨，这恰是对我国教育“恨铁不成钢”深厚感情的表露。从幼儿教育到基础教育，一直是把升学当成唯一目标。教育不是在开发智力、培养能力，促进个性发展，而是成为盲目的激烈竞争。一切教育内容固化成为“应试”，学生、家长、教师都成了教育绞榨机器上一块痛苦的肉。体育被过多、过度的考试挤压到教育的边缘，不断遭到削弱，致使学生的身体素质每况愈下。

知识的固化。整齐划一的“标准答案”，刻板单一的评价机制，抹杀了学生探究知识海洋的兴趣，不同程度地遏制了学生对未知世界的悟性。即使在某些学府院所“智库”云集的人才中，也不乏传统“八股”知识的固化，由“破题、承题”而“起讲、入手”，不断地对理论知识诠解和阐释,合理性的“背书”屏蔽了内容创新,从而出现“空洞化”和“符号化”。当知识固化为实用，接着便容易出现对知识智慧推崇的弱化和庸俗化。

专业的固化。进入高等学府，意味着专业和职业方向的确定，学生的其他兴趣爱好都得服从专业。兴趣是成才的基础，是成功的基石，古往今来，多少人才的成功，往往是源自最初的某个兴趣爱好。如果漠视个人的天性禀赋，学生在专业的被动固化下，终日不知所措，职业的主动性就会大大受挫，结果是人才的被悄然扼杀，不利于“杰出人才”的培养。

观念的固化。引进人才是为了引进智力、利用智力，让人才挖掘和释放智力，最大限度地发挥智力作用。不少地方求才若渴，但不过仅仅着眼于“两院”院士、教授博士、长江学者，或者是“211”“985”学子。“不求所用，但求所有”的人才观，忽视了“草根诸葛亮”式的不同人才的作用。这种观念的固化，表现的只是一种“人才秀”，把“千里马”笼罩在水晶玻璃做的马厩里，偶尔牵出来遛遛，图的也只是热闹好看，这不但不能正常发掘人才的潜能，有时反而会遏制人才的创造力。

岗位的固化。南橘北枳，“所以然者何？水土异也。”人才的成长，受着“水土”的影响，如果让人才长期不挪窝，蹲在一个岗位上，机械地从事一件工作，就不会知道哪块“水土”适合他的成长，哪个岗位才是他的用武之地。把人才变成“井底之蛙”，缺乏不同文化的撞击，缺少阳光的照射和雨露的滋润，久而久之，原本是人才的“好苗子”，由于“水土不服”，加之“难见天日”，也会变得叶落根黄、枯萎发蔫。

实现中国梦，关键在人才。通过全面深化改革，突破思维固化、机制僵化、智力弱化那一道道坎，促使人才意识得到进一步的强化，上下齐心协力，建立起我国强大的人才队伍，这是当前一项重要的工作内容。

一是全面深化教育改革。教育改革必须简政放权，取消“官本位”、扩大“自主权”、拆掉“独木桥”，让各级各类学校各自走好“阳关道”。这些话题在社会上已经讨论了多年，现在不能再坐而论道、议而不决、言而不行。引用习近平总书记在前不久省部级主要领导干部专题研讨班上的话说，“在贯彻落实上，要防止徒陈空文、等待观望、急功近利，必须有时不我待的紧迫意识和夙夜在公的责任意识抓实、再抓实。”教育改革事关人才培养，等不得也等不起，应该给力、给力、再给力。

二是逐步建立灵活的人才流动机制。“问渠那得清如许，为有源头活水来。”政府人才管理部门应着力推动人才思想、教育理念的革新，在人才与部门、单位、行业之间，建立起中国式人才“旋转门”，把充分发挥人才作用视为重视人才工作的出发点和落脚点，促进人尽其才、才尽其用、学以致用，真正使人才能够“进得来、出得去、留得住、使得上、用得活”，最终形成富有中国特色的现代人才制度。

三是支持大学生自主选择专业。兴趣是最好的老师，爱好是成功的花朵。人才培养要因材施教，高校要完善内部利益协调机制，立德树人，促进学生身心健康与全面发展，鼓励支持大学生针对自己的爱好选择专业，引导学生主动探索知识奥秘，激发学生的学习积极性。在实际工作中推行学历职业“双证书”制度，为学生选专业、转专业提供便利条件，帮助他们掌握更多的自己热爱的知识技能。

中华民族的伟大复兴需要人才，中国当前面临的最大挑战之一是人才的挑战。直面我国当前在人才问题上存在的诸多困难，我想借用罗素的一句名言：“我们无法奔跑，那就蹒跚而行吧，总有一天会够着我们想要的目标。”坚定信心，总有一天，我们也定会达到人才强国的宏伟目标。那个目标指日可待。

（2014年3月在全国政协十二届二次会议小组讨论会上的发言）

反腐倡廉：应该念好“紧箍咒”

孙悟空的一根“金箍棒”，威力无穷，它可以横扫千军，也可以画地为牢。要发挥好“金箍棒”的正常作用，制约“金箍棒”的滥用，就应该时时念好“紧箍咒”。于是想到，反腐倡廉，不仅要有严格的制度，让手持“金箍棒”者头上都能套上“紧箍咒”，更重要的是，必须把“紧箍咒”切实念好。不然的话，“紧箍咒”要么如同虚设，要么让人炸头。

“紧箍咒”不能自己念。当前，经过一段时间的群众路线教育实践活动，从上到下陆陆续续出台了不少约束领导干部行为的规章制度，比如“八项规定”“公车改革”“裸官清查”“秘书清理”等，其中有的执行得很好，初见成效，有的执行得不怎么上紧，动作不大。究其原因，在于念“紧箍咒”的主体不同。当“紧箍咒”由他人来念的时候，往往会闻风而动，时不我待；而当由自己来念时，往往是消极应付，坐等观望。有的市县在清理违规配备秘书这件事上，总是“光打雷不下雨”，少有实际行动，就是因为念“紧箍咒”的人自己就违规配备了秘书。这只是其中一例。

“紧箍咒”不能作秀念。从被查处的一些贪腐官员身上，人们不难发现，他们在位时也曾高调反腐，一再表白自己如何“对腐败充满极端的仇恨、与腐败不共戴天”云云，一再警示部下要廉洁自律、好自为之。一旦东窗事发，结果不仅让人大跌眼镜，更让人心生厌恶。“紧箍咒”是直指妖魔的“咒”，不是有口无心的“经”，念“紧箍咒”就得有一股火辣辣的刚烈之性。反腐不能指望腐败者“自废武功”，否则效果必然会大打折扣。无论念咒者是谁，他也应该戴上由别人来念的“紧箍咒”，割断监督者与被监督者的利害关系。破解好“同体监督”的问题，关键是要把权力关进制度的笼子，管好笼子的钥匙，让权力在阳光下运行，让他人来监督自己。

“紧箍咒”不能独家念。如果“紧箍咒”仅由唐僧一家掌握一人念，由于主观判断或个人喜恶，难免出现“误念”或者“漏念”。去年以来，中央巡视组在全国各地巡视效果显著，既拍了“苍蝇”，又揪了“老虎”，有效地打击了腐败现象，概其成功之处，就是充分发挥了人民群众参与监督，以及各级纪检监察部门和信访、检察等系统的共同作为。随着现代网络技术的发展和公民意识的觉醒，社会反腐倡廉已成为我国反腐败斗争的重要途径和方式，从“表叔局长”的落马到“不雅书记”的垮台等等，人民群众齐念“紧箍咒”的力量日益彰显。由此提示我们，一定要建立健全民主监督机制，将人民群众的监督作用发挥好。

“紧箍咒”不能事后念。从预防腐败入手、向隐蔽腐败开刀，铲除一切滋生腐败的土壤，这是反腐倡廉工作的当务之急和治本之策。事实一再证明，事后敢念“紧箍咒”，虽然可以惩戒贪腐分子，形成官场威慑，但是往往已经给党造成严重伤害，给国家和人民造成重大损失，而且还容易给一些执迷不悟的“当局者”产生“侥幸过关”的心理。“圣人不治已病治未病，不治已乱治未乱”，只有做好腐败预防，才能正党风、荡浊气，防患于未然，避免出现更深层次、更大范围的腐败。因此，“紧箍咒”应该事前念，多打预防针、多吃抗病药，提高机体免疫力，这才是真正做好反腐倡廉工作的根本。

“紧箍咒”不能择时念。中共十八大以来，新一届中央领导密集“出招”，以猛药去疴、重典治乱的决心，以刮骨疗毒、壮士断腕的勇气，打出了一系列反腐“组合拳”，一批重大案件得以查处，一批腐败分子纷纷落马，得到了人民群众的广泛支持，拉近了政府与百姓之间的距离，同时也提升了政府的良好形象。但也应该清醒地认识到，坚决惩治腐败，不是权宜之计，而是战略任务，反腐工作犹如逆水行舟，“一篙松劲则退千寻”。故而，“紧箍咒”不能时念时不念，反腐不能只刮一阵旋风，必须持之以恒，常念不懈。只有这样，才能夯实“干部清正”的基础，才能营造“政府清廉”的氛围，才能建设一个政通人和的环境，实现“政治清明”的长远目标。

（原载于《中国政协》2014 年第 21 期）

全面放开二胎不能久拖不决

人口政策是关系国家民族发展的重大社会政策，也是关系千家万户切身利益的民生政策。制定人口政策既要全面把握、稳妥慎重，也要与时俱进、顺势而动。2013年11月，中共十八届三中全会启动实施“单独二孩”政策，迈出了调整完善我国人口政策的实质性一步。但我认为，“单独二孩”的放开，还不能满足我国人口长期均衡发展的预期，全面放开二胎已是大势所趋，不能再久久等待。

一是经济发展的要求。改革开放以来，我国经济社会发展取得的巨大成就，一定程度上可以说是离不开人口红利。众所周知，没有大量青壮年劳动力，创新创业将是无源之水；没有一定的劳动人口规模，很多产业尤其是一些劳动密集型的传统产业将是无本之木。从长远来看，由于我国人口生育率长期走低，造成青壮年劳动力短缺，创新创业活力不足，内需拉动疲软乏力，将成为制约经济发展的瓶颈之一。

二是生育观念的转变。经过30余年的宣传教育和“重典治理”，人们的生育观念和生育环境已发生了极大变化。在经济、家庭、教育等综合因素作用下，面对二胎，一些年轻夫妻就像投资炒股一样，“只敢看不敢投”“心动却始终不敢行动”。加之当前教育成本过高的现实问题，使得而今的年青一代，生一个的较多，一个不生的“丁克”族也不少，有的干脆选择“单身贵族”。虽然也有人超生，但总体来说，“人多力量大”的传统思想已遭到颠覆，“少生优生幸福一生”的观念已深入人心。

三是历史节点的呼唤。计划生育政策自制定之始就被冠以“30年”

为期，自20世纪70年代末开始，计划生育政策在我国执行已超过30年的历史。到2020年前后，20世纪80年代以后响应“只生一个好”的劳动群体（多是五六十年代出生）将陆续退休，接替这部分人工作的将多是八九十年代的独生子女，劳动年龄人口总量在2011年达到峰值后，已连续3年下降，劳动力规模面临着大幅减少，劳动力成本不断攀升。当前80后和90后初期的这部分人正处于育龄阶段，现在放开二胎政策恰逢其时，否则将会错过时机。

四是结构调整的需要。当前，我国人口结构性问题越来越突出：首先是出生人口性别比严重偏高，由于只生一胎导致“重男轻女”观念加剧，据统计现在有的省份仍然维持在120左右居高不下；其次是人口老龄化加速，目前我国60岁以上人口已达2.12亿人，占比为15.5%，据国家计生委的预测，到2030年，中国60岁以上的人口将达到3.55亿；第三是城乡统筹问题，过去的人口政策与城乡二元结构相适应，在新阶段新时期，人口政策若仍采取城乡分治，与统筹城乡发展的大趋势不相匹配。

综上所述，全面放开二胎应尽快提上议事日程，立即着手研究解决人口政策调整面临的种种问题，以下几点尤其要引起重视。

1.修改完善法律法规。启动修改《中华人民共和国人口与计划生育法》，取消对生育二胎的限制性条款，取消二胎社会抚养费。增加对失独公民的国家行政补偿条款，对独生子女发生意外伤残、死亡，其父母不再生育和收养子女的，要量化细化帮扶标准。在法律上实行“放二限三”，即鼓励生育一胎，放开二胎，限制生育三胎。

2.取消超生行政处罚。根据现行二胎政策规定，农村、私企、外企、自主创业群体，只要通过缴纳社会抚养费（甚至不交社会抚养费）就可以实现多胎生育意愿。而对于公务员、事业单位、国企这些“体制内”的夫妻，如果不符合条件而生育二胎，除了缴纳大额社会抚养费外，还有可能被开除公职的风险。这有违“公平公正”的原则，同时，也违背了《中华人民共和国妇女权益保障法》第二十七条“任何单位不得因结婚、怀孕、产假、哺乳等情形，降低女职工的工资，辞退女职工”的规定，与依法治国精神相背离。

3.**小步快跑放开二胎**。在综合分析研判“双独”“单独”二胎实施效果的基础上，为化解分歧，稳中求进，建议当前采取以育龄妇女年龄作为生育二胎的依据，凡年满30周岁的妇女均可以自由选择生育二胎。不分城乡、不分行业、同一标准、同一依据，一方面体现了“法律面前人人平等”的思想，同时也能在一定程度上控制人口数量的快速增长，为全面放开二胎赢得时间，可谓顺乎民心、深得民意。

4.**改善计划生育服务**。放开二胎不是不要计划生育，而是要把计划生育工作纳入法治化、规范化轨道，做到宣传教育、科学管理与综合服务相统一。推动计生部门综合运用法律法规及相关经济社会人口政策，调控人口增长，调整人口结构，提高人口素质。计生部门要更加注重依法行政和人文关怀，更加注重建立统筹解决人口问题的体制机制，为民众提供良好的计生公共产品和公共服务，促进人的全面发展和人口的均衡发展。

（2014年6月提交全国政协十二届六次常委会议的书面发言）

谈谈“假日调休”和“高速免费”

每到国家的法定节假日，大家尤为关注两件事情：一是如何安排调休时间？二是高速公路是否免费？对此，近几年往往出现网上扎堆式的争议，讨论的内容极其广泛，有的意见还比较激烈，我本不想说三道四凑热闹，但考虑到此事确实关乎千家万户的生活，牵涉到亿万公众的欢乐，而且折射着时代的和谐情态，不能简简单单地认为是件小事情。所以，还是想要阐述一些个人的看法。

第一，秉持以人为本原则，体现人文关怀理念。法定节假日不仅承载着传统文化的重要内容，也是展示现代伦理社会和家庭生活的重要标记，应该拥有更多的人文关怀。春节是中国的神圣大节，“有钱没钱，回家过年”，这是千百年来亘古不变的国人夙愿。大年三十，家人团聚，除夕是春节中的重要日子，不仅应该放假，而且还应提前一天放假，使他们能够在除夕回家，而不是奔波在路途上让家人久等。国人颇为重视的清明、端午、中秋三个节日的安排，要体谅那些生活不在同一地区人们的亲情需求，最好安排在三天小长假的中间，而不是安排在最后一天，使人们可以在清明那天能同亲人一道踏青拜祀、端午之午能同亲人一道共品粽香、中秋之夜能同亲人一道共赏明月，第二天又能赶回单位上班，从而体现出浓浓的“人情味”。

第二，权衡各种利弊关系，实现趋利避害目的。不可否认，在重大节假日，实行七座以下小型客车高速公路免费的初衷很好，它可以大大提高人们自驾出游的热情，拉动内需，促进消费，提振假日经济，好处确实很多。但是，由此也带来了不少弊端，最突出的就是高速公路拥堵，交通事故频发，景区人满为患，结果招致大家的抱怨，嘲讽这是“世界愚蠢政策的新纪录”。凡事都要权衡利弊，趋利避害。高速公路免费的最大弊端，一是时间集中在短短的几个节假日，二是受益者集中在拥有私家车的部分人群，三是车辆行驶方向集中在旅游景区。既然如此，何不转换一种思维方式，向公众发放一定数额的高速公路免费票券，而不是局限于特定小车和特定时间。这样变“集中”为“疏导”、变“特惠”为“普惠”，可以让更多的公众从免费政策中得到实惠。

第三，运用法治思维方式，维护社会公平公正。法定节假日既然是“法定”，节假日总天数及其具体安排就应该有法律规定，并尽可能固定，增加或减少法定假日应该由人大按照法定程序作出决定，而不是由哪一个部门哪几个人随意拍板，变来变去。根据《劳动法》有关规定，对需要在节假日加班者，用人单位不但应当按照标准支付高于劳动者正常工作时间工资的工资报酬，还要考虑支付他们因加班而未能得到的节假日高速公路免费补贴。在重大节假日道路资源紧张的情况下，如果将高速公路免费作为一种“特殊福利”，首先给予的对象应该是大巴的乘客，而不是那些“七座以下小客车”的主人，否则有悖于社会的公平公正，也不符合当今低碳环保的要求，更容易让人理解为“穷人为富人买单”。

第四，采取协商民主办法，广泛征求各方意见。习近平总书记指出：“我们要坚持有事多商量，遇事多商量，做事多商量，商量得越多越深入越好。”节假日如何调休，高速公路如何免费？这是一件既具体而又现实的涉及人民利益的事情，大家都很关心，应该切实做到“有事好商量”。前几年，有的网站受“有关部门和单位”委托，对“春节该怎么放假”进行过一些民意调查，由于方法过于简单，结果让很多人对这种“聆听大众呼声”的方法搓火，不舒服，感到失望。有关部门要采用协商民主的形式，梳理“假日调休”“高速免费”的相关内容，通过一定的协商渠道和协商方式，更多地听取不同人群的意见，既尊重多数人的意愿，又照顾少数人的合理要求，广纳群言，增进共识，最终达成不同利益主体相互理解、妥协、包容的综合结果。

概言之，“假日调休”与“高速免费”，属于民生的范畴，有其特定的复杂性，在作出安排决定时，应该兼顾各方利益，适度把握统筹策略，既要体现以人为本思想，又要反映民主法治精神，更为重要的是多听人民群众的呼声，让人民群众参与决策之中。平心而论，如果不商量或者商量不够，要想把“假日调休”“高速免费”这件事情办成办好委实很难。

（原载于《人民政协报》2015 年 3 月 16 日）

依法治理“附加费”

如果提及政府部门乱收费、乱摊派的问题，广为诟病的“附加费”堪称典型。据2月6日《人民日报》披露，“在目前我国主要收费项目中，与老百姓日常生活相关的收费项目就有30多种”。令人啼笑皆非的是，甚至看场电影也要缴纳票价5%的“国家电影事业发展专项基金”。然而，对于绝大多数消费者来说，那些发生在自己身上的各种名目的附加收费，压根儿就不知情，遑论它们最终流向何方，究竟作何用途。

调查资料显示，在全国各种政府性基金近500个项目中，除了教育附加、公共资源占用等极少数几项收费有明确的法律依据，34项经过国务院或财政部批准之外，其余均为各地区或部门越权或违规设立。“问君能有几多愁，恰似一江春水向东流”。诸如民航发展基金、旅游发展基金、电影事业发展基金、大中型水库移民扶持基金等，那些“附加”在人们日常生活中的收费项目，确实举不胜举，让人发愁。无怪乎社会上有人调侃：如此多的腐败分子频频出事，不知哪一天是否要征收监狱扩建基金？

形形色色、五花八门的附加收费项目之多之滥，使人瞠目结舌。至于全国每年向公众收取了多少“附加费”，这恐怕更是计算不清的一个天文数字。仅城乡居民电价之中，就至少包括5种“附加费”，总额占电价的5%左右。据新华社报道：如果按全国平均每度4分钱的电费附加收费计算，2013年，在电价之中一年“加收”的费用就高达2100多亿元，即使仅计算居民生活用电量，这笔收费也可达到270多亿元。

一旦“附加费”列入红头文件，征收期限就有可能遥遥无期，没有休止。如1964年财政部发布的《关于征收城市公用事业附加的几项规定》，至今已经超过50年，但是还在继续附加收费；全球石油价格大幅下调，而在其上涨期确立的燃油附加费照收不误。有的收费虽然到了期限，却是难以“断奶”，“乌龟换马甲”，变换一个花样，再堂而皇之征收。如当初“三峡建设基金”，在三峡工程建成若干年后，又变成“国家重大水利工程建设基金”。如此换汤不换药，直让人感觉无奈，情何以堪？

没有法律依据，不经公众同意，哪里缺钱花，就赶紧盯着百姓的钱包，说“附加”就“附加”，愿意征收多少就征收多少，还没等大家搞明白是怎么回事，却已经强令执行，被征收了。这真不知是哪家的道理？至于那一笔笔数目庞大的附加收费，最终派上了什么用场，保障民生还是济困扶危？公众只觉得“一头雾水”。比如，交了污水处理费，可污水依然横流；收了废气治理费，而雾霾照旧弥漫。凡此种种，在行政强力的施压之下，对于那些随心所欲的自由裁量征费，黑不见底的幽深收费漏洞，公众却又始终见不到切实的收费效果，当然有理由提出种种质疑。

附加收费，乱象丛生，不能任其蔓延下去，必须依法严格治理。按照党的十八届四中全会提出的建设法治政府的要求，建议对“附加费”的治理分为以下步骤进行。

第一步：开展“大扫除”。对于各级政府历年所作出的各种附加收费文件进行一次全面清理，依法依规处理，该改正的坚决改正，该废止的坚决废止，已经到期的立马叫停，取消一切没有法律依据的“附加费”。

第二步：推行“费改税”。解决“附加费”乱局的根本出路在于深化财税体制改革，清费立税，对于经过论证必须保留的收费、基金项目，通过立法转换为税收项目，用税收取代一些具有税收特征的附加收费。

第三步：建立“大清单”。推行政府收费清单制度，消除权力设租寻租空间，使“附加费”逐步纳入规范化、程序化、法治化轨道，对于目录清单之外的收费，一律不得执行，公民、法人和其他组织有权拒绝缴纳。

第四步：增加“透明度”。按照政府信息公开的要求和程序，在大众媒体上公布附加收费的项目及用途、数额比例分配、价格成本构成等，凡涉及公民、法人或其他组织权利和义务的，要公开听证，积极听取并采纳合理意见。

第五步：保障“监督权”。严格执行收支“两条线”的管理制度，严禁附加收费同部门利益直接或者变相挂钩，强化对附加征收费用的审计监督，并将审计结果公之于众，以便政府的征收和使用行为接受广大公众的监督。

说到底，要采取各种有效的治理办法和手段，把名目繁多的“附加费”坚决打入冷宫，最大限度地减少那些附加在公众身上的沉重收费负担，让老百姓在灿烂的阳光下生活得更加轻松。

（原载于《人民政协报》2015 年 3 月 30 日）

整治另类“吃空饷”

简单地说，“吃空饷”是指那些“占据公共职位、领取公家薪金，不做公众事情”的行为，在单位挂个名儿就可捞到大笔的工薪。

在我国，“吃空饷”现象自古有之，由来已久，而发展到前些年却是愈演愈烈。据官方公布，2014年在全国各地开展“吃空饷”的专项整治工作，截至9月25日，共清理清退“吃空饷”16.2万多人，追回了部分资金，处理了一些当事人，虽说是刚刚开头，却也取得了实实在在的初步成效。

实际情况是，各种名目繁多的领导干部另类“占位性”“吃空饷”现象，影响很坏，更应严格整治。

一是“亲属占位”。“老子握章子，儿子占位子”，已经见怪不怪，一些领导干部的亲友天知道在哪里鬼混，却是“有编制，有工资”的单位人。比如，有的领导夫人挂着单位的名，甚至还要挂个头衔，却基本见不到人影，只领工资不上班，或者“在家照顾领导身体”，或者“长期值夜班”，据爆料，民生银行内设的“夫人俱乐部”即是如此。不上班也罢，单位巴不得少张“乌鸦嘴”，而这些人却又特别耐不住寂寞，偏要打着领导的旗号，让人围着团团转，动辄颐指气使，遥控操纵，到处插手干部安排、工程项目等等，因此衍生出可怕的“占位性病变”。

二是“秘书占位”。一些领导干部原本没有达到配备秘书的规格，但往往以“公务太忙、工作太多、时间太紧”为理由，身边总要带上个秘书，显得“高端大气上档次”。人们难以理解的是，这些领导的秘书是要占职数的，紧张的职数又从哪里来？于是乎领导们挖空心思，想方设法从下属单位或分管部门的职数中予以调剂，秘书们提的是领导的包，占的是单位的编，当然也属“吃空饷”之列。有的领导秘书在占编领饷之外，还非得占着一个“单位头头”的位置不可，官位小了还不行，直让在单位干活的“老黄牛”们瞠目结舌。这种现象在全国绝不是少数。

三是“二五占位”。不少地方搞“一刀切”，即科级干部五十二岁、县级干部五十五岁，到了年龄一概退职不退休，让出位置，待遇不变，工资照领，福利照享，这就是人们常说的“二五”现象。那些“退居二线”的干部，正是年富力强时，占着职数不上班，还赢得个“退位让贤”的好名声。有的干脆到公司企业兼职挣外快，成为“身在曹营心在汉”的另种版本解读，如此轻轻松松，悠哉游哉，生活得有滋有味，真是“快活赛神仙”，何乐而不为？可是，由此带来的种种弊病，以及给事业发展造成的严重危害和不良影响，应该是人人皆知、有目共睹。

四是“懒政占位”。有的领导干部坐着官椅，戴着官帽，整日哼哼哈哈，“在岗不在状态、占位不在干事”，“做一天和尚撞一天钟”，“不求有功，但求无过”，毫无责任担当意识，对本职工作不管不问，敷衍了事，还要说些“为官不易”“官不聊生”之类的风凉话。有些人是“季节性上班”“选择性作为”，于己有利的事情上紧起劲，参加诸如挂牌剪彩之类纪念活动积极靠前，听说有出国出境考察指标便如“打了鸡血”般兴奋。懒政者不但没干多少正经活，而且玩风极重，往往以“学习考察”的名义，花费大量的公款四处游览，群众对此反映强烈。

以上形形色色另类的“占位性”“吃空饷”现象，与领导干部手持的大小特权有着千丝万缕的瓜葛，而且逐渐衍化成为官场顽疾，绝不能等闲视之，姑息迁就，否则会大大降低党和政府的公信力、权威性，应该对它来一次彻底的刮骨疗毒、严格整治。

第一，对权力套牢制度的“紧箍咒”。狠刹另类“吃空饷”歪风，关键是要标本兼治，强基固本，建立健全机制，严格执行制度，通过制度堵住漏洞。比如，严格执行有关文件规定，对于超配的领导秘书，必须按规定不打折扣地清退到原工作单位；依照干部“能上能下”原则，对于退职的领导干部应适当安排工作，不能拿了俸禄不干活；依据党的纪律，对于“吃空饷”的领导亲属，不仅在于清理清退，还应追究当事者及安排者的责任，坚决杜绝“一人得道，鸡犬升天”的丑陋现象。

第二，让政绩考核在阳光下运行。哪个人在岗不在岗，上班不上班，其实单位领导心中一清二楚，只不过是“睁一只眼闭一只眼”，不愿意“花公家的钱，惹自己的虱”。因此，有必要采取阳光操作的公示方法，晒出党政部门的岗位、人员、职责，晒出领导亲属在单位上了多少班、干了多少事、拿了多少钱、升了多少级，晒出领导干部出国出境多少次、花了多少钱等等。让政绩考核情况公开透明，用最广泛的民意监督，有效地督促领导干部及其亲属廉洁勤政。

第三，把“空饷”的大门牢牢上锁。对于财政供养人员，纪检、监察、编制、组织、人事、财政、审计等多个部门联合把关，定期进行人员核定和费用审计。一把锁不够，就多上几把。个别领导干部利用权力为“吃空饷”人员提供方便，其中必有多方人员参与弄虚作假，在追究当事人责任的同时，还应对相关单位及其相关人员进行严肃问责，以从根源上解决异类“吃空饷”问题。

第四，发挥好考核的标杆作用。对在岗人员从严考核，促进干部履职尽责。“坚决纠正不作为、乱作为，坚决克服懒政、怠政，坚决惩处失职、渎职。”对消极怠工，玩忽职守，占着位子不干事、干不了事、干无用之事的领导干部，应该拿出严肃的处理办法，“腾笼换鸟”，优胜劣汰，倒逼那些“为官不为”者挪出位置，不能让“一杯茶，一支烟，一张报纸看一天”的现象持续发生。

第五，依法追究刑事责任。从某种意义上说，“吃空饷”属于以非法占有为目的，骗取或侵吞公共财物，属于“职务侵占”的范畴。我国宪法明确规定，“禁止任何组织或个人用任何手段侵占或者破坏国家和集体的财产”。因此，对于情节特别严重、群众反映强烈的“吃空饷”现象，应该以涉嫌侵占、贪污、渎职等罪，追究当事人的法律责任，如此才会形成震慑，以儆效尤。

（原载于《群言》2015 年第 10 期）

放飞田园牧歌　建设美丽乡村

“谁不说俺家乡好。”然而，随着我国城市化的进程，农村创造社会财富最具活力的中坚力量流往城镇，留下的只有被人们统称的“386199部队”，由此凸显出各种阶段性问题，即如近几年春节期间一些人士返乡笔记集中描述的乡村凋敝、村民迷惘、文明衰败、道德滑坡、生产落后、环境污染，等等。

暂且不去议论这些返乡笔记内容的准确度与偏颇性，但有一点却是不争的事实，那就是乡村环境卫生的“脏乱差”，直接撕裂了人们对农村田园风光的魅力印象。

笔者也是从农村田埂走到城市的一员。在我的记忆中，家乡的田园风光总是有清澈见底波光粼粼的溪流，四季常青苍翠欲滴的香樟等。多少年后，许多淳朴自然极富诗情画意的田园景致难得见到，映入眼帘的却是“废物遍巷道，果皮满池塘”，空中飞的、地面堆的、树上挂的、水里漂的，构织了乡村垃圾的“立体结构”。故而，我曾在八年前的全国政协会议上呼吁：从国家层面建立“乡村保洁”制度。

几年的时间悄然过去，我国乡村的环境卫生有所改观，但客观地说变化不大。突出表现在：废弃物品无序堆放，垃圾处理任重道远，呈现无人收集、无车运输、无场处理的“三无”尴尬局面；面源污染日复一日，水土污染持续加剧，全国三万多个乡镇，却不足千座污水处理厂；化肥农药超标使用，农业生态不断破坏，全国每年化肥使用量超4000万吨，农药使用量达120万吨，严重危害了水土安全和农产品安全。天蓝地绿、碧水净土，建设美丽家园，成为广大城乡居民共同的企盼。

不久前出台的中央一号文件提出，要集中治理农业环境突出问题，加强重大生态工程建设，深入开展农村人居环境治理和美丽宜居乡村建设，促进农业农村发展“向追求绿色生态可持续、更加注重满足质的需求转变”等。措施条条得人心，关键是要转化成为地方各级政府的实际行动和具体行为，让老百姓切实获得更多的幸福感、安全感。我认为，要使美丽乡村建设达到事半功倍的效果，以下几项工作不能忽视。

第一，制定规划标准，要经得起时间考验。建设美丽家园，离不开美好的蓝图，制定什么样的规划标准很重要。前些年各地开展农村清洁工程、新农村建设等，由于缺乏较长远的、合理布局的科学规划，也没有很好的水厕改造、垃圾收集处理的配套设施标准，你说东，他指西，设备凑合使用，施工不顾长远，结果造成不少浪费。所以，对于规划标准一定要群众参与、多方论证，集中连片、实事求是，不能少数人拍脑袋，既要经得起时间的检验，又能彰显“看得见山、望得见水、记得住乡愁”的意境，尽量保留田园风光的自然风貌。

第二，加大资金投入，钱要用在刀刃上。乡村垃圾清扫及资源化利用、畜禽粪便集中处理、农作物秸秆综合利用、厕所改造及生活污水治理等，做好这些事情都需要花钱。资金使用不能撒芝麻，眉毛胡子一把抓，要分轻重缓急，集中使用，否则好事没办好，意见却不少。当务之急，是要解决聘请乡村保洁员的人力工资和初端垃圾收集设施的资金问题，一切乡村保洁费用应由各级财政转移支付，将乡村保洁费用列入专项，按期拨付，统一管理，监督使用，不能拖欠，不能克扣，更不能以任何摊派形式给村民增加经济负担。

第三，开展专项行动，调动村民的积极性。推进农村生活垃圾和面源污染治理专项行动，关键在人。“上面喊破嗓子，不如底下甩开膀子”，要重视发挥乡规民约的作用，着力营造乡村环境卫生氛围，通过“村民自治”，尊重村民的意愿，提高村民的道德素养，加强村民的卫生观念，引导村民主动参与垃圾集中排查整治行动。“乡村是我家，卫生靠大家”，只有汇聚“微行为”，形成“众力量”，突出村民的主体地位，把村民的主体作用发挥出来，才能使建设美丽乡村的各项行动拥有恒久的生命力。

第四，推行示范引领，避免表面上的光鲜。美丽乡村的样板不能追求形式上的“好看”，而是为了让人们“好学”，更不能仅靠政府一味“砸钱”，千篇一律，否则会引起人们的心理反感。应充分挖掘村庄特色，依托现有资源基础，多途径探索美丽乡村建设的新路子，多方位展示美丽乡村与经济发展密切结合的深刻内涵。比如，农业面源污染综合治理样板，可让人们懂得如何开展有机肥替代化肥，促进农业节本增效；农业废弃物资源化利用样板，可让人们掌握如何推行高效生态循环种养技术，推动规模化大型沼气健康发展。“一花引来百花香”，这才是示范引领的题中之义。

“努力建设既有田园风光，又有现代气息的美丽宜居乡村。”这是时代的召唤。我们有理由相信，在新的历史时期，中国的乡村一定能够放飞新的田园牧歌，变得更加美好！

（原载于《人民政协报》2017 年 3 月 4 日和
《中国经济社会论坛》2017 年第 5 期）

教养，其实很珍贵

一个人的高洁气质之美，通常被称为“有教养”。节目主持人单膝跪地与轮椅上的耄耋老人交谈、警卫战士俯拾被人扔在地上的小国旗、男孩扶起路旁凌乱停放的共享单车……这些很有教养的细小行为，充满着暖暖的正能量，就像深秋里的桂花，清香、浓醉。

然而在当今社会，偏偏有些人太缺少教养，令公众嗤之以鼻。高铁“霸座”、老人被殴、柑橘遭抢等事件频频曝光，尤其是不久前重庆发生的公交车坠江事故，十余条无辜生命在没有教养的冲突中瞬间遇难，不禁让人唏嘘不已，生出感慨：做人不能没有教养。

多少事实说明，如果社会缺少教养，人与人之间将尔虞我诈、你争我斗，以致害人害己、两败俱伤。长此以往，人的生存环境将变得一片凋零、黯淡无光，甚或出现“寂静的春天”，鸟儿不鸣唱、花儿不开放。

犹如和煦的风、温润的雨，舞动着万紫千红，教养把世界点缀得无比美好。那么，教养的实质到底是什么呢？

习近平总书记在多个场合强调指出：“德莫高于爱民，行莫贱于害民”；“国无德不兴，人无德不立”；领导干部要立政德，“明大德、守公德、严私德”。这里的“德”当指教养，是一种个人的道德修养。几千年来，“君子德风，小人德草”“士有百行，以德为首”“静以修身，俭以养德”等数不清的道德文化，熏染着国人把“孝悌忠信礼义廉耻”作为至高信条，自觉遵循并习以成性。

一个人的教养如何，往往折射出其品德之优劣、内涵之深浅、素质之高低，缺失教养就叫“缺德”。故人生最大的资本就是骨子里的教养。因教育而养成的优良品质和习惯，往往通过具体行为来体现。人生的崇高境界，简而化之就是一个“给”字：给人以方便、给人以礼节、给人以赞扬、给人以尊严、给人以帮助……表现在日常生活之中，就是“小处也不随便”：守时、守约、守法、守纪、守信……

教养，往往意味着在人们面前表现出得体的言行举止，同时展示出与众不同的内心世界。有句话说得好：“教养就是当你走到一群人中间，你的行为恰当得体，让人感到礼貌和愉悦。”其实何止于此。教养之益，善莫大焉，使人们感觉弥足珍贵。

维护社会秩序。人是社会的组成元素。社会并非专属于一个人，在真实的世界里，自我总是与他人同在，“人”字的结构就象征着相互支撑、相互依存、相互资生、相互传递温暖。在某种意义上，“教养比法律还重要，它们依着自己的性能，或推动道德，或促成道德，或完全毁灭道德”。红绿灯不能乱闯、斑马线不能无视，人要遵纪守法、自我约束，简单的生活常识寄寓着“知行合一”的哲理，教养使得社会井然有序。

调整人际关系。“人有礼则安，无礼则危”，教养维系着良好的人际关系。做人应该真诚厚道、光明磊落，善解人意、温文尔雅。“小人固当远，断不可显为仇敌；君子固当亲，亦不可曲为附和。”尊重和关心他人，同时也不随意冲撞和迎合他人，即便面对“三八二十三”的偏拗难缠者，也应像孔子教育弟子那样儒雅地挥袖而去。这样不仅可以避免许多矛盾纷争，还可避免“拔出钉子留下痕”的心头遗憾。

助力事业成功。康德说：“所谓自由，不是随心所欲，而是自我主宰。”很多时候，不是优秀才自律，而是因为自律才变得优秀。胸怀大志的人，往往会表现出严格自律的教养行为。井冈山时期，中国工农红军制订铁一般的“三大纪律、六项注意”，并以这种特殊的“教养”获得广大群众的支持；重庆谈判期间，手不离烟的毛泽东竟断然不抽一支，使蒋介石打心底折服：对他的决心和精神，绝不可小视！

提升人生格局。格局，是一种胸襟、一种气度、一种视野、一种修为，是一个人精神上的基本架构。人的教养与格局息息相关，有教养必有大格局。小处能处理好自己在社会中的角色，不蝇营狗苟、斤斤计较眼前的一时得失，从而有所为有所不为；大处懂得何为家国情怀，从而充满雄心壮志，“苟利国家生死以，岂因祸福避趋之”。处理同一件事情，格局不同，结局也会截然不同。有的人或付出惨痛代价，有的人却荡漾温馨浪花。

优化生活空间。大德始于自制，大智莫若知人。为人处世，所有的修养都要从管理自己的情绪开始。生活总是琐碎摞着琐碎，日子总是烦恼叠着烦恼，教养让人理性自控而不骄躁，氛围于是欢乐融融。一个人如果不分场合、管不住自己的情绪，周边的生活空间就会被搅得乌烟瘴气、一塌糊涂。控制住脾气，才能做人大气、增添和气、凝聚人气；守得住嘴巴，“言不及私”，说话把握分寸，才能被人视为至交。

抵制丑陋行为。一个人的教养，就存在于他的言行、他的处事方法里，甚至在他的清澈眼神中。有教养的人懂得尊重和体谅，但绝不意味着软弱，也不是圆滑世故的和事佬。他不能容忍触及底线的社会破坏行为，坚定地与丑陋现象堂堂正正地交锋。路见不平、见义勇为，这是人人称颂的教养；对无理取闹者猛踹一脚，也是难能可贵的教养。大家都应珍重这份教养，它护佑好人一生平安。

戴尔·卡耐基在《人性的弱点》中陈述了一个观点：只为自己着想的人是无可救药的，因为他们是没有教养的人，无论他受过什么样的教育。“乱花渐欲迷人眼”，社会转型，物欲横流，追名逐利，人之劣根难以除尽。

自我为中心。时时把自己放在第一位，是人格的一大缺陷。公共场所大声喧哗、牵着宠物满街拉尿、游览公园随处摘花等行为，之所以会遭人讨厌，是因为这样的人心中没有别人。重庆公交坠江事件中，一辆公交车成为社会的缩影，傲视一切的乘客激怒了毫不退却忍让的司机，一起不该发生的悲剧，就因为戾气太重的“我”而发生了。惨痛教训极其深刻！

损人不利己。如果说损人利己还勉强能够让人理解，那些明明对自己没有任何好处，却毫不在意损害他人利益的行为，则令人匪夷所思。驾车随意变道、景区乱刻乱画，更有恶作剧者，竟将他人的车轮螺丝拧松，险些酿成严重车祸。对于那些有失教养的“营营青蝇”之类的勾当，鲁迅先生曾明确说过：“只有损人而不利己的事，我是反对的。”

“泼妇”潜规则。坠江公交车的乘客与司机演绎了一幕“我是‘泼妇’我有理，我是‘飙汉’我怕谁”的活剧。文明驯化野蛮需要时间，二者相遇，有时蛮不讲理竟占上风，文明礼貌反遭奚落。“退一步海阔天空，让三分心平气和”，在“无明”之流面前，有时宁愿选择退让与妥协，不跟他一般见识，莫与他争执不休，这不是落荒而逃，而是教养的韬略。

德位不相配。“德不配位，必有灾殃。”小胜靠智，大胜靠德，没有大德，很难委以重任，哪怕本事再大，也难成大器。有的“人一阔脸就变”、有的“一上位就弄权”，口气大得很，表现很强势，哪怕只是个派出所的小官，也竟敢把让女儿罚站的老师带走关押。不懂谦虚攒人品，钱多权重就发烧，这完全违背了社会的伦理和规矩。

人性在扭曲。性格扭曲注定品格卑微，这种人只配苟且地过着蝼蚁般的生活。动乱岁月使一部分人缺少做人的基本教养，集体无意识蒙蔽了人的良知，即使清醒后性格也已严重扭曲，于是总觉得社会亏欠他太多。“碰瓷”插队、抢座扰民等现象一再发生，由此衍化出所谓“坏人变老”“老人变坏”之类的话题。心性扭曲的人，需要的是洗心革面的重新生活。

朝着向往的未来，我们又该怎样从心底培育出良好的教养？

修心以成性。修道之谓教，“学而时习之，不亦说乎”。因时时修为而炼成性者，则心境自然恬淡宁静。生活中要学会接纳，不使心胸狭窄；学会欣赏，不事阿谀奉承；学会放下，不令灵魂走远；学会释怀，不致自生怨气；学会从容，不会咄咄逼人；学会慈悲，不让善良消退。以己度人，淡泊明志，内心平和顺达，方可感悟出“仁义礼智信”的自觉，由是涵养自尊自信而变得自强。

懂得尊重人。孟德斯鸠说：“礼貌使有礼貌的人喜悦，也使那些受到人家礼貌相待的人们喜悦。”居高而恭俭，位尊而礼下，这是教养的规则之一。曾有人直接把一袋苹果送给拾荒老人，但老人说：“我是捡破烂的，不是乞丐”，此后这人改为在垃圾箱旁钉钉子挂物，老人悦而自取之。“爱人者，人恒爱之；敬人者，人恒敬之。”人人皆有尊严，教养是让人舒服，而不是让人难堪。

持重慎为之。“子钓而不纲，弋不射宿。”持德以恒、予人以善，益人益事、亲民乐助，教养充满在生活之中，体现于细微之处。一声礼貌用语、一个扶门动作、一抹温馨笑容、一杯淡香清茶……会让人感受到浓浓情意。大德寓于小处，积小德而为大德，做人低调，犹如寒冬的红梅，“俏也不争春，只把春来报”。一些具体生活中微小的细节，往往决定着人生的成败。

处世要真诚。坚持实事求是，秉持诚信品格，既当“绅士”又当“战士”，对于发现的问题和不良现象，敢于当面指出而不敷衍塞责；坚持真理，修正错误，即便真话很难说，也要“假话全不说”，不能把批评与自我批评的“利器”打磨成圆钝的“按摩器”。诚信融于教养，教养饱含真诚，诚实的教养可弥补智慧的缺陷，使得“皇帝新衣”的闹剧不在人世间一次次重演。

注重好家教。穷养富养，不如教养。家庭是第一课堂，父母是第一老师，千万不要让孩子输在人生的起跑线上，这道起跑线就是家庭教养。“养不教，父之过”，有教养的孩子才是家长最大的骄傲。“分苹果”的故事中，母亲分配苹果的方式看似一桩小事情，却影响着孩子的幼小心灵。家教好源自家风好，言传身教胜于一切说教。故而，以身作则，培养自己比培养孩子更为重要。

汲取正能量。别一听正能量的人和事就瘪瘪嘴，认为是心灵鸡汤。生活中的正能量，是一面对照自我的镜子，在浮躁中产生自我反省、自我剖析的冲动；是一份营养丰富的精神食粮，滋润着自身教养日臻完善。我们不用摆出站在世界中心拥抱爱的姿势来呼唤教养，只需像对着大山喊话那般，高声呼喊着“我爱你”，四面山谷回荡的必是“我爱你”的声音。相信吧！我们每个人的教养，整个世界都会作出回应。

教养其实很珍贵，做人应该有教养，是因为教养能使人生显得更有价值、灵魂显得更为纯洁、品德显得更加高尚；那些具有教养而备受尊敬的人们，是因为他们懂得人性，知道人性在哪儿闪亮发光、在哪儿创造辉煌。但愿我们都能做一个有教养的人，走好自己人生道路的每一步！

（原载于《群言》2018 年第 12 期）

紧盯脱贫效果的可持续性

距2020年全面建成小康的时间越来越短，脱贫攻坚越来越接近冲刺阶段，各地的脱贫积极性也随之日益高涨。我们可以发现，全力脱贫已成为目前贫困地区各级政府的一项中心工作，由争先“戴帽”变为争先“摘帽”，要求提前实现脱贫的已不再是个别。这当然是件好事。

但我们也注意到，一些地方为了急于完成脱贫指标，却存在不够“严”、不够“专”、不够“实”的现象。或只“输血”而不“造血”，缺乏长远目标；或搞“应景式”“注水式”，不顾长远规划；或“掐穷苗”“留穷根”，没有长远效果。如此一来，很容易出现坊间流传的“顺口溜”中所描述的情况：“一年大变样，两年回原样，三年不像样。”

近年来，习近平总书记一再强调，要更加注重提高脱贫效果的可持续性。把脱贫攻坚、建成小康的美好蓝图写在中国的每一个角落，让贫困地区实现真正意义上的长期脱贫、持久富裕，而不致昙花一现、好景三日，这就需要在战略部署上“扣扣子”、在任务落实上“钉钉子”、在责任履行上“担担子”。

扣紧“扣子”。打好脱贫攻坚战，协调推进全面建成小康社会，这不仅是眼下贫困地区的经济收入有增长，贫困群众的基本生活有保障，更重要的是要找准问题，扣紧“扣子”，让脱贫的成效得以持久。

比如，因病致贫返贫是个大问题，防患未然尤为关键。一场大病或一次意外灾难事故，很可能会导致贫困的再现。因此，在建立大病救助、补牢医疗网底的前提下，还得加强灾难事故的防范措施，尤其要把农村的诊疗关口前移，从国家层面加大投入，开展贫困地区疾病分级体检，尽早发现疾病、治疗疾病，切实做到未病先防、既病防变。

又如，贫困相对固化是个大问题，教育扶贫举足轻重。不久前，李克强总理在国务院常务会议上明确指出：要让寒门子弟都有机会通过教育改变自身命运，阻断贫困代际传递。当前农村贫困地区教育发展面临诸多困境，其中最为要紧的是提高教学质量，稳定教师队伍，要花大力气尽快解决好教师待遇和教师培训等问题。

钉牢“钉子”。“不幸的家庭各有各的不幸”，不同的贫困地区各有各的贫困。扶贫要因地制宜，不能千篇一律，按照“缺什么、补什么”的原则，着眼长远、补缺补差，抓住细微、钉紧钉牢，把帮扶措施落到实处。

有的地方把脱贫任务简略为发放扶持资金，把脱贫项目简化为“一头牛、一亩果、一塘鱼”之类，或者盲目跟风、不假思索地推广“××工程”。结果几年下来，产业项目“价贱伤农”、不可为继。所以，发展贫困地区的新业态，一定要立足当地资源禀赋，以国内外市场需求为导向，精心选择产业项目，创新产业扶贫方式，突出产业地方特色，培育差异化比较优势。

脱贫工作要善画“工笔画”，不搞“大写意”，以绣花的功夫、打铁的狠劲，匠心苦功，聚焦薄弱环节。激活脱贫新动能，确保致富可持续，关键是增强贫困地区的“造血”功能，帮助解决人才缺乏，特别是生产技能缺乏的重点难题。山高寻路，水深寻波，要通过政府补贴、校企合作方式，千方百计让乡村青年学会一门适应现代要求的技术活，掌握自动觅食的本领，从“一次性扶贫”迈向“可持续性脱贫”。

压实“担子”。脱贫成效是当前贫困地区各级政府考核的重要指标。为避免在某个时间节点“一脱了之”“一走了之”，发生“边脱贫、边返贫”的现象，压实责任担子，建立“一帮到底”的长效脱贫机制显得十分必要。

小康不小康，关键看老乡。对于扶贫对象的精准程度、扶贫项目的落实情况等，“老乡”心中自有一杆秤，他们最有发言权。因此无论哪个方面的评估体系，都不能忽略“老乡”的评判。对于搞假的、弄虚的、做样的、刮风的、养懒汉的、图政绩的，一经查实，都应追究责任。

脱贫算不算，三年“回头看”。“回头看”的内容，主要是3—5年的返贫率。如果返贫率很低，说明脱贫攻坚是成功的，成效是可持续的；反之，除外一些不可抗拒的风险因素，如果仍出现较高的返贫率，则说明当年的脱贫成果有猫腻、不扎实，还得进行原因分析，终身督查“责任链条”。

一句话，打赢脱贫攻坚战，必须经得起时间的考验和检验。既要有时代的雄心，心无旁骛，撸起袖子只争朝夕做好每一件事情，同时也要有历史的耐心，稳扎稳打，紧扣脱贫成效的可持续性，“不采华名，不兴伪事”，为子孙后代打下坚实的幸福基础。

（原载于《人民政协报》2017 年 9 月 21 日）

精准脱贫需要治"懒"

拽不住的岁月，拉不住的时光，离实现全面建成小康社会的第一个百年奋斗目标，已经越来越近，中华民族挥手告别贫穷的千年梦想，已经指日可待。

但是，脱贫攻坚的任务仍然十分艰巨。在农村调研时发现，经过几年工作的努力，扶贫养"懒人"的现象依旧存在。有的人四肢健全或略有残疾，本来完全具有生产生活能力，可就是惰性十足，"懒虫"吞噬全身，整日"盼星星，盼月亮，只盼着政府救济粮"。

他们懒于参加劳动，介绍去工业园区上班，嫌工作的时间太长，推荐去当保洁员，又嫌打扫垃圾的活儿太脏；懒于掌握技能，上面发给牛和羊，结果越养越瘦弱，发来几箱蜂，最后飞跑了，问是什么原因，他说学不来技术；懒于赡养父母，"不管是爹还是娘，推给社会去供养"，各自过各自的日子，毫无孝老爱亲的良心；懒于料理生活，做顿饭吃两天，就着青菜拌点盐，衣被不洗也不换，工作组送来了粮油、电饭煲，还要追着讨电费；等等。

尽管"懒人"在贫困人口中占极少数，但社会危害不小，并不同程度地影响着干群关系。一是滋生悲观泄气，有些通过自身艰苦打拼而未评上贫困等级的非贫困户，觉得流汗多不如躺被窝，累死累活没人疼；二是形成心理怨气，不管真贫还是假贫，都要抱怨上级政府给的钱物太少；三是助长懒惰习气，认为"懒人"有懒福，别人来帮忙，照样度过好时光；四是衍化"以贫为荣"风气，出现"人人争当贫困户，向上申请要补助”的乱象。

习近平总书记强调指出，坚持扶贫和扶志、扶智相结合，组织、引导、支持贫困群众用自己辛勤劳动实现脱贫致富，用人民群众的内生动力支撑脱贫攻坚。落实中共十九大报告“脱真贫、真脱贫”，使脱贫成果经得起历史检验，在精准脱贫攻坚战中，应该把握标准，辨证求因，对症下药，治理“懒人”行为。

政策设计不养“懒”。“授人以鱼不如授人以渔”，扶贫导向不能迁就“懒人”，简单地分发钱物，而是要坚持“谁干支持谁，大干大支持，小干小支持，不干动员干”，千方百计促使“懒人”去挣取劳动报酬。比如，与其挨家挨户给贫困户发牛羊，不如集中资金建立村级规模化畜牧养殖场，这样不仅为贫困户提供了就业岗位、学会了养殖技能，而且养殖场的收入还可再用来购买卫生保洁、治安巡逻等公共服务。

村民自治制约“懒”。发挥乡规民约和乡贤文化的积极作用，成立村民道德监督会之类组织，对不赡养父母、虐待老人、好吃懒做的人和事开展道德谴责，通过乡邻亲友施以道德压力制约“懒人”行为。建立乡村墙报“红黑榜”，弘扬社会正能量，动态清除贫困名单中“等靠要”思想严重的“懒人”，与此同时，对于主动脱贫、自愿脱贫、提前脱贫的群众，采取“以奖代补”的办法，给予一定的物质奖励和扶贫支持。

激励“懒人”克服“懒”。通过宣传发动、干部示范等方式，“踏破门槛、走进心坎”，耐心细致地做工作，激励贫困群众自觉成为脱贫的主角。采取类似“好事银行”的积分制度，按照“多劳多得、少劳少得、不劳不得”的分配原则，倡导贫困群众积极参与环境整治、植树造林、殡葬改革等公益活动，用做好事、做善事的方法获得积分，兑换生活必需品，使他们在精神上丰富起来、生活上自立起来、工作上勤奋起来。

能人带动告别“懒”。借鉴“一帮一，一对红”“大手拉小手”的形式，鼓励能人带动“懒人”，彼此相望、彼此守护。一些地方成立贫困户理事会的做法很好，可以让贫困户互帮互助抱团取暖，特别是由勤快贫困户带动懒散贫困户，帮助“懒人”学习技术活，掌握自食其力的本领，促成他们致富有手艺、创业有门路、就业有去处，并在辛勤劳动中收获幸福，赢得尊严，营造出“告别贫穷告别懒”的良好社会风尚。

“幸福都是奋斗出来的。”劳动最光荣，勤劳能致富，天上不会掉馅饼，美好的生活需要自身创造，这些话放在脱贫攻坚的今天，尤其显得具有新时代的价值与分量。

（原载于《中国政协》2018 年第 13 期）

农村脱贫，我心向远方

我从小生长在农村，打记事起，没有“坐在高高的谷堆旁边，听妈妈讲那过去的事情”，却吃过难以下咽的糠糍粑、喝过漂着饭粒的野菜汤，品尝过我国改革开放前农民缺衣少食的贫穷滋味。“一条棉被一张床，半口破锅半间房，留下鸡蛋换油盐，米缸见底薯当粮”，这大概就是当时农民的家当。政府分配的布票严重不够穿，生产队里的日本尿素袋给大伙派上了用场；所以直到今天，我仍记得那首近乎调侃的歌谣：分个化肥袋，做条小短裤，前面是“日本”，后面是“尿素”。

1978年改革的滚滚惊雷，唤醒了神州大地的高山河流，广袤的农村又一次开始了“分田分地真忙”。改革开放的40年，也是我国农村扶贫减贫的40年。农村居民收入水平持续提高，生活水平不断改善，贫困人口大幅减少，我国农村从普遍贫困逐步走向整体消除绝对贫困。我们都亲身见证了改革开放40年来农村所发生的巨变，远不止于“两不愁、三保障”，更有“土坯屋建成小洋房、泥巴路硬化机耕道、打谷坪修造健身场”，等等。那变化何啻天壤？

今年初秋，我参加全国脱贫攻坚奖项评选，了解到：从1978年到2017年，40年间，我国农村贫困人口减少7.4亿人，年均减贫人口规模接近1900万人；农村贫困发生率由97.5%下降为3.1%，年均下降2.4个百分点。特别是中共十八大以来，以习近平同志为核心的中共中央动员全党全国全社会力量，打响脱贫攻坚战，取得了决定性进展。五年来，农村累计减贫6853万人，减贫幅度接近70%，年均减贫1370万人，成绩何其伟大！

目睹40年来农村扶贫的显著成效，我们无不热血沸腾，洋溢着一股自信劲儿。在如此长期锲而不舍的扶贫开发历程中，逐步形成中国特色社会主义扶贫开发道路，实实在在为世界减贫事业贡献了中国的智慧与方案，我国的农村扶贫开发也必将成为国际减贫道路上的耀眼明星。

脱贫攻坚是一场史无前例、必须打赢打好的硬仗。当下，脱贫攻坚的决战时刻已经到来，万众一心、酣战尤烈，众志成城、必胜在我，可谓气壮山河。然而，我们也应清醒地认识到，农村扶贫工作具有典型的阶段性特征，当前脱贫攻坚既面临一些多年未解决的深层次矛盾和问题，也面临不少新情况新挑战。比如，一些地方为了急于完成脱贫指标，缺乏长远目标与规划，搞“输血式”“注水式”“应景式”“掐苗式”扶贫；或者“干部干、群众看，上面着急、下面不急”，摘掉了“穷帽子”、没拔掉“穷根子”等。如此这般，很容易出现“一年大变样，两年回原样，三年不像样”的景况。

中国农村扶贫的一条宝贵经验，就是根据阶段性贫困特征，制定相应的扶贫工作方案。要可持续性地巩固农村脱贫成果并经得起时间的检验，“后2020”的扶贫开发还有很多更加艰巨的工作需要去做，万万不能抓一阵、松一阵，“沙滩流水不到头”。因之，我的心向着远方，倏然想起了“四个孩子”的故事，或许会给人带来一些启示。

之一，“卖核桃的孩子”。一名叫“山果”的14岁小姑娘，家里收了很多核桃，但汽车进不了山，要卖就得背到山外很远的地方，家离火车站有几十里路远，妈妈病着，要钱治病，爸爸叫她出来卖核桃。小姑娘半夜起身，带着干粮，一直走到天黑，还在一个山洞里住了一夜，天不亮就背起篓子走，才赶上了这趟车，从城镇卖完核桃赶回家又得走一天一夜，来回一趟刨除车票能够剩余十五六块钱就很不错。村里像这样卖核桃的孩子还有很多。

“一亩三分地，起早不得利”，传统的生产模式碾压着现代社会勤劳致富的梦。依靠每家每户搞单打一的“一亩果、一群羊、一塘鱼”之类的旧有扶贫方式，像小姑娘“山果”那样夜以继日背着竹篓卖核桃，则很难持久地走出贫困的窘境，甚至连生活都难以为继。眼下我国农村的出路，应该因地施策“挖穷根”，一乡一品促产业，只有发展壮大现代实体农业才是根本。实体经济是创造财富的经济，农业产业应注重长期培育与发展，不能急功近利，需要成千上万的“褚橙”“老干妈”，通过兴办不同的实业实体，让资源变资产、资金变股金、农民变股东，借助现代科学技术和网络手段管理经营，才能实现真正意义上的“挖穷根”“翻穷身”。

之二，**“海滩上捡鱼的孩子”**。大海退潮后，海滩上的浅水洼里留下很多被搁浅的小鱼，在烈日下蹦跳翻腾，因为等待它们的只会是死亡。但有一个孩子一条一条地捡起小鱼，把它们重新放进大海。有人对这个孩子说：“那么多的小鱼你捡得过来吗？就一条小鱼而已，又有谁会在乎呢？”孩子一边往海里放鱼，一边说：“救活一条是一条呀！你看，这一条在乎，那一条也在乎。”

我们都记得一句古训：“圣人不治已病治未病，不治已乱治未乱”，若“病已成而后药之，乱已成而后治之，譬犹渴而穿井，斗而铸锥，不亦晚乎”。孩子往海里扔鱼，委实只能使少数鱼得救，关键是要围着海滩修筑堤坝，使小鱼不再搁浅。概言之，“治未病、治未乱”，未雨绸缪，防患于未然，这才是着眼长远的好办法。“一看房，二看粮，三看劳力强不强，四看家中有无读书郎”，说的是在脱贫攻坚中，教育扶贫、科技扶贫、健康扶贫关系到未来。“不知得了病，病了就要命”，疾病只有早预防、早治疗才是正道；“读书考状元，不如一天三百元”，短视的“读书无用论”不能任其抬头。因此，务必进一步加强城乡医疗卫生均衡化建设，促进城乡教育一体化发展，推动科技文化下乡，切实不让一个学生因贫失学、一个家庭因病致贫返贫，把“治未病”理念落到实处细处，把贫苦阻断在代际传递的起跑线。

之三，**“为蚂蚁引路的孩子”**。一名富豪散步时发现有个小男孩蹲在路边，聚精会神地拿着一根草茎在地上摆动，便好奇地俯下身子问道：“小朋友，你在干什么呢？”小男孩头也不抬地回答：“有只蚂蚁和同伴走散了，我在为它引路，把它引到同伴中去。”在小男孩的努力引领下，那只走散了的蚂蚁终于回到了蚂蚁群中，碰着触角好不欢快。小男孩感到很高兴，富豪的心灵也为之震撼。

为一只迷惘惊慌的蚂蚁引路，的确别有一番创意。有的贫困户缺智又缺志，上面发来了小果苗，他说不会种；发来了小羊羔，他说不会养；国家给修建了大棚，还等着政府买种子、供肥料，换个草帘都指望政府干。因此，单靠给钱给物扶危济困还不行，“帮钱帮物，不如帮建一个好支部”，为贫困者“导航引路”。要做到小康路上一个都不掉队，必须深入推进抓党建促脱贫攻坚工作，选好配强村“两委”班子，培养农村致富的引路人，促进乡村本土人才回流，打造一支“不走的扶贫工作队”。通过激发内生动力，走出一条集体脱贫的路子，不落下一个贫困地区和一个贫困群众，那才是我们脱贫奔小康的梦。

之四：“拧螺丝的孩子”。一对衣着时髦的青年男女焦急地站在一辆漏油的高档轿车旁，请求路人爬进车底帮助拧一个螺丝，并许诺给100元作为报酬，但不见有人愿意帮忙。一个小男孩爬进了车底，并在车主的指挥下不到一分钟就将螺丝拧好，然后爬出来期待地望着车主。车主给了5块钱，小孩摇头，又加5块钱，还是摇头。车主说：“嫌少？10块也不给你啦。”小孩认真地回答：“我不要报酬，只等你们一声谢谢！”

扶贫既要“富口袋”，更要“富脑袋”。然而，有人富了口袋，却不懂说声“感谢”，表现出暴发户习气，一方面大手大脚，在操办婚丧嫁娶等红白喜事上讲排场、搞攀比，动辄几万乃至几十万元；另一方面不讲诚信，假冒伪劣、偷税漏税、克扣工资，什么事都干得出来。也有人“口袋空空，脑袋空空”，懒于干活，整日无所事事，“靠着墙根晒太阳，只盼着政府救济粮”。为此，开展“富脑袋”工程显得尤为重要。在扶贫进程中，要注重加强品德教育，提升文明素养，倡导优良的家风家教，呼唤人性之光熠熠生辉，努力振奋贫困地区和贫困群众的精神风貌。

“黄沙百战穿金甲，不破楼兰终不还”，在持续的扶贫实践中不断推动扶贫工作的创新与发展，这是中国共产党人领导扶贫工作的优秀品格。农村小康的道路正随着中国新一轮改革大潮浩浩荡荡伸向远方，我的心也在蓬蓬勃勃地向往着远方。读过一句这样的话：“如果心在远方，只需勇敢前行，梦想自会引路，有多远，就走多远，把足迹连成生命线……”我把这句话引用到这儿，不知是否牵强？

（原载于《中国政协》2018 年第 24 期）

说说“垃圾分类”那回事儿

忘记在哪读到这样一句话：“从垃圾分类可以看出一个国家的国民素养。”它让我的心里感到震惊和难受。因为向来以文明著称的国人包括你我他，或许就不懂得如何很好地处理自家的生活垃圾。这不是妄言。一位作家在国外因为把碎玻璃片和其他垃圾扫入垃圾袋里而遭到房东老太太的“拒租”，一些留学生在国外的生活启蒙课程竟然是对生活垃圾的分门别类。这样的故事肯定不是个别。

中共十八大首次提出“推进绿色发展、循环发展、低碳发展”“建设美丽中国”，各级政府及其相关部门近些年来采取积极措施，推进城乡生活垃圾分类，但客观地说，收效不是十分理想。生活垃圾分类在许多城镇只是多了个“可回收”与“不可回收”的符号概念，仍然饱受“垃圾围城”之苦，在多数乡村甚至连个带符号的垃圾桶（箱）都没有，依旧是“垃圾靠风刮，污水靠蒸发”。每当节假日，在一些名胜风景区，从景点到停车场乃至公路两侧，都不同程度地积压着混杂一体的各种垃圾，而且成为“立体结构”，空中飞的、地面堆的、树上挂的、水里漂的，构织了风景区的另外一道“风景线”。

垃圾分类，可以促进资源节约型、环境友好型社会建设，不断提升中华民族整体文明素质，功在当代，利在千秋，是利国利民的大好事，等等。这些道理大家都懂。但垃圾“打包处理”乱扔乱放现象为什么依然故我，小小的“垃圾分类”为什么这么难？如果静下心来理性地分析一下问题的症结所在，主要是我们大家并没有把“垃圾分类”当回事。

“各人自扫门前雪，莫管他人瓦上霜”，由于我国千年旧习俗文化所使然，以致自家“门前雪”也有人不愿意扫，况且多此一举的“垃圾分类”。于是乎，上面下文件，下面没人管，有政策不执行，有规则不实施，人人都在“打酱油”，对垃圾分类的就是“呆瓜”。之所以“垃圾分类，从我做起”在很多地方沦为奢谈，那是因为即便有人对垃圾进行分类也不管用，最终还是“一锅端”。这种心理，到处皆然。

2016年8月，国家下发了《垃圾强制分类制度方案》，按照“政府主导、部门协同、市场运作、公众参与”的工作机制，各级政府及其部门应该首先发挥主导和协同作用，把“垃圾分类”当回事，真正充当好垃圾分类处理“守门人”的角色。

广泛开展“垃圾分类”的养成教育。当前我国居民的垃圾分类意识习惯还不强，而垃圾分类又是一项需要公众参与的“技术活”，必须由被动强制行为开始，逐渐形成主动自觉的生活习惯，正如叶圣陶先生所说：“什么是教育？简单一句话，就是要养成习惯。”要通过宣传教育，让垃圾分类的观念进课堂、进社区，让“减量化、资源化、无害化”，生活垃圾“分什么”“怎么分”“分类之后怎么处理”等知识逐渐深入人心，通过“大手牵小手”“小手拉大手”，人人都动手，才不致垃圾分类制度陷入形同虚设的困境。

将“垃圾分类”上升到法律层面。对于垃圾分类，光靠自觉还不行，还得靠法律和制度的严格约束。日本《废弃物处理法》第25条14款规定：胡乱丢弃废弃物者将被处以5年以下有期徒刑，并处罚金1000万日元，还要求公民积极举报胡乱丢弃废弃物者。在强大的法律面前，民众养成了不乱扔垃圾的习惯。我国也应制定相关法律，将垃圾分类处理纳入有法可依、违法必究的法治化管理轨道，按照“多帽合一”综合执法的模式，加大对垃圾分类的日常监管和处罚力度，探索出一条符合我国国情的垃圾分类处理新途径。

加快“垃圾分类”硬件配套设施建设。垃圾分类处理设施建设考验政府能力，没有硬件设施的支撑，生活垃圾分类就会“只听梯声响，不见人下楼”，无法向前推进。当前，我国垃圾分类的硬件设施建设没能跟上，即便有意愿将垃圾分类投放，但从垃圾收集的前端到垃圾处理的末端，都基本缺乏生活垃圾分类后的流向配套设施。因此，推进我国生活垃圾顺利分类，关键在于垃圾收集、转运及最终处置等基础设施的设计和建造，适当增加垃圾分类品种，确保混合垃圾进入分类体系后，各种成分垃圾按预定路径走向归宿。

把“垃圾分类”当作分享经济来办。“世界上本没有垃圾，只有放错地方的资源。”垃圾分类是影响垃圾资源化水平的重要因素，政府要以分享经济的理念，通过市场运作的方式，在垃圾回收利用上下大功夫，让垃圾能够物尽其用，让经营者有利可图。通过引入社会资本，建立良性的经济循环体系，以专业联合的方式将垃圾收集、分类，并分送不同工厂处置和资源化利用，使回收垃圾获得资本的回报率。在这方面，政府要舍得投入，但相对于垃圾乱弃乱放而引起的环境污染，这种投入又是值得的。

组织开展“垃圾分类”的全民活动。不定期组织市民、村民开展清扫垃圾、垃圾分类活动，能够提升社区庭院的环境卫生，提高人民群众的幸福指数，而且通过大家撸起袖子参与美化家园的行动，可以提高宣传教育效果，树立健康卫生理念，养成“垃圾分类”的良好习惯，由此进一步提升国民素养。春节之前，南昌市两次开展“全民清洁家园”大行动，志愿参加者积极踊跃，清理垃圾4.1万吨，营造了一个干净整洁、喜庆祥和的节日氛围，受到广大市民的点赞。

最后，我愿引用这段话作为本文的结束语：“改善生态环境，贵在行动，成在坚持，人人有责。只要每一个社会成员都从我做起，多尽一份心，多出一份力，建设美丽中国的目标，就一定能早日实现。”

（原载于《群言》2017年第4期）

听春雨，农村生机更盎然

今年的春天，似乎比往年来得要早些。雨水节气适逢元宵节，江南大地陡然响起了滚滚春雷，洒下了绵绵春雨。恰是那天，2019年中央一号文件正式发布。两天后，中办、国办的《关于促进小农户和现代农业发展有机衔接的意见》接着见诸媒体。这使得今年风光旖旎的春天增添了几分色彩，显得更加生机盎然。

乡村振兴春潮涌动，令人激情澎湃；脱贫攻坚万马奔腾，使人热血沸腾。但我们也必须清醒地认识到，我国“三农”工作还面临着极大的挑战。脱贫效果如何巩固、农业生产怎么发展、乡村人才如何培养……而这都将直接影响未来农村的前程走向。

令人欣慰的是，今年的一号文件对上述问题都有了安排。

确保脱贫攻坚的可持续。“根之茂者其实遂，膏之沃者其光晔。”凡事当从根基上下功夫。为了实现2020年我国如期脱贫摘帽，全面建成小康，并为以后的工作打下良好基础，一号文件在提出着力排查和解决突出问题的同时，着重强调加强脱贫工作的动态监测和专项巡视，精准问责问效，杜绝数字脱贫、虚假脱贫，以强化工作成果的巩固，确保2020年以后脱贫效果的可持续。脱贫不能昙花一现，而要久久为功，经得起时间和历史的检验，强基础、拔穷根的工作显得尤其重要。发展长效扶贫产业如“一亩果、一群羊、一塘鱼”等，既要防范市场产销脱节，又要避免果遭虫害、羊遇病灾、鱼被水冲之类风险；不让发生因贫失学、因病返贫等现象，就要从根源上筑牢贫困地区义务教育、医疗卫生的网底，而不是

“一兜了之”。凡此种种，如文件所言，通过乡村振兴战略巩固摘帽后贫困地区的脱贫成果，“及早谋划脱贫攻坚目标任务2020年完成后的战略思路”，委实至关紧要。

促进一二三产的深度融合。农业农村优先发展，弱质农业必须得到支持保护，农业补贴不能少，反哺政策必须继续坚持下去。然而，随着我国城镇化的不断推进，依靠个位数的农业GDP，来提高庞大农村人口的生活质量，显然不切实际。农业需要“输血”，更要自我“造血”，一号文件对于选择农业产业发展方向作了精当的表述。一是强调在“土字号、乡字号”的价值上挖潜力，以“粮字号、菜字号”为农业基础，发展食用菌、中药材、特色养殖、花卉苗木等乡村特色产业；二是明确在“粮头食尾、农头工尾”上做文章，支持家庭农场和农民合作社经营农产品初加工，支持县域发展精深加工，培育壮大现代农产品加工业；三是鼓励在“宜居、宜业、宜游、宜养”上下功夫，着力开发休闲旅游、餐饮民俗、文化体验、健康养生、服务养老等项目，推动乡村新型服务业发展。一句话，通过农业生产性服务和城乡居民生活性服务，千方百计促进一二三产深度融合，增加农村的非农性收益。

实现“小农”与“大农”的有机衔接。我国的“小农”素有“小块农耕”的具象含义，它与现代规模化经营的“大农业”有所抵牾。但现实是，很多丘陵山区地块零散，很难在短时间内把小块土地集中连片，只能由小农户耕作经营，这就决定了我国的农情，是“实现小农户和现代农业发展有机衔接”。一号文件提出抓好家庭农场和农民合作社两类新型农业经营主体，启动家庭农场培育计划，建立健全支持家庭农场、农民合作社发展的政策体系和管理制度等，都说到了农民的心坎上，尤其让小户农民吃下了定心丸。守住深化农村土地改革底线，坚持农地农用、保障农民土地权益等，都必须逐步提高小农户组织化程度，加强小农户科技装备应用，改善小农户生产基础设施，引导小农户发展现代农业地方优势特色产业，提升小农户合作层次和规模，开展标准化生产、专业化经营，形成一村一品、一乡一特、一县一业，以“菜单式”带动小农户新产业新发展。

这一切，必将使未来的农村呈现一片新气象。

推动城乡人才的相互流动。当前我国农村正处于社会的转型时期，一个典型特征就是农村人口和资本不断流向城市，使得乡村教育、医疗、科技、文化明显弱于大中城市。另外，由于乡村干部、教师、医生、科技人员收入低、待遇差、压力大、升职空间小等原因，以致乡村人才队伍很不稳定。让农家孩子像雨后抖动的一棵树、一朵花，生长在每个角落，不为生计而自暴自弃；让农村老人可以像城里人那样生活有保障，跳起广场舞，共度夕阳红；让乡村干部居民都能够生活得幸福体面、更有尊严，等等。真正实现城乡发展一体化，就应打破各种画地为牢的陈规陋习，推进城市的优质文化、优质教育、优质医疗、优质科技等纷纷下乡，实现无缝对接、服务互动。在眼下，尤其要注重选拔熟悉“三农”工作的干部充实到地方各级党政班子，全面落实干部报酬待遇，建立正常增长机制，引导大家都来看好农村的发展前景。

（原载于《人民政协报》2019 年 2 月 28 日）

积极推动文艺院团“走出去”

费孝通先生曾用16字精辟地阐述了不同文化关系的处理：“各美其美，美人之美，美美与共，天下大同。”展示自我美，学习他人美，融合各种美，这是当代世界文化包括文艺发展的潮流，其浩浩荡荡的态势不容阻挡。

促进社会主义文艺繁荣，让源远流长、积淀深厚的中华文化为全世界人民所接受、共欣赏，重要途径之一就是组织国内文艺院团坚定地“走出去”，“让外国民众通过欣赏中国作家艺术家的作品来深化对中国的认识、增进对中国的了解。”以此推动各国文化交流，产生“走出去”和“引进来”的互动效应。尽管近年来有的文艺院团“走出去”后，出现了一些“烧钱”“镀金”的演展，或文艺作品不够健康，或借机游山玩水等，但不能因噎废食，为害怕出事就将文艺院团禁锢在国内，封闭的环境不利于构成“天下大同”的文化世界。

2016年是世界三大文化巨匠汤显祖、莎士比亚、塞万提斯逝世400周年，东方戏剧大师汤显祖的诞生地——江西抚州市政府不失时机地联合中国人民友好协会和省人民友好协会，积极与英国、西班牙沟通对接，在2016年4月组织两个政府代表团和一个文化演出团赴外开展文化交流活动，取得了“走出去”的满意效果。

一是抓准主题内容，让“走出去”的文艺影响世界。抚州市联合国内外组织，以共同纪念汤显祖和莎士比亚两位文化巨匠逝世400周年为主题，组成文化艺术团，在莎士比亚出生地举办“抚州文化活动周”，扮演了中英文化友好交流使者的角色，为世界了解中国打开了一扇门窗，连接了一条友谊的纽带，受到当地居民和游客的热捧。

二是遴选经典剧目，让“走出去”的文艺感动人心。抚州文化演出团在莎士比亚故居花园演出了三个国家级非物质文化遗产节目赣剧《紫钗记》选段“怨撒金钱”、抚州采茶戏《牡丹亭》选段“游园惊梦”、南丰傩舞和一个省级非物质文化遗产节目金溪手摇狮，其间共演出5场，观看人数上万人，虽然语言不通，但无碍交流，对于演艺之美无不伸出大拇指称赞：“Beautiful China！”

三是洽谈合作项目，让“走出去”的文艺“增加价值”。抚州文化艺术团每到一地，都与当地文化、教育、旅游、经贸等领域开展交流合作事宜进行磋商。例如，莎士比亚出生地基金会将组团赴抚州参加纪念汤显祖活动；英国利兹大学将派出创作人员以当代艺术形式演绎改编汤显祖作品《梦南柯》；西班牙阿尔卡拉市政府将组团来抚州，就建立友好城市事宜进行交流合作。显然，文艺“走出去”可以增加文艺之外的多种“价值”，取得意想不到的效果。

四是把握演展导向，让“走出去”的文艺“唱响中国”。“走出去”的文艺代表着国家形象，必须传递中华民族文化的正能量，塑造国家的艺术尊严，为人类解读中华文化，切实“讲好中国故事、传播好中国声音、阐发中国精神、展现中国风貌”，提供中国经验。抚州市重视文艺阵地建设和管理，把优秀作品呈现在世人面前，因此赢得了国外对中华文化的认同和对中国文艺的赞赏。

习近平总书记在文艺座谈会上深刻指出：“要向世界宣传推介我国优秀文化艺术，让国外民众在审美过程中感受魅力，加深对中华文化的认识和理解。”文艺院团只有“走出去”，勇敢参与竞争，“才能为世界贡献特殊的声响和色彩”。借鉴抚州市的成功经验和做法，因此建议：

1.政府部门及其有关单位应选择机会，花大气力做好牵线联络、搭桥铺路和保障工作，努力做文艺院团“走出去”的组织者、推动者。

2.强化金融支持和财政支持，制定明确翔实的政策保障措施。积极培育新兴文化创意业态，支持民间艺术、地方剧种等非物质文化遗产保护，扶持原创文化创意项目研发，加强人才队伍建设，对艺术传承人给予特殊津贴。

3.坚持守土有责，坚决制止国内艺术院团赴国外“镀金”，绝不给有害的文艺作品提供外流的传播渠道，防止“文化污染”，杜绝损害、贬低民族文化道德现象的发生。

（2016年8月提交全国政协十二届十七次常委会议的书面发言）

让制假售假现象无处可遁

又到了一年一度的“3·15”消费者权益日。每到这个时刻，公众所关注和热议的一个话题，就是如何坚决惩治制假售假的社会丑恶现象，还广大消费者一个充满人间温暖的清平世界。

制假售假严重侵害消费者的切身利益，扰乱正常的社会生产生活秩序，损害政府权威性和公信力，危害极大。必须看到，近几年来，虽然在全国范围内加大了打击制假售假的力度，但总是屡打不绝，而且逐渐由工商领域的制假售假向教育、医疗、电信、金融、新闻等领域的欺诈演变。“假作真时真亦假”，制假售假出现的纵深蔓延势头，造成了极其恶劣的社会影响，民众反映强烈，大家无不为之深恶痛绝。

制假售假现象之所以能在我国大行其道、有恃无恐，主要原因就在于制假售假者获取利润巨大、惩罚成本极低、举报渠道不畅。正如当年马克思所说，资本如果有百分之五十的利润，它就会铤而走险，如果有百分之百的利润，它就敢践踏人间一切法律；如果有百分之三百的利润，它就敢犯下任何罪行，甚至冒着上绞刑架的危险。还有，一些地方以经济效益替代社会责任，一些单位以金钱诱惑替代职业操守，一些人以小便宜替代大道义。如此这般对制假售假现象的熟视无睹乃至容忍，也就给犯罪分子提供了制假售假的温床和滋生的土壤。

以“零容忍”态度惩治制假售假，坚决遏制坑蒙拐骗等欺诈现象蔓延势头，已经切实摆到了我们面前，如果再不重拳出击，打一场围剿式的歼灭战，将会失去人民对政府的信任。

第一，完善法律法规，加大打击制假售假的执法力度。相对于一些发达国家，我国对于制假售假的法律刑罚规定严重滞后。一是刑罚力度过轻。如美国联邦法律规定，对制假售假处以10年以上的监禁和500万美元的罚款，造成死亡后果的责任人将会被终身监禁，而我国的相关法律如《药品管理法》规定，制售假药只是处以货值金额2—5倍罚款。二是刑事处罚率过低。阿里巴巴2017年2月27日最新公布，我国制假售假刑事处罚率不足1%，按《消费者权益保护法》的规定，主要侧重对消费者的经济补偿。三是相关法律规定过时。《产品质量法》颁发于1993年，24年过去，罚款标准仍停留在5万元，相比违法暴利几可忽略不计。所以，必须完善法律法规，加重对制假售假的惩罚力度，让制假售假者血本无归，甚至倾家荡产。

第二，加强对制假售假者的追逃追赃工作。目前，一些制假售假的违法分子一方面在国内攫取充满血腥味的金钱，另一方面将赃款赃物打向国外境外，如有风吹草动，随时以外逃作为后路。面对这种情况，要进一步加大海外“猎狐”的力度，精密部署，“有逃必追”，发出断其后路的强烈信号，让制假售假庞大链条上的每一个犯罪分子，不管跑到天涯海角，也要把他们绳之以法，受到应有的刑事处罚，决不允许其躲进“避罪天堂”而逍遥法外。只有这样，才能对制假售假的违法分子产生巨大的震慑。

第三，社会各界一致行动起来，坚决从根本上防止制假售假和各种欺诈现象的产生。之所以在我国制假售假行为猖獗，问题还在于制假售假行为拥有一定范围的社会市场，没有形成“老鼠过街，人人喊打”的局面。比如，部分消费者贪图廉价实惠的商品，以致姑息养奸；全社会举报机制不健全，以致形成假劣产品的“互害模式”。因此，规范市场秩序，维护公众利益，必须持续开展坚决打击制假售假的专项行动，动员全民，擦亮眼睛，自觉抵制假劣，并且形成常态，而不是仅仅止于“3·15”前后的某一特定时间段。同时，对在行动中有地方保护、失职渎职、推诿扯皮、包庇纵容制假售假的，要进行责任追究，依法依纪严肃处理。

（2017年3月在全国政协十二届五次会议小组讨论会上的发言）

如何走出技术工人短缺的困境

改革开放以来，我国工业迎来了快速发展，中国已成为“世界工厂”。但令人费解的是，在劳力资源非常丰富的中国，技术工人却面临着严重的短缺，高技能工人更是重金难求，这将成为我国工业可持续发展的一大“瓶颈”。

以建筑产业为例，该产业目前我国有近4000万从业人员，其中农民工的比例占80%—90%。大部分从业人员未经系统的职业技能培训，文化层次较低，年龄跨度较大，往往是“放下镰刀，拿起泥刀”，直接进入施工一线作业。抽样调查显示，在1000个建筑工人中，初中及以下学历者约占85%以上，平均年龄约42岁，各年龄段人员比例大致如下：18—30岁占16%，30—40岁约占23%，40—50岁约占36%，50—60岁约占25%。从上可以看出，年青一代选择做工人的比例已经越来越少，呈现老龄化且后继无人的趋势。

技术工人是将设计变为产品的劳动者，也是将蓝图变为现实的创造者，国家的经济发展、社会进步都离不开他们。近年来劳动力市场出现的技术工人日益短缺的情况，应该引起有关政府部门的高度重视，通过政策引导，多措并举，使之走出困境。对此，提出以下看法：

第一，转变观念。受传统人才观念的影响和制约，重脑力劳动，轻体力劳动，把技术工人当作普通劳动者，他们的技术贡献被严重低估。因此，要转变三个方面的观念。一是转变人才观念：技术工人是知识与劳动的统一体，一般都要经过学习培训和实践锻炼才能产生，不同于一般的普通劳动力，所以技术工人也是人才；二是转变就业观念：“七十二行，行行出状元”，接受职业技术教育培训，选择技工职业，是社会的需要，并不低人一等；三是转变用人观念，打破毕业证的壁垒，对普通大学生与高职毕业生同等对待，不能形成歧视，让技术工人享有真正的“国民待遇”。

第二，树立形象。记得在几十年前，银屏上塑造的一批如纺织女工、女理发师、机车师傅等光彩形象，给了技术工人们以莫大的鼓舞。但在近二十年间，宣传媒体的形式越来越多，而宣传技术工人形象的内容却越来越少，即便偶尔出现，也是衣衫褴褛、言语低俗、行为猥琐。故此，宣传部门应从大局出发，加大对技术工人的宣传力度，向社会充分展示现代新型技术工人的正面形象，不能让他们销声匿迹。同时，新闻媒体应积极推介技术工人的技术贡献和成果，引导社会克服重文凭、轻技能，重理论、轻实践的偏见，唤起大家对技术工人的认同和理解。

第三，改善待遇。在一些发达国家，技术工人如水管工的福利待遇并不逊于大学教授，而在我国，虽然近年来技术工人的工资普遍增长，但与他们的劳动贡献还是不相匹配，在收入水平和生活待遇上，“蓝领”总是远远低于“白领”。随着收入分配制度改革的提速，用工单位和企业应千方百计提高技术工人的工资、奖金和各项福利，改善他们的工作生活待遇，解除他们的后顾之忧，从而激发他们的从业积极性和劳动创造热情。

第四，保障权益。技术工人目前大部分来自农村，分布在各个行业，劳动强度大、生产生活环境条件差、工作危险系数高、社会保障水平低。如2012年针对某地农民工的一项调查显示：农民工平均每月工作25.73天，每天工作9.11小时，每周工作超过5天的占91.01%，每天工作超过8个小时的占58.66%，有45.13%的人每天工作10小时以上，而且近五成没有签订劳动合同。有关部门要加强执法，规范企业的用工行为，解决和遏制工资拖欠现象，按期缴纳务工人员社会保险，维护和保障工人的教育、医疗、住房等各项正当权益。

第五，加强培训。一是大力扶持职业教育：政府应在政策上对职业教育给予一定的保护、倾斜，在文凭上一视同仁，在资金上加大投入，减轻或减免学生学习费用，改变当前教育趋同化情形，帮助创立学校的特色品牌；二是开展岗前培训：政府部门和企业要共同抓好技工的岗前专业技能培训，设定相应的技能目标，突出实践性教学环节，提高学生动手能力，使他们快速进入工作状态；三是施行师承授受：建立和完善师傅带徒弟制度，严格师徒条件，单位指定与师徒自愿相结合，干什么学什么，缺什么补什么，通过言传身教的形式，让更多的工匠名师发挥其专长，培养更多的青年技术骨干，同时使一些行业的技术“绝活”能够传承下来。

第六，强化监管。政府和劳动主管部门应采取有力措施，制定切实可行的管理制度，对技术工人的招录从业、技能要求、安全防护、福利保障等进行全过程监督，尤其是要保证工人的职业健康和人身安全，有关部门和各级工会组织应加强协调配合，适时组织开展联合检查和业务指导，及时发现和解决工作中的重大问题，确保工作到位。

第七，提高地位。我国曾经在工矿企业执行“八级工资”制度，当时的八级工薪酬相当于工程师，能成为八级工曾是那个年代大多数青年的追求目标。政府部门应在现行的“岗位工资制”基础上，借鉴“八级工资制”的做法，深化改革，探索一种符合国情的工人工资分配模式，重新制定技术工人级别标准，通过严格考试和考核，以技术能力和水平定级别，以此激励技术工人愿意学习知识，从事技术含量高的工作，努力恢复和提升技术工人应有的社会地位，使他们的自身价值和“幸福体面”连为一体，受到全社会的广泛尊重。

（2013 年 3 月在全国政协十二届一次会议小组讨论会上的发言）

筑牢“制造强国”的人才根基

中共十八大以来，以习近平同志为核心的中共中央将做强实体经济、继续抓好制造业作为国家的重大战略选择，着力推动我国由制造大国向制造强国转变。深刻领会习近平总书记关于先进制造业的战略思想，按照中共十九大提出的总体要求和战略部署，主动应对其他国家的“再工业化”战略，加快建设制造强国，不断提高经济发展质量和效益，筑牢“制造强国”的人才根基尤为重要。

中国制造业技术工人特别是高级技工严重匮乏，这是一个沉重而且并不新鲜的老话题。从我国现实看，制约中国制造转型升级的瓶颈主要是人才短板。

早在本世纪初，据劳动力市场信息反馈，按照日本、德国等发达国家企业高级技术人才占比计算，我国整个产业工人队伍的高级技工短缺大约1000万人。如今10多年过去，情况并没有明显好转，相关资料表明，全国高级技工缺口仍然是近1000万人。这成为我国实现从制造大国向制造强国华丽转身的一个突出问题。

2018年10月29日，习近平总书记在同中华全国总工会新一届领导班子成员集体谈话时发表重要讲话，他着重指出，“要加强产业工人队伍建设，加快建设一支宏大的知识型、技能型、创新型产业工人大军。劳动模范是民族的精英、人民的楷模。大国工匠是职工队伍中的高技能人才”。再一次强调了新时期产业工人队伍建设的深刻意义。

国家一直重视高素质产业工人队伍建设，近几年政府工作报告一再强调弘扬工匠精神，打造更多的“大国工匠”；央视新闻曾在2015年直问“工匠缺乏是中国制造转型之痛”，大力呼吁加强对熟练技术工人的培养；2017年以来，中共中央、国务院接连印发《新时期产业工人队伍建设改革方案》《关于提高技术工人待遇的意见》《国家职业教育改革实施方案》等文件，多措并举，不断推进深化复合型技术技能人才培养培训模式改革。

那么，在制造强国崛起的巨大洪流中，我国为什么会出现技术技能工人特别是高级技工紧缺的“逆流”？其形成原因是多方面的组合。

相关政策“看得见、摸不着”。随着高新技术快速发展，对技能人才的需求越来越大，但对于相关法律法规的政策配套措施及其相应激励手段却显得滞后，让人觉得“理想丰满，现实骨感”。如我国《职业教育法》已出台十多年，由于长期缺少实施细则，导致教育体系不够规范，职业技能人才晋级未能形成正常制度；《劳动法》对工作时间做了严格规定，但“996”工作制在一些企业大行其道，加班文化盛行如风。

工人权益“无保障、地位低”。虽有高级技工收入正在紧逼或赶超白领，但大多数普通技工依然处于收入和付出不成正比的状态，或被拖欠工资、或随时解雇走人、或随迁子女不能接受流入地义务教育，等等。在中国固有等级观念影响下，甚至连工人的人身安全都要分出三六九等，领导安全帽比一线工人的要更结实、更耐用，使工人阶层感到被忽视、受冷落，缺少自身存在的价值和尊严。

职业环境“工作苦、待遇差”。一般来说，一线工人的从业环境比较艰苦，具有风险，工作又脏又累，工资待遇与各级管理者不可同日而语。加之城乡二元结构，农民工与市民还存在因户籍带来的各种待遇上的差距，导致中国现在的年轻人大都不想当工人。用他们的话说：干着牛一样的活，躺着猪一样的窝，若不是了为孩子和老婆，谁还愿意跳进这“热锅”？

社会评价“层次低、能力弱”。相对于金领、白领和红领，“蓝领”技工普遍被社会认为四肢发达、大脑简单，只会做点苦力活，身份低人一等。一些诸如“精英治国”“知识至上”的偏颇认识，没有把叠在一起就是一个“天”字的“工人”真正当作国家的主人，由此很多人产生一种职业虚荣心，哪怕蓝领工薪再高，也不愿意自己或者子女去当蓝领。

主体作用“两张皮、不合拍”。授业者，学校是“授”的主体，企业是“业”的主体。在一些发达国家，通常是学校传授理论，企业做技能培训，企业和学校合作培养技术工人，企业培训是职业教育体系得到保证的条件。反观我国，有的企业将技术工人的职业培训当成一种包袱，校企合作只是校方“剃头担子一头热”，育人和用人两张皮，理论教育和技能实训得不到有机统一。

就业导向“重学历、轻技能”。近十来年，中国出现了“重管理轻技术、重学历轻技能”的怪现象，以致年轻人千方百计考大学，万不得已才会放下身段做工人，由此形成了我国劳动力市场上的矛盾，每年八百多万大学毕业生中许多人找不到工作，而工厂急需的高级技工又千金难求。在这样一种人才分流的结构中，产业工人即使愿意在工作岗位上刻苦钻研，但由于受教育程度所使然，也难以成为“大国工匠”。

在4月19日中共中央政治局会议上，明确提出“要把推动制造业高质量发展作为稳增长的重要依托”，因此急需培养和造就一支数量充足、结构合理、素质优良、充满活力的制造业技术技能人才队伍。现提出以下思考。

进一步推动落实健全完善《职业教育法》，为技术技能人才培养提供重要的制度保障。当前，尤其要按照《国家职业教育改革实施方案》二十条的内容，尽快启动“学历证书+若干职业技能等级证书”制度试点，深化复合型技术技能人才培养模式和评价模式改革，打破“唯学历唯成绩”的人才评价标准，发掘劳动者创新创造潜能，为技术人才储备奠定基础，让制造业更多的复合型技术技能人才脱颖而出。

大力弘扬“工匠精神”，营造良好的社会氛围。培养千千万万大国工匠，首先要重新审视工匠对新时代经济建设和社会发展的重要作用，切实提升工匠的社会地位和收入待遇，倾斜对技能人才的税收优惠，增强从业人员的职业荣誉感和责任感。要在全社会倡导“崇实尚业”之风，大力宣传有突出贡献的高技能人才，营造尊重劳动、崇尚技能、鼓励创造的良好氛围，奏响“工人伟大、劳动光荣”的主旋律，激励制造领域从业人员勤奋钻研专业技能。

改革完善职业院校招生办法，加大高技能人才培养力度。职业院校是培养高技能人才的主渠道，校企合作是高技能人才培养的重要模式，要优化职业院校技能教育资源，根据企业招工需求，扩大退役军人、下岗职工、农民工等群体生源。实现院校教育与企业实习、院校专业与企业岗位的无缝对接，建立技能岗位上岗晋升条件的配套政策，实行学历、技能证书的有效衔接，提升职业院校的教育质量和社会认同感。

十年树木，百年树人。我们要清醒地认识到，制造业是国民经济的主体，是立国之本、强国之基；制造业的强弱是一个国家综合实力和核心竞争力的集中体现；中国要成为制造强国不是一个口号，而要有具体的内涵，并清楚自己的现状短板，进而明确发展方向和路径。在实施制造强国战略进程中，相比技术研发、产品创新等，建设一流的技术技能型人才队伍显得更加紧迫、更加重要，政府部门、企业界、教育界要有定力和耐心，努力为培养各类专门技术人才创造环境、筑牢根基，共同迎接“制造强国”的到来。

（原载于《中国政协》2019 年第 11 期）

实现同步　改善民生

“努力实现居民收入增长和经济发展同步，劳动报酬增长和劳动生产率提高同步，逐步提高居民收入在国民收入分配中的比重，提高劳动报酬在初次分配中的比重。”今年《政府工作报告》中的“两个同步，两个提高”，是政府继去年要“让人民生活得更加幸福，更有尊严”之后的又一次庄严承诺。

让人民创造财富，让人民分享财富。努力创造财富促进经济发展，合理分享财富平衡国计民生。这一思想理念，已经在许多社会经济学的经典著作中有所阐述。

然而，在我国近30年来波澜壮阔的改革中，人民创造了巨大财富，但分享的财富却没能与创造的财富成为正比，为此百姓抱怨，政府忧虑。“做大蛋糕是政府的责任，分好蛋糕是政府的良知。”责任与良知，归结起来，就是让人民群众创造更多的财富，分享更多的成果，千方百计满足百姓的新期待和新要求。所以，“改善民生——幸福与尊严”，也就成了今年全国“两会”的一个热门话题。

胡锦涛总书记一再强调“包容性增长”，倡导公平合理地分享经济增长，使弱势群体得到保护，使个人能力得到发挥，使每一社会成员都能得到平等发展的机会。

包容是和谐的前提，包容是民生的基础，包容是让每一个人都能享受到社会的温暖，感觉到自己的工作拥有那份体面，生活拥有那份尊严，从而把甘甜浸透在心田，把笑容流露在脸庞。包容性增长对接着民生改善，激励着大家在适合自己的工作岗位上，用自己的双手，创造丰厚的社会财富，获取合理的劳动报酬。

“十二五”期间，我国的经济增长目标将下调到7%，而民生投入却要不断增加。这一降一升，似乎矛盾，却又不是矛盾。因为经济增长的下降，为的是经济运行质量和效益的提升，就好比把握紧的拳头收回来，然后挥出去才更有力量。质量好转，经济增长，民生给力，居民收入持续增加，这才是真正意义上的让人民共享更多的发展成果。当然，在经济结构调整的过程中，必须注重“大力发展劳动密集型产业”，“努力满足不同层次的就业需求”，以防一部分人群因为产业转型而“转业”，丧失原有的就业岗位，导致收入减少，出现新的工作机会不平等。

提高收入，改善民生，要有法律作为保障以及体制机制的创新。“民生保障”应该加强立法工作，对各项具体的民生内容，作出明确的法律规定。我甚至想，结合当前干部下基层活动，不妨建立民生普查制度，更好地掌握民情，反映诉求，把民生内容落到实处。只有在工作中坚持依法行政，用制度管事管人，切实做到民生项目科学论证，资金投入严格审批，行政履职责任明晰，社会监督阳光操作，才不会使民生工程遭到懈怠。

民生是民众的生生不息，也是政权的生生不息，无论男女老幼、贵贱高下，都拥有生存生活的平等权利。此所谓：大树小草，红花绿叶，共享灿烂阳光，“万紫千红总是春”；高峰低岭，巨浪细流，同处蓝天之下，“万水千山总是情”。我们期盼着，在“十二五”期间，我国的经济会出现“春天里的发展”，我国的民生会出现“阳光下的改善”！

（2011年3月在全国政协十一届四次会议小组讨论会上的发言）

筑牢法制篱笆　守护美丽家园

保护生态环境，建设生态文明，是关系人民福祉、关乎民族未来的长远大计，必须依靠法律制度这道坚固的“篱笆”。改革开放以来，尽管我国不断加强法制建设，为保护生态环境发挥了重要作用，但现实中屡屡发生的生态破坏、环境污染事故，还是在时刻警醒着我们：守护美丽家园的“篱笆”并不严实，还须继续筑牢基础，延长防线！

第一，不能法律缺位，生态环境教育需要立法保障。近年来我国出现的不少生态环境问题，其实都是“人祸”。在全社会加强生态文明建设的宣传教育，向公众普及生态环境保护知识，大力提高全民的生态道德素养，已经迫在眉睫，时不我待。纵观生态环境教育较为系统和发达的国家，如美国和日本，早在20世纪70年代就制定了生态保护的相关法律，取得了明显效果，值得我们借鉴。

生态环境教育要有法律作为保障。当务之急，我国应尽快制定《生态环境教育法》及配套措施，促进和保障生态环境教育的实施和发展。通过持之以恒并且有计划的教育，使全民的生态道德水平逐步提高，切实认识到保护生态环境就是保护人类自身，彻底抛弃先污染后治理的理念，杜绝一切以牺牲环境换取经济增长的“自杀性”短视行为。

第二，不能墨守成规，现行法律制度需要及时修订完善。我国多部环保方面的法律法规已实施多年，一些条款已暴露出不少问题，应该及时修订。如《水污染防治法》第七十三条、第七十四条都涉及违法排放水污染物，按应缴纳排污费的倍数进行处罚的内容。但由于在实际工作中，测算排污量、计算当量等不好把握，这给执法工作带来操作上的困难，同时又给了执法者较大的自由裁量空间。因此，需要作出一个刚性的处罚规定。

近年来新出台的一些政策也有不完善的地方，如国务院批准的《重大节假日免收小型客车通行费实施方案》，规定对7座及以下小型客车免费通行，导致小车集中上路，造成处处交通堵塞，然而，比小车更加集约高效、节能环保的公共大巴，不但享受不到免费的优惠，反而要分担堵车之苦，这显然有失公平，群众很有意见。如此的方案应该进行修订。

第三，不能政出多门，生态环境保护工作亟待形成合力。生态环境保护不是环保部门一家的责任，更需要各有关单位部门齐抓共管。但我们往往看到的是一些事与愿违的现象。

有的建设项目在环评报告获得通过时，环保部门在批文中明确提出了该项目的防护距离范围，建议规划建设部门将此防护距离纳入相关项目审批之中。但由于部门之间的沟通不够顺畅或者“互不买账”，明文要求有时无法得到严格实施，导致在防护距离范围内仍有居民生活，直到影响了居民身体健康或引发了群体事件之后，才会进行责任追究，接着出现的便又是部门之间的相互扯皮、相互推诿、相互指责。

又如，为了遏制建筑施工现场的环境污染问题，国家有关部门曾联合下发了《关于在部分城市限期禁止现场搅拌砂浆工作的通知》，但有的城市执行并不得力，施工现场搅拌砂浆行为依然存在，对城市环境造成严重污染，直接影响市民的身心健康，原因也是相关部门各行其是，造成监管不力。

第四，不能畏首畏尾，要在制度建设上敢于创新。适应形势发展的新要求，顺应人民群众的新期待，给生态环保带来了新的机遇、新的挑战。问题在于，要敢于突破一些陈规陋习，善于创新思想观念、创新管理方法，不能瞻前顾后、因循守旧。

据了解，某省会城市为缓解打车难，借鉴市民的“拼车”做法，今年1月开始在10辆出租车上试水“合乘计价器”，可同时为4名乘客计价，这确实是“一箭多雕”的好事：可以缓解打车难，可以增加出租车司机收入，乘客可以节省时间和车费，运力可以得到充分利用，可以节约能源和减少排放。这看起来虽是一件小事，但这种创新精神值得嘉许，有关部门应给予大力支持，在试行成功的基础上积极总结推广。

总之一句话，守护美丽家园，法制应该先行，只有筑牢法制篱笆，才能切实保护每个公民的合法权益。

（2012年3月在全国政协十一届五次会议小组讨论会上的发言）

媒体报道

建议政府花钱聘请“乡村保洁员”

吴跃军

春节期间的一次回乡探亲，让身为全国政协常委、江西省政协副主席的刘晓庄派生出一个构想——那就是希望国家能建立“乡村保洁”制度，由政府花钱聘请“乡村保洁员”。3月3日，刘晓庄在接受大江网记者采访时表示，经过反复调研，他准备两会期间将这一构想整理成建议提交大会。

“春节期间，回农村老家探亲，在村子的四周溜达转悠，发现‘牛粪猪屎遍巷道，果壳瓜皮满水沟’。整个村庄的卫生环境只能用‘脏、乱、差’来形容。”刘晓庄表示，这似乎不是个别现象，而是中国广大农村尤其是边远山区的一个缩影。

几天后，刘晓庄又去邻村看望一位亲戚。那是一个新村，也是县、乡的社会主义新农村示范点，村容环境与他老家村落可以说是天壤之别，大相径庭。让他感慨的是，道路两旁见不到垃圾，池沟水面也不见杂物漂浮，社会主义新农村五大要件之一的“村容整洁”，可以说在那儿“初露端倪”。“垃圾哪去了？一问很简单，雇村民每天打扫，花钱不多，每人每月工资仅200元左右。”

两次看似很小，甚至小得难登大雅之堂的见闻顿时让刘晓庄萌生了一个构想，那就是乡村也需要聘请保洁员打扫卫生，希望国家能建立“乡村保洁”制度，由政府花钱聘请“乡村保洁员”。

“乡村聘请保洁员打扫卫生，可以保护乡村的卫生环境、可以减少水质污染和面源污染、可以减少疾病的流行与发生、可以创造农村就业岗位、可以增加一部分困难人群的收入、可以变垃圾废物为有机肥料、可以促进村民形成讲卫生、爱环境的良好风尚……”在接受大江网记者采访时，刘晓庄一连串用了七个“可以”分析了聘请农村保洁员的意义所在。

在刘晓庄看来，从国家层面建立“乡村保洁”制度，并把相关制度、标准及其细化措施，纳入新农村建设的项目内容中去，这与送医药下乡、送文化下乡、送科技下乡等工作同等重要。

“关于乡村垃圾处理设施及聘请乡村保洁员的资金问题，我粗略地算了下，每年全国有200亿—300亿元即可解决问题。应该说，这个数字还不抵年初家电下乡的国家优惠补贴资金。”刘晓庄建议乡村保洁费用由各级财政转移支付，按期拨付，统一管理，监督使用，不能拖欠，不能克扣，更不能以任何摊派形式给村民增加经济负担。

他还建议，农村保洁员应该从生活困难、享受低保、具备一定劳动能力却不能承担重体力活、具有较强责任心的村民中去遴选，以科学、合理地解决农村剩余劳动力的就业问题。

（原载于大江网 2009 年 3 月 4 日）

有些地方竟雇人参加就业培训

——全国政协常委直指就业培训五大顽疾

崔　静　卫敏丽　吴晶晶

一场国际金融危机，使国内众多企业卷入倒闭或濒临倒闭的旋涡，由此带来的严重连锁反应，就是把大量农民工、大中专毕业生和部分城镇人员推到了失业的边缘。面对日益增大的就业压力，各地积极开展各种形式的就业培训活动，但效果往往难以达到预期。“就业培训究竟应该怎样搞？”在17日举行的全国政协十一届常委会第六次会议专题分组讨论会上，全国政协常委、江西省政协副主席刘晓庄发出了这样的质疑。

在刘晓庄看来，当前我国各地的就业培训存在五大顽疾——

一是“剃头担子一头热”，参训者兴趣不高。政府及有关部门花大气力举办各种就业培训，可是参训者并不踊跃，有些地方甚至要花钱请人参加培训。

二是“纸上画饼不充饥”，不能解决实际问题。由于培训通常在课堂进行，抽象理论多，实际操作少，导致不少人在参加培训后，技能仍然处于“饥饿”状态。

三是“高炮对着天空放”，针对性不强。一些培训不问市场需要，不问对象构成，不问实际效果，市、县、乡三级培训内容基本雷同，手段单一，不能实现理想的培训目标。

四是“九龙戏水闹龙门”，职责不清又不明。目前我国就业培训由多部门实施，劳动人事、科技教育、农业民政等都占有一定的资源，导致一些部门对培训职责并不清晰。

五是“三个和尚没水喝”，机制没有理顺。由于多个部门参与，一旦出现某种人员需要集中培训、某种技能需要强化培训等情况，难免出现部门间相互掣肘、相互推诿的情况，一些企业开展的“订单式”培训由于没有专门培训机构介入而得不到经费支持的现象时有发生。

“七十二行技术，必须用七十二种能力去对付，打铁的不能磨豆腐、绣花的不能搞建筑，道理就这么简单。”刘晓庄说，为此，各地应该丰富培训内容，力争涵盖“七十二行”。

“就业人员文化素质参差不齐，个体差异很大，要区分小学毕业与高中毕业的知识层次结构差别，按照教育规律实施培训计划，使受训者能够听懂看懂、学得明白。”刘晓庄说。

针对当前一些培训抽象理论多、实际操作少的现状，他建议建立“招工、培训、就业”一条龙用工对接模式，实施“订单”培训，从而调动求职者参训的积极性。

刘晓庄还认为，随着就业培训任务的日益加大，资金投入的不断增长，我国亟待制定科学的就业培训质量评价标准，健全就业培训效果考核评价制度。要依据评估考核结果和反馈意见，建立综合的评价体系，在此基础上严格实行优胜劣汰、动态管理，切实提高培训工作质量。

（原载于《新华每日电讯》2009 年 6 月 18 日）

刘晓庄：不能让农村的教育短腿更短

任晓坤　姜　颖

引言：中央一号文件连续七年关注“三农”，说明这一问题对于当下中国的重要意义。因此，不少政协委员将自己的关注重点放在了“三农”问题上，为农村工作建言献策。

全国政协常委、江西省政协副主席刘晓庄出生在农村，所以他的提案基本上都是关于农村问题的，特别是农村教育问题。刘晓庄在访谈中强调：“不能再让农村的教育‘短腿’更短。”

刘晓庄认为农村义务教育有两个主要问题，“首先就是教育经费问题”。

“现在国家的拨款是按学生人头来拨款的，但是在农村，特别是边远山区的农村小学，成班率比较低，可能一个班里只有几个学生，但这些学校又必须得办，这就导致农村学校教育经费严重不足。”刘晓庄仔细给记者分析了教育经费问题出现的原因。

对此，他建议，国家拨款先要“有一个基数。也就是说，一所学校，至少要保证一定的经费，能保证一所学校正常的工作运转。不论学校大小，这笔经费都是一定的，然后再按照人头来划拨经费，这样就比较合理了。”

除了经费问题，刘晓庄还提到，师资问题也是个大问题。“农村的一个小学老师可能一个人教几个班、几个类型的课程，可能既教语文，又教数学，还教美术，但他的专业可能就是语文，这样一来，教学质量就不能满足学生的求知欲望。”

“而且现在农村的老师年轻人很少，都是岁数大的人。老教师掌握的知识已经严重落伍。这样，农村的孩子跟城市的孩子比，在义务教育阶段，就输在了起跑线上。”

“农村的义务教育本来就是个‘短腿’，如果师资问题不解决，这条腿将更‘短’。”刘晓庄谈到这个问题感到痛心疾首。他表示，国家一定得重视这个问题，要采取切实的措施，比如鼓励其他教师到农村去。“但光鼓励不行，必须得有实实在在的优惠政策，比如规定农村的教师优先评职称，享受住房补贴等更多福利；甚至强制城市的教师、年轻教师必须支农、支边，要求他们在农村服务一定的年限。”

（原载于人民网 2010 年 3 月 5 日）

在青山绿水间唱响“田园牧歌”

——刘晓庄常委眼中的现代休闲农业发展

司晋丽

江西是一个农业大省。对于我国这样一个人口众多的国家，农业的基础地位不能动摇，粮食安全更是重中之重。而江西便是新中国成立以来，全国两个从未间断向国家贡献粮食的省份之一。自从2009年底国务院正式批复了鄱阳湖生态经济区发展战略后，在发展生态农业的道路上，江西策马扬鞭，走得稳健飞扬。

“江西的优势在生态，特色也在生态，江西的基础条件适宜于发展休闲农业与乡村旅游，时机也逐渐成熟，可以说是占尽‘天时、地利、人和’，应该适时积极稳妥地加以推进。”刘晓庄常委如是说。

万亩方塘韧劲挖掘

这几年里，刘晓庄曾就“现代农业和生态农业”等内容与江西省农业界的政协委员们在省内不少地方视察调研。足迹所及的有江西省蚕桑茶叶研究所（凤凰沟风景区）、萍乡杜仲公司、婺源县等地。他惊喜地发现，农业这一“土壤上的加工”产业，不仅仅能够出产粮食、蔬菜、瓜果等等，还蕴藏着勃勃的生机，休闲旅游就是其中之一。

今年4月24日，视察团又一次行动起来，组织“休闲农业与乡村旅游”视察，赴地处江西上饶市的远泉实业集团的几个基地进行实地参观。

四月里的江西，最得气候姑娘的眷顾，洋溢着无比的美丽与活力。这次视察也给了刘晓庄最鲜活新鲜的感受，他生动地讲述着从下车到走入基地的感受：沐浴着阵阵春风，闻听着声声鸟鸣，目睹着“桃花红，李花白”的景致，在一片郁郁葱葱之中，大家已经体验到了姹紫嫣红、风景如画的自然风光。

这个“远泉集团”，是由1982年创办的上饶县远泉种植有限公司发展形成的，自从2003年组建以后，在各方面发展颇具特色，成为农业产业化国家重点龙头企业。展示在刘晓庄眼前的，是一副农业发展的立体模式——从山上的果木茶园，到田原的特色种植，再到山涧的人工湖泊，由上到下，层次分明。“我强烈地感觉到，这种发展模式很有意义，代表着中国未来农业发展的一种方向。”

随后开展的座谈会上，刘晓庄谈了自己的感受。他说，“这次我们调研的主题是‘休闲农业与乡村旅游’，这道题出得好，好就好在紧扣了农业的出路、农村的现实。在农业这块沃土之中，还深涵着一股股不竭的泉源，具有无限的发展潜力，值得我们用韧劲去久久地挖掘。”

发展莫把“经念歪”

在那次调研中，江西省农业厅党委书记毛惠忠谈到了休闲农业的概念问题，畅述了休闲农业的内涵及其外延，如田园景观、自然生态、民间风俗、乡村文化等等。刘晓庄很赞同，但他对休闲农业的理解很简单，就一句话：“在农业的基础上，延伸休闲的功能。”

这源于刘晓庄一次去婺源的经历。在白墙灰瓦的徽派民居和灿烂的油菜花丛的美景中，他发现有人特意请来演员头戴斗笠、手持竹篙，撑着一叶小舟撒网捕鱼，尽管这只是一种复古的表演，多少有些不伦不类，却吸引了成百上千游客观看拍照。久久伫立，他突然开悟：“传统的农业，即便是农民戴着斗笠、披着蓑衣、赶着耕牛，其耕作方式是落后的，可也是一种文化呀！城里人来到乡村要领略的或许就是这样一种田园风光、这样一种农业文化。不是吗？在农业这个物质概念的基础上，再充分延伸它的休闲旅游功能，让游人大饱眼福，何乐而不为？”

休闲农业固然是一个全新的方向。但有些地方为了追求利益，已经有舍本逐末的趋势。刘晓庄觉得可气又可惜，“农业的基础地位万万不可动摇，不能因为开发休闲旅游，就不种农作物，这就把经给念歪了。粮食蔬菜我们还得种，不但要种，还得提高产量和品质，还得发展生态农业，生产有机食品和无公害食品，在此基础上进一步发挥休闲的功能，这就叫作‘挖潜’、叫作‘互补’、叫作‘双赢’。”

旅游休闲是谁专属?

休闲农业与乡村旅游，消费对象是哪些人群？有教授提出是有闲、有钱的人群。

刘晓庄认为不尽然，他联想到马斯洛提出的人的五个需求层次。“人在满足了基本需求之后，就会开始追求某种更高层次的生活，这种生活未必花费很多的钱。”

在节假日的南昌市郊梅岭，他经常看到一些青年学生骑着自行车，挎着背包旅游，“包里也许是装着两瓶水、两个面包，他们不会有很多钱，但是却乐意在乡间野外踏青嬉戏。”人们选择乡村休闲旅游的目的，就是享受健康的生活。“在现有农业基础上创造条件，发展休闲农业与乡村旅游，正是要满足他们这样一种愿望。”

他认为，休闲农业与乡村旅游消费的对象，应该是以城市居民为主要群体，如果是让农民自己来看油菜花、来游茶果园、来吃农家菜，就不会有新鲜劲儿，定位就会出现差错。只有城市的居民，才会带着一种诧异而又新奇的眼光，打量乡村那一派自然的万千生态景象。

然而，休闲农业与乡村旅游毕竟是多个内容的有机组合，这项工作，既不能鲁莽从事、一蹴而就，也不能唯其马首是瞻、裹足不前，他旗帜鲜明地概括出十六字方针：“科学论证、合理配套、项目相贯、特色明显”。

休闲农业与乡村旅游究竟是江西旅游产业的“拓展补充”、还是“重要组成部分”？刘晓庄已经建议由江西省发改委、农业厅、林业厅、旅游局等相关部门一起搞好调研、规划和立项工作。“不要小看这一产业。因为它至少能够在农村开辟新的就业渠道，引导一产向三产转移。”

刘晓庄脑海里有这样一幅愿景：在江西的青山绿水之中，到处都能唱响“田园牧歌”，到处都能飘荡着“稻花的清香”，沉浸在这片“希望的田野上”，大家都尽情享受着幸福与欢乐。在他撰写提案时，这幅画面总是在眼前跳跃着。

（原载于《人民政协报》2011 年 7 月 8 日）

“处处留心”皆提案

吕东浩

有道是“处处留心皆学问”。捕捉提案线索，反映社情民意，何尝不是如此？来自江西省的刘晓庄委员，就是这样一位“有心人”。

一次，刘晓庄借下乡调研的机会，与农民兄弟聊起天来。大家兴致都很高，彼此也很谈得来。天南海北，江东河西……聊着聊着，不觉中聊到了农民减负致富的话题。

刘晓庄问：“近年来，国家给了农民种粮、良种、农机购置等‘四大补贴’，还减免了农业税，提高了粮食最低收购价格，大家一定很高兴吧？”一位农民兄弟的回答很直接，补贴直接增加了农民收入，心里当然高兴，但也有觉得不对劲的地方。

“政策越来越好，还有什么地方不对劲？”农民兄弟告诉他，补贴基本上是按照责任田面积来计算，补贴数量与粮食产量不挂钩。不少人长期在外打工，土地让给别人种，或者干脆撂荒，可每年的补贴照拿不误。有的人增加了投入，多种了地、多打了粮食，却不能多拿补贴。种与不种、种好种坏都是一个样，显得不公平，心里有些别扭。

“千年的‘皇粮国税’，是天经地义的事情，怎么能说免就免了呢？”一位农民打比方说，逢年过节，儿女不管富贵贫贱，总得给老人送上点礼物表示心意。礼物虽有厚薄，老人都得收下，然后再拿这些礼物帮衬一下穷亲戚，这样大家心里都会感到踏实舒坦。

见刘晓庄听得入神，农民们越说越动情：尽管农民的收入在不断增加，但生产生活的花费也在跟着水涨船高，每年的收支能够平衡就不错了，农村的“牛车”总是赶不上城里的“动车”。现在的年轻人都要往城里跑，愿意种地的人和会种地的“老把式”越来越少。我们真担心，多少年以后粮食没人种，农业没人搞，大家都得去喝西北风，政府要想办法呀！

言之凿凿，条条在理。刘晓庄不免心生感慨，多么淳朴实在的农民兄弟，整日勤勤恳恳，辛辛苦苦，还能“吃着自家种的粮，操着国家的心”。

农民一句“不对劲”，道出“三农”工作面临的“两难”问题。刘晓庄陷入了深思。虽然当前按耕地面积计算的补贴方法，实施起来比较简单，但由于补贴与产量“两张皮”，很容易诱发“不劳而获、坐享其成，或多劳不获、劳而无功”的弊端，起不到财政补贴持续撬动农业增产、农民增收的杠杆作用。种粮补贴既是一种补偿，也是一种激励，目的是引导农民“多种地、种好地，多产粮、产好粮”，而要把“好事办好”，就得进一步完善农业补贴办法。

一番深入调研、几度论证推敲……于是，一件3000多字的提案被带上了今年两会，并成为大会发言材料，题目就叫《由农民心头的“不对劲”说起》。

（原载于《人民政协报》2013 年 3 月 8 日）

推进县级公立医院改革

王　磊

“鼓励社会资本办医”是近一年医改政策中出现的最频繁的字眼。从去年10月起，国家密集出台相关扶持政策，今年2月国务院副总理刘延东指出，扶持民营医疗机构发展，引导民营医疗机构与公立医院公平发展。3月2日本报记者就“县级公立医院改革”问题采访了全国政协委员、省政协副主席刘晓庄。

“近期，我就县级公立医院改革问题在省内进行了调研。”刘晓庄说，“各级党委、政府对改革试点工作非常重视，取得初步成效。但有些困难和问题需引起重视并及时加以解决。”比如，由于县域之间经济实力相差悬殊，导致县域卫生规划和县级公立医院建设水平相差甚大；县级公立医院大多负债运行；药价虚高，国家和患者的医疗负担依然较重；县级公立医院医疗人才紧缺；作为负责医改具体工作的县级卫生部门，面对涉及其他部门甚至上级层面的问题，往往力不从心等。

刘晓庄建议，要加强对县域卫生规划编制和县级公立医院标准化建设的指导和支持，尤其要加大对中西部地区的专项转移支付力度，着力改变经济欠发达地区卫生资源总量不足、质量不高、结构不合理等现状。切断不法利益链条，打击药价虚高，政府应加强宏观调控，改变目前药厂过多、恶性竞争的状况，鼓励药企做大做强，通过集约化规模经营降低生产成本。对列入国家基本药物目录的药品实行严格的价格管制。对于物美价廉的特效药，政府应给予适当补贴或适当提高价格。加大部门联动力度，为改革提供有利条件、营造良好氛围，建议将县级公立医院改革纳入政府年度考核范围，克服畏难心理，敢于担当，努力开创政府领导有力、各方积极配合的工作新局面。多渠道化解债务，让县级公立医院的改革与发展轻装上阵。要培育壮大医疗人才队伍。加快信息化建设，推动县级医院与知名医院实现远程会诊。尽力提高高层次人才待遇。

（原载于《光华时报》2014 年 3 月 4 日）

想当“裸官”，就“一裸到底”

——刘晓庄委员建议对“裸官”零容忍

廉维亮

“如果你选择做‘裸官’，将财产、家人都转移到国外，时刻准备着‘跑路’的机票和签证，那对不起，就请你‘一裸到底’吧。”4日下午，在民盟民进联组讨论会上，刘晓庄委员情绪激动，列数“裸官”的四大危害，并建议党和国家从制度上严格管理干部，对“裸官”零容忍。

不久前刚刚修订的中共中央《党政领导干部选拔任用工作条例》中增加了“裸官不得提拔”的内容，这是我国干部选拔任用制度的一大进步，结合过去一年多的反腐成就，公众普遍热情点“赞”。

“平心而论，并不是所有的‘裸官’都是贪官，但近些年来所发生的一桩桩‘裸官’案件，给人的感觉总是‘裸官’背后有猫腻，会‘裸而又贪、先裸后逃’。”刘晓庄委员首先谈出了他的担忧。

接着，刘晓庄委员列数了“裸官”行为对党风政风、伦理道德、社会风气等造成重大损害的“四宗罪”——

“裸官”的人品欺骗公众。“不要撒谎”，这是对人品官品的基本要求。可“裸官”将大量财产连同亲属一起悄悄向国外转移，然后又在官位上不遗余力地诋毁国外“腐朽没落”的制度、“光怪陆离”的生活；他们以促进经济发展的名义，不择手段举债上项目，出了事情立即挥别祖国不知去向，留下一堆烂摊子。凡此种种，都被公众看作是明一套暗一套的欺骗行为。

“裸官”的言行违背道德。“裸官”的言谈举止，向社会传递负面信号。他们一边口口声声“爱党爱国”“忧国忧民”，暗地里却利用手中职权把亲人财产安顿国外，其“爱国腔调”的可信度就大打折扣。正如有人所言：我不否定“裸官”的话语，因为他说得很有道理，但是坚决否定他的虚伪人格，因为违背了起码的诚信道德。

“裸官”的问题败坏风气。作为长期接受党的教育，在体制内享受名分的官员，一股劲儿地把子女配偶财产向国外转移，虽未必都是为“跑路”做准备，但人们势必会引发联想：他们走，咱们也得想办法走啊。如此带来的连锁反应，不仅是“裸官”“裸商”越来越多，而且“裸民”也会越来越多。

“裸官”的现象丧失民心。这直接影响到社会对权力运行和政府工作的整体判断，甚至关系到人心向背。人们会说：做个“裸官”多逍遥，名利捞得差不多了，可以随时一走了之。“我们如何指望他们有多大的内在动力为国家民族忠诚奉献？如何相信他们能够担当重任与人民群众同呼吸共命运？如何放心地托付他们掌控公共权力为社会尽职尽责？”

刘晓庄委员的质疑引得会场内一片沉思。

“根据现代政治伦理要求，回应公众民意呼声，凝聚核心价值观正能量，对于‘裸官’不能仅仅止于一律不得提拔，而是一律不得任用。”刘晓庄委员给出具体建议，对“裸官”要采取标本兼治的“三步曲”——

第一步，对“裸官”的行政职务一撤到底。“首先应该断掉其为官之路，否则，对于一些升迁无望的‘裸官’来说，尽管得不到提拔，恐怕还可以来次最后的‘疯狂一跳’，继续为官弄权捞钱。”

第二步，对“裸官”的家庭资产一晒到底。“几年前，我国启动了对‘裸官’的登记管理，但信息的透明公开度还很不够。”刘晓庄建议将所有“裸官”的信息都应该晒在阳光之下，以便更好地接受公众监督。“官员财产公示应该从‘裸官’开始，不应该被当作个人隐私，这样也可以还没有贪腐行为的‘裸官’一个清白。”

第三步，对“裸官”的违法行为一查到底。刘晓庄呼吁，要健全和完善法律体系，关闭公职人员所有海外账户，在坚决对“裸官”违法行为进行查处的同时，追究给“裸官”开“绿灯”人员的法律责任。“对于违法‘裸官’，在政治舞台上要一律退场，在非法经济财产上要充公还民，使他们‘赤条条一裸到底’。”刘晓庄认为，唯有如此，对后来的“裸官”或“准裸官”们才会产生威慑作用。

（原载于《人民政协报》2014 年 3 月 5 日）

引入第三方可防高价政府采购

张绪鸿　叶新阔

“2398元买一只U盘，6247元买一个打印机内存条等等，这样的事情不能再发生了。”3月3日，全国政协委员、江西省政协副主席刘晓庄虽然很忙，但在全国政协十二届三次会议开幕前的三个小时依然抽出时间接受中国江西网的独家专访。他说，这次全国两会他带来了“引入第三方负责政府采购”的新思路，因为政府采购高价比较普遍的现象对政府形象造成了很大伤害。

政府采购高价普遍已引起重视

“就高不就低、买贵不买对”等现象屡见不鲜，直让人们怀疑政府采购过程有“水分”、有“猫腻”，实际上也是权力寻租的重灾区。刘晓庄举例说，四川省政府采购中心主任向东先后收受100多家供应商钱物，金额高达3000余万元，去年被判处死缓就是一个极端的例子。

要把权力关进制度的笼子里！业界也一致呼吁政府采购要实行阳光操作，透明公开，接受最严格的公众监督。就在2014年的最后一天，国务院常务会议审议通过《中华人民共和国政府采购法实施条例（草案）》，提出要构建规范透明、公平竞争、监督到位、严格问责的政府采购工作机制，管住乱伸的“权力之手”，铲除滋生腐败的土壤，使政府采购纳入了规范化、法制化轨道。

但刘晓庄说，《政府采购法实施条例》的出台能否“雨过天晴”，改变当前政府采购领域的乱象，还有待时间的观察和实践的证明。但他想提出政府采购的另一种思路，即建立政府采购第三方机构及其机制。

政府要从采购者变成监督者

“首先，要明确政府采购的权力边界。”刘晓庄说，政府采购如果单一地由政府部门组织招标采购，采购什么产品、价格如何核定、资金怎么分配等等，一切都是由政府部门说了算，“集运动员与裁判员于一身”，采购过程就很难摆脱各种干预。

刘晓庄建议，要让政府部门从采购中脱离出来，由采购主体变成采购行为的监督主体，“就像业主将小区管理和服务让位给物业公司。只有让政府部门成为监管第三方采购机构的责任主体，才能站在公平公正的立场，对采购行为严格监管”。

其次，建立第三方采购机构。建立政府采购的第三方机构，把采购预算的编制、采购产品及价格的核定、采购质量及效果的跟踪等交由第三方采购机构，要求其依法依规按程序进行，过程公开，结果公开，用制度切断政府采购中的各种利益关系，克服权力寻租的弊端，以保证政府监管部门能够“独善其身”。

最后，发挥第三方监督作用。“刀锋虽利，难削刀柄”。刘晓庄说，强化政府对第三方采购机构的监管，还需要发挥好第三方监督力量的作用，包括媒体监督、网络监督、社会监督、供应商的监督等。要将政府采购纳入法治化的轨道，其核心内容是增强政府采购过程中的透明度，严防“暗箱操作”。除商业秘密和国家机密外，凡政府采购的信息，都应当在指定的媒体上及时向社会公开发布，以便于开展“第三方监督”。对于来自公众的某些质疑，要及时在媒体做出合情合理的解释，对政府采购实现全民监督，这是解决政府采购过程中寻租腐败的最佳途径。

引入第三方精髓在“阳光运行”

“引入第三方机制，尤其强调各司其职，各负其责。”刘晓庄认为，建立政府采购第三方机制，包括采购人的预算编制、专家的评标和评审、供应商的投标、采购产品的项目验收、事后服务等应由第三方负责，政府采购管理机关不得参与。

刘晓庄希望他的提案能够引起委员们的共鸣，而与此相配套的内容是各相关单位既要保障中正独立、居中裁判，又要督促各司其职、各负其责，对于违法违规现象严厉问责、严肃处理。可由人大代表、政协委员、业界人士、法律专家等组成公信评议组，对第三方机构的政府采购行为进行全程监督，发现高编预算、高价采购等问题及时纠正，以更好地培养第三方的社会公信力。

“政府采购必须在阳光下运行。”3月4日，对于刘晓庄的提案，江西省社科院社会学研究所副所长邓虹深以为然。

邓虹说，不管是政府部门直接管采购也好，还是委托第三方管采购也好，关键的一点就是要做到信息公开，只要把采购结果在公共媒体公布，接受社会15天的监督，并且可以让其他未中标企业在同等产品和服务的前提下来挑战中标价格，“我想，这样的政府采购才是真正公平公正的政府采购，方能防止暗箱操作，遏制寻租腐败，保证政府采购行为公开、公平、公正”。

（原载于中国江西网 2015 年 3 月 4 日）

刘晓庄：一份提案聚焦扶贫

金路遥

“深山扶贫搬迁搬到哪里去？”习总书记2015年3月6日参加江西代表团审议时，十分牵挂井冈山革命老区扶贫攻坚工作。

此次到京参会，全国政协委员、省政协副主席刘晓庄带来的一份提案就专门聚焦扶贫，针对扶贫资金项目管理问题，他建议建立扶贫项目资金的跟踪问效制度。

现状：扶贫资金管理部门多项目分散

刘晓庄称，如何通过管理体制和机制创新，来提高扶贫资金项目的经济性、效率性和有效性，是一个值得认真思考的课题。他调查发现，扶贫资金的管理部门多、来源渠道分散，与其他部门管理的专项资金项目在使用方向、实施范围、建设内容、项目安排等方面有一定的重复和交叉，难以有效形成合力。扶贫项目也存在零星分散的问题，扶贫成果难以巩固。

刘晓庄还提到，扶贫资金被截留、挤占、挪用等现象时有发生，扶贫相关部门的责任划分不够清晰，问责力度不大，问责制度落实不到位。

建议：加强统筹规划增加透明度

刘晓庄建议，将扶贫主管部门与其他部门具有相同建设内容的项目统筹安排。加大扶贫资金整合，将有限的财政扶贫资金与本级交通、水利、城建、农业综合开发、支农专款中具有相同建设内容的项目资金进行有机整合。强化扶贫资金项目的监管，扶贫主管部门应建立扶贫项目资金的跟踪问效制度、目标评价体系和效益考核机制，加强项目事前、事中、事后的监督检查。

刘晓庄还建议，全面推行扶贫资金项目公示公告制度，增加扶贫资金项目的透明度。从扶贫规划的制定、资金的落实、项目的实施、完工项目检查验收等每一个环节实行领导责任制，按照“谁审批，谁负责”的原则，实行责任追究制度。

动态：将设稽查处今年力争60万人脱贫

我省一向高度重视扶贫工作，去年完成了全年减贫70万人的目标。刘晓庄在提案中提到的建议，与省扶贫和移民办的工作思路不谋而合。记者获悉，本月9日，我省召开了全省扶贫和移民系统主要负责人暨党风廉政建设工作会，会上传出消息，省扶贫和移民办将增设稽查处，聘请会计师事务所作为第三方对资金使用重点区域开展内部审计（稽查），用制度筑牢反腐“防线”。

另外还将依托贫困农户建档立卡信息系统开发我省扶贫资金项目管理系统，对扶贫资金运行和项目实施情况进行动态监测。

根据会议发布的信息，今年我省将确保减贫50万人以上，力争60万贫困人口脱贫。

亮点：我省两大扶贫模式成为全国示范

“深山扶贫搬迁搬到哪里去？”习总书记关切的这个问题，江西交出的是一份漂亮答卷。省扶贫和移民办相关负责人称，2013年起，我省试点搬迁移民扶贫进城镇进园区集中安置，当年搬迁了6万人，2014年搬迁了8万人，今年我省计划搬迁11万人，从根本上改善贫困群众生产生活条件。

进城进园区扶贫模式，被誉为搬迁扶贫的“江西样本”，正向全国推广。

和搬迁扶贫一样，智力扶贫（“雨露计划”）也是我省扶贫工作的亮点。“雨露计划”是以提高贫困群众智力和就业技能为主的扶贫开发工作的重要抓手，目前我省“雨露计划”实施内容为两类，即职业教育和转移就业技能培训，让贫困家庭获得“一技之长”，实现脱贫致富。相关负责人称，我省在“雨露计划”方面的培训标准、操作规程已上升为国家规范，在全国推广。

（原载于《江南都市报》2015 年 3 月 13 日）

“十三五”江西应全力建设特高压电网

方玮晴　洪　鸣

当前，江西省正处于全面小康社会建设的关键时期，未来能源电力需求将呈现出强劲增长，而江西作为全国能源资源最为贫乏的内陆省份之一，未来很长一段时期都将面临能源供应紧张的局面。在今年的全国两会上，全国政协委员、江西省政协副主席刘晓庄建议，“十三五”期间，江西亟须加快特高压电网建设。

根据《江西省电力中长期规划》报告预测，2020年江西省内电力将出现800万千瓦左右缺口，江西省需要大量引入省外优质电力资源。

在今年的两会上，全国政协委员、江西省政协副主席刘晓庄建议，“十三五”期间，江西亟须加快特高压电网建设，尽快打造区域枢纽电网，加快融入全国特高压输电网络，打通江西与我国西南水电等能源基地的大通道。

据介绍，特高压电网具有距离远、容量大、效率高、损耗低、安全性高、经济性好、绿色低碳等综合优势，是我国具有完全自主知识产权的重大创新成果。

刘晓庄建议，“十三五”期间，江西应坚持“输煤与输电”并举，加快发展特高压电网，实现电力输送“可进可出”，彻底摆脱“末端、边缘”位置，发展升级成与江西省“三个腹地”区位优势相匹配的区域枢纽电网。

具体来说，一是建议全力争取“十三五”建设四川雅砻江中游——南昌特高压直流输电工程，力争2016年核准开工、2019年投产。二是建议形成合力，支持江西电网通过特高压交流与周边省份联网，推动国家电网有关江西特高压交直流项目纳入国家“十三五”能源和电力规划，融入全国电力能源资源优化配置“大格局”。

“目前，我国经济发展进入新常态，供给侧改革成为大趋势。‘十三五’期间，调整能源结构、转变能源发展方式将成为能源领域供给侧改革的主要趋势。”刘晓庄表示，发展特高压电网是保障江西省用电安全的需要、是促进江西省生态文明的需要，更是推动降低用电成本，对接全球能源互联网的需要。

（原载于新华网2016年3月14日）

尽快推行官员信息公开制度

凌欣　林平

“公开官员信息，已经提了多年，时至今天，官员信息依旧是‘琵琶遮面’。”全国政协委员、江西省政协副主席，民盟中央常委、江西省委主委刘晓庄在接受本网记者采访时坦言，官员信息不对社会公开，致使官民关系和官场人际关系变得异常微妙。

据刘晓庄观察，2010年5月，中共中央办公厅、国务院办公厅联合下发《领导干部报告个人有关事项的规定》，至今已经五年多的时间，为官员信息公开打下了一个好的基础。2012年12月，中共十八大闭幕不久，主流媒体推出七大常委的长篇人物特稿，内容涉及领导人的成长经历、从政之路、家庭情况、个人爱好等。

“这种亲民姿态，也为官员信息公开带了一个好头。”刘晓庄分析指出，时至今天，官员信息依旧是“琵琶遮面”，不愿意向公众开放，引得坊间种种猜忌和“好奇”，一个似乎很充分的理由是：信息公开关乎个人隐私，当前“时机还不成熟”。

不过，隐私权是一种基本的人格权，谁都不赞成将个人隐私“大白于天下”。对此，我国《宪法》也明确规定：“公民的人格尊严不受侵犯。”

“如果官员个人信息确实涉及个人隐私，该保密的还得保密。”刘晓庄认为，不少官员将一些原本可以公开的信息如收入是多少、亲属干什么、家有几套房等守口如瓶，“里三层，外三层”，遮掩得严严实实，唯恐露出蛛丝马迹，很容易给人以“两面人”的感觉。加之某些贪官一味哭穷，家藏千万却说抽不起好烟、买不起房，更为社会制造了各种联想的空间。即便有的官员愿意公布个人信息，也惧怕自己会成为“官场异类”而遭到周围的嘲讽，所以只能是保持沉默，三缄其口。

在刘晓庄看来，官员信息不对社会公开，致使官民关系和官场人际关系变得异常微妙。部分官员不敢相信群众，唯恐节外生枝“捅出娄子”；一些群众也不能信任官员，觉得他们可能“心中有鬼”；官员之间不能以诚相待，在于彼此难以“掏出心窝”。“信息屏蔽便容易衍生信任危机，犹如干群之间横亘着一堵厚墙，可谓害处不少。”刘晓庄为此强调。

官员信息公开为何总是“千呼万唤，不见下楼”？刘晓庄作出了如下分析：一是缺少刚性的制度约束，或有的机制不够健全；二是有的领导干部有私心杂念，认为公开个人信息是要革自己的命，因此能拖则拖，能推则推；三是没有把获取公众认同当作责任，畏惧群众对权力行使的监督。这种情况持续下去，会弱化公众对政府透明施政的期待与信心。

为此他建议：

第一，建立并启动官员信息公开制度。执行相关法律法规，参照《领导干部个人有关事项报告》的内容范围，结合官员的职责要求，凡是能够公开的，必须实事求是地及时公开。对于涉及个人隐私，经权利人同意公开或者行政机关认为不公开可能对公共利益造成重大影响的信息，也应予以公开。逐步推行以官员信息公开为常态，以不公开为非正常。

第二，健全完善官员信息公开透明的方式。官员信息经个人认定和组织审定后，依照程序，以便于公众知晓为原则，采用适当的方式如新闻媒体、政府公报、门户网站、新闻发布会、公共图书馆、信息公告栏等向社会公开。部门单位应在规定的时间内主动向指定媒体提供官员信息及其变化情况。

第三，强化对官员信息公开的监督管理。倡导开放、务实的政治风气，对官员信息公开从严要求，高位推动，力戒形式主义。加强对官员信息公开内容的调查核实和监督检查，对于不按时、不如实公开信息的官员，以及信息公开不力，走过场、做表面文章的部门和单位，一经查实，依法依纪追究责任。

（原载于人民法治网 2016 年 3 月 15 日）

区别对待分类推进延迟退休

张玉珍

我国已进入老龄化社会，新生劳动力不足、人口红利减少、老少抚养比例失衡等问题越来越凸显，实行整体渐进式延迟退休已是大势所趋。

“不管延迟退休最终将以何种面目出现，在制定过渡时期的政策时，务必考虑‘区别对待，分类推进’，不搞‘一刀切’。”全国政协常委、省政协副主席刘晓庄说。

刘晓庄认为，延迟退休政策之所以会在社会上引起激烈争议，源自人们不同的利益诉求。要把渐进式延迟退休年龄办好办实，就应既尊重大多数人的愿望，又保护好少数人的利益，以求得最大公约数。例如，对于科研、教育、医卫等专业技术性强的且需要知识和经验积累的工作人员，过早地缩短其工作时间，无疑是社会资源的一种浪费。为此，可结合个人的意愿和身体状况，以及社会的职业需要，一步到位地放宽延迟退休的年龄，让他们能够更久地施展才华。同时，对野外地质勘探、井下、高空、高温以及特重体力劳动和有毒有害工种等，不能随意延迟退休时间，以确保人身安全。

“‘民无信不立’，只有如约兑现才能政令畅通，确保延迟退休政策的顺利实施。”刘晓庄说，政府需要守护契约精神，对于原国企改制或企业破产倒闭的下岗职工，当初曾经按相关规定签署过到退休年龄发放退休金的合同协议，应该按照签订合同时约定的条款内容，届时办理退休，领取退休工资，不能以延迟退休为理由，延长缴纳社保的时间，否则就是政府失信。

（原载于《江西日报》2016 年 3 月 11 日）

刘晓庄：为建设法治国家筑牢坚实的人才基础

沈　荣

2018年3月5日，全国政协委员、江西省政协副主席刘晓庄接受了记者的采访。

2017年全国两会，刘晓庄曾提出关于有序推进法官检察官员额制改革的提案。

法官员额制改革是按照司法规律配置司法人力资源、实现法官专业化、职业化的重要制度，是实行司法人员分类管理的基础，也是完善司法责任制的基石，在本轮司法体制改革中居于基础性地位。

按照中央的统一部署，自2014年起，全国法院分批次开展包括法官员额制改革在内的综合改革试点工作。

提案中，刘晓庄提出了员额制改革应依法推进，发挥人大作用；法官检察官遴选委员会的组成与运作应在党委和人大的领导与监督下，有序推进，保障制度公平；建议员额制改革以渐进式方式推进，尊重司法规律，同时加强宣传引导，确保公平；对员额的分配应坚持“以案定员”，不应“一刀切”，科学制定遴选考核方案和标准；建立完善的职业保障制度，妥善分流各类人员，完善后续考核机制等建议。

收到提案后，最高人民法院组织相关部门进行了认真研究，及时作出了答复。答复中表示，该提案就员额制改革提出的四方面建议，具有比较强的针对性，其中有些建议与法院的工作思路是相契合的，对于推动法官员额制改革落地见效具有参考价值。

2017年6月底，随着最高人民法院完成员额法官选任工作，全国法院员额法官选任工作已经全面完成，共遴选产生12万余名员额法官，基本实现了把最优秀的审判人才配置到一线办案的改革目的。

下一步，最高人民法院将认真学习贯彻习近平总书记关于司法体制改革重要指示精神，贯彻落实全国司法体制改革推进会部署，严格按照中央关于法官员额制改革的政策要求，推动建立健全科学规范、运转协调、有进有出的常态化员额法官遴选机制，充分发挥法官遴选委员会的专业把关作用，切实保障法官办案主体地位，加强法官职业保障，落实院、庭长办案要求，探索审判监督管理新模式，加大改革督察力度，切实完善配套措施，坚定不移推进法官员额制等司法体制改革政策落地见效。

“对最高法院的提案答复非常满意。”刘晓庄告诉记者，“希望将这项改革继续推进，为建设法治国家筑牢坚实的人才基础。”

（原载于《人民法院报》2018 年 3 月 12 日）

刘晓庄：发挥司法救助在脱贫攻坚中的独特作用

廖九阳

“司法救助是维护弱势群体合法权益，实现‘让人民群众在每一个司法案件中都感受到公平正义’的重要措施。”在第十三届全国政协委员、江西省政协副主席、民盟江西省委会主委刘晓庄看来，司法救助在健全社会保障体系、助力脱贫攻坚、促进社会和谐、实现全面建成小康社会等方面，可以发挥独特作用。

刘晓庄说：“党和国家对司法救助工作高度重视，不断加强制度建设，加大资金保障力度，在推进司法救助规范化制度化建设方面取得了明显成效。”经过深入调研，刘晓庄也发现，在近年来司法救助具体实施过程中，特别是在助力脱贫攻坚作用发挥上，仍然存在一些困难和问题：一是救助作用认识尚未到位。在具体实践中，一些部门更加关注案结事了、息访息诉，主动将司法救助与精准扶贫有效对接的意识还不够强；少数案件承办人未充分认识到司法救助在维护公平正义、防止受侵害当事人及其家庭陷入贫困等方面所起的重要作用。二是救助资金安排不够充裕。当前司法救助资金仍以财政拨款为主；这些资金相对于民刑事案件中符合救助条件的众多群体而言，难以做到应助尽助。三是救助法律保障亟待健全。目前，对司法救助制度的性质、范围、法律地位和工作机制，尚没有一部完整、系统的法律法规来加以明确和规范；基层一些地方和部门在开展司法救助工作时仍然存在各自为政的现象，缺乏有效的协调，难以做到公开透明、有效监管，影响了司法救助的统一性和公平性。四是救助体系衔接仍有缺失。司法救助一般是一次性发放救助金，但一些地方因未建立统一协调机制、缺乏后续跟进和反馈措施等原因，使得司法救助未能与教育帮扶、技能培训、帮助就业、纳入低保等解决贫困问题的社会救助长效措施进行有效衔接，导致其他社会救助未能及时“补位”。

针对上述问题，他建议：

一、推进司法救助立法步伐。一方面，呼吁国家加快在司法救助制度上的立法步伐，通过确立司法救助制度在整个法律体系中的应有地位，明确司法救助机构及其工作人员的职责，对救助资金加以保障，使救助工作真正做到有法可依。另一方面，建议各省、市根据司法实践的实际需要，积极探索制定司法救助地方性法规。

二、拓宽救助资金筹措渠道。一是中央财政积极加大转移支付力度，减轻地方财政压力。同时，建立省、市、县三级联动的司法救助基金，贫困县（市、区）由上级司法救助基金适当转移支付。二是有计划地通过法制宣传教育等活动平台，适时开展公开募捐，筹集更多救助资金。同时，从民政部门、慈善机构接受的非特定用途慈善捐助中安排一定比例用于司法救助。

三、加大司法救助监管力度。指导各地建立完善多头受理、统一报送、统一审批、协调实施的救助平台和体系，严格审批程序与办理时限，提高救助效率。申请和审批结果应当予以公示，做到程序透明、阳光操作，确保公平公正。同时，探索建立各级人大代表、政协委员参与监督的机制，助推司法救助健康运行。

四、完善社会救助体系衔接。注重与教育、医疗、社保、就业、住房保障等部门，残联、妇联、工会、共青团等组织以及社会福利机构、慈善组织的联系和衔接，及时协调采用小额贷款资助、税费减免、教育培训、再就业促进以及精神鼓励、心理疏导等综合措施，发挥整体协同帮扶作用，促使当事人及其家庭尽快走出由于受侵害导致的困境，实现精准有效的脱贫脱困。

（原载于《中国政协》2018 年第 5 期）

刘晓庄：二孩落地还需政策完善

吕东浩

“为了优化我国人口结构，提升育龄夫妇生育意愿，国家围绕母婴健康、延长产假、孩子教育等，出台了一系列配套政策，然而效果似乎并不明显。”全国政协委员、民盟江西省委会主委刘晓庄提出，应从税收、托育等方面综合发力，进一步完善政策措施，解决“二孩”的生养问题，以解除育龄夫妇生育“二孩”的后顾之忧。

加大个税优惠力度。“3周岁前的子女培养成本很高，无疑会加重家庭负担。”刘晓庄指出，当前试行的《个人所得税专项附加扣除操作办法》，把0—3周岁婴幼儿排除在个人所得税子女教育专项附加扣除之外，于情于理均不合适。应增加0—3周岁子女抚养专项附加扣除项目，并以家庭为单位设计个税政策，对夫妻双方仅一人有工作或稳定收入的家庭，提高子女教育专项附加扣除金额；对生育二孩的家庭，在其子女入托、教育、医疗等方面给予一定比例的优惠。

规范征收社会抚养费。刘晓庄建议，进一步修改完善《社会抚养费征收管理办法》，使之更加切合实际。比如，根据我国当前全面实施一对夫妻生育“二孩”的政策，社会抚养费征收对象应以超生的“三孩”为起点，对于无论何种情况生育二孩以内的范围，均不应征收社会抚养费；统一社会抚养费征收标准，明确社会抚养费主要用于开办托育机构、婴幼儿教育等公益事业等。

支持产假后妇女正常就业。刘晓庄还特别强调，要支持育龄妇女正常享受产假，规定各类企业保留产妇工作并接受其产假后重返就业岗位，产假期间企业应给予其上年度平均月工资的一定额度作为生活补贴，以切实保障女职工生育期间的基本生活；通过落实巾帼就业培训补贴、小额贷款等就业扶持政策，支持部分产假后妇女自主创业；对接纳育龄妇女重新工作的企业实行一定幅度的税收优惠，在增值税、企业所得税等方面进行合理减免。

（原载于《人民政协报》2019 年 3 月 4 日）

多举措提升家政服务行业水平

鹿 娟　范 捷

近几十年来，随着人民生活水平不断提高，越来越多的家庭具备了购买社会化家政服务的条件，家政服务正在成为大众化的消费行业，家政服务领域聚集了巨大的市场需求。随着需求的日益多元化、个性化，家政服务已不仅限于简单的劳务型，家政服务领域趋向多样化、专业化。

“受多方面因素影响，家政服务行业存在一些突出问题，必须引起高度重视。”3月7日，全国政协委员、江西省政协副主席刘晓庄在接受《中国企业报》记者采访时说道。

刘晓庄表示，主要存在三方面影响因素：

一是家政从业人员素质不高。绝大多数是农村转移劳动力，“4050”人员占比较高，初中以下文化程度的人员高达80%以上；缺乏家政专业培训，与人民群众对优质家政服务的需求不相匹配；倘若雇佣双方发生矛盾冲突，极易引发恶性事件，成为“家政之殇”。

二是家政行业门槛过低，行业发展不够规范。企业小而杂、数量多、形象差、诚信度低，缺乏品牌竞争力，“一间房子、一张桌子、一台电脑、一部电话”，成了这一行业的“标配”；一些非法中介自律意识欠缺，“打一枪换一个地方”，违规操作和短期行为严重，影响了家政行业整体声誉；信息不对称、收费混乱、服务良莠不齐、市场鱼龙混杂、售后服务保障难，甚至存在无证经营现象。

三是法律保障和监管不力。缺乏针对其行业管理特性的相关立法，虽然2010年国务院办公厅印发了《关于发展家庭服务业的指导意见》，行业组织印发了《中国家庭服务业协会行业管理规范》，国家标准委也曾出台《家政服务母婴生活护理服务质量规范》《家政服务机构等级划分及评定》两项国家标准，但在实施上并不具有法律强制性，行业准入、劳动合同、监管主体、人身安全、社会保障、投诉机制等方面均无有效的法律规定。政府监管权责不清，缺乏统一的行业服务规范和监督体系，存在“九龙治水”、多头监管现象或无人过问的“真空地带”，一旦出了问题，一些部门会出来“撇清”，表示家政行业不归其管理范围。

为了更好地促进家政服务业向规模化、专业化、品牌化健康发展，以满足人民群众对于家政服务的需求，刘晓庄建议：

做大做强家政服务企业，促进企业品牌化，塑造市场良好形象。积极发挥政府引导作用，尽快制定行业协会的相关标准，确立行业整体发展的方向，对龙头企业予以政策支持，促进其进一步落实员工制管理模式。通过在核心社区布局家政品牌店、制定品牌服务标准等方式，打造知名品牌家政企业与标杆型家政企业群，推行公平定价机制，引导消费者认同企业，形成良性竞争。企业应在市场竞争中，尽快实现“企业员工制”，自觉树立行业品牌形象，以品牌促发展，以优质服务和合理价格赢得公众的认同。

加大监管力度，规范家政服务行业秩序，形成管理有序的规模效应。进一步明确家政市场的监管主体及其责任范围，提高行业监管的权威性。尽快建立准入机制，提高家政企业和家政服务从业人员准入门槛，确保家政行业规范有序运行。由当地政府公共就业服务机构开办家政服务业专业市场，成立市场监管中心，完善从业人员诚信体系。进一步发挥行业协会作用，实时或定期发布各类家政服务项目市场指导价、各类家政服务从业人员供求信息，加强家政服务机构、家政服务从业人员、消费者之间的沟通，引导行业健康发展。

建立健全家政服务业的法律制度及社会支持系统。考虑家政行业相关特殊性，尽快启动家政法律法规立法程序，健全完善相关法律内容。通过立法或司法解释的形式，明确政府、非政府组织、家政企业、雇主和家政服务员的法律地位和责任义务。对群众反映问题较多的行业准入、劳动管理、社会保障、市场规范等内容进行法律界定，研究推动《劳动法》在家庭服务劳动关系中的落实和相关司法解释的出台。同时，规范并推广家政服务行业的劳动合同和服务协议，逐步走出无协议可行、无法规可依、无单位可管的尴尬境地。

推行多层次、多类别培训，使家政服务职业教育制度化。强化上岗前专业培训，使更多的家政服务人员具有专业技能，持相关证书上岗。家政服务人员就业期间，需要适当地对他们进行针对性培训，依据社会现状和人员需求选择侧重点，尽可能使家政服务业趋向于完善和规范。改进考试项目和方法，注重考察从业人员的实践操作能力。将职业技术学校与家政服务单位进行对接，形成上下游良性联系。加大对家政服务从业人员的形象建设和正面宣传，消除年轻人从事家政服务的自卑心理。

构建网络新平台，解决供需矛盾。通过家政服务业网络平台的构建，利用现代网络技术对接社会、行业资源。政府部门要加强对网络平台建设的规范和引导，促进网络技术为家政行业和广大群众提供更多更好的服务，避免出现家政行业内部乱象，真正让雇主放心、让员工称心、让社会满意，努力开辟出我国家政行业的一片新天地。

（原载于中国企业网 2019 年 3 月 11 日）

确保老区苏区“一个都不掉队”

——访全国政协常委、江西省政协副主席刘晓庄

王　磊

习近平总书记在今年两会期间参加十三届全国人大二次会议福建代表团审议时要求：“要饮水思源，决不能忘了老区苏区人民”，“要做好革命老区、中央苏区脱贫奔小康工作。”

怎样深刻理解习近平总书记重要讲话的重大意义？如何确保老区苏区在全面建成小康社会进程中“一个都不掉队”？就这些问题，记者采访了全国政协常委、江西省政协副主席刘晓庄。

谱写了人类反贫困历史新篇章

记者：在您看来，习近平总书记在参加甘肃和福建代表团审议时对脱贫攻坚工作的重要指示有什么深刻内涵？

刘晓庄：确保老区苏区在全面建成小康社会进程中“一个都不掉队”的庄严承诺，给我留下了难以磨灭的印象。

“一条棉被一张床，半口破锅半间房，留下鸡蛋换油盐，米缸见底薯当粮。”从小在原中央苏区县——吉水县农村长大的我对当年农村缺衣少食的贫穷滋味记忆犹新。

从2012年到2018年，我国贫困人口由9899万人减少到1660万人，6年时间减少了8000多万人，连续6年平均每年减贫1300多万人；2013年有建档立

卡贫困村12.8万个，2018年底还剩2.6万个贫困村；832个贫困县有一半摘帽……

老区苏区农村居民收入水平持续提高，生活水平不断改善，贫困人口大幅减少，农村所发生的巨变，远不止于“两不愁、三保障”，更有“土坯屋建成小洋房、泥巴路硬化机耕道、打谷坪修造健身场”等。老百姓打心底感谢党、感谢政府、感谢习近平总书记。

在如此长期锲而不舍的扶贫开发历程中，逐步形成的具有中国特色的社会主义扶贫开发道路，实实在在为世界减贫事业贡献了中国的智慧与方案，“谱写了人类反贫困历史新篇章”。

“扣扣子”“钉钉子”“担担子”

记者：习近平总书记在讲话中着重强调确保老区苏区“一个都不掉队”，您认为这背后有何深意？

刘晓庄：2020年现行标准下农村贫困人口全部脱贫、贫困县全部摘帽，是我们党立下的军令状。今后不到两年时间，脱贫攻坚任务更加艰巨繁重，剩下的都是贫中之贫、困中之困，都是难啃的硬骨头。习近平总书记指出，脱贫攻坚工作到了“最吃劲的时候”，“要饮水思源，决不能忘了老区苏区人民”，“要做好革命老区、中央苏区脱贫奔小康工作”。

当下，脱贫攻坚的决战时刻已经到来，万众一心、酣战尤烈，众志成城、必胜在我，可谓气壮山河。然而，我们也应清醒地认识到，当前脱贫攻坚既面临一些多年未解决的深层次矛盾和问题，也面临不少新情况新挑战。比如，一些地方为了急于完成脱贫指标，缺乏长远目标与规划，搞“输血式”“注水式”“应景式”“掐苗式”扶贫；或者“干部干、群众看，上面着急、下面不急”，摘掉了“穷帽子”、没拔掉“穷根子”等。

要确保脱贫攻坚任务如期完成，让贫困地区实现真正意义上的告别贫穷、持久富裕，实现“不获全胜、决不收兵”的要求，这就需要在战略部署上“扣扣子”、在任务落实上“钉钉子”、在责任履行上“担担子”。

扣紧“扣子”：不仅是眼下贫困地区的经济收入有增长，贫困群众的基本生活有保障，更重要的是要找准问题，让脱贫的成效能够得以持久。钉牢“钉子”：扶贫要因地制宜，不能千篇一律，按照“缺什么、补什么”的原则，千方百计让乡村青年至少学会一门适应现代要求的技术活，从“一次性扶贫”迈向“可持续性脱贫”。压实“担子”：避免“一脱了之”“一走了之”，发生“边脱贫、边返贫”的现象，建立完善“一帮到底”的长效脱贫责任机制。

阻断贫困的代际传递

记者：习近平总书记指出，要坚持精准扶贫、精准脱贫。找到问题根源，增强脱贫措施的实效性，当务之急从哪方面入手？

刘晓庄：随着我国精准脱贫工作向纵深推进，“两不愁”基本解决了，“三保障”还存在不少薄弱环节。我去老区苏区调研时，经常会“四看”（一看房，二看粮，三看劳力强不强，四看家庭有无读书郎），其中前“三看”是指当代脱贫，而“家庭有无读书郎”，便是未来能否告别贫困的根本之举。

“不怕一代穷，就怕代代穷”，在农村，11%的贫困人口因贫失学，又因失学而成为新一代贫困人口。贫困相对固化是个大问题。

治贫先治愚，扶贫先扶智。“两不愁三保障”，很重要的一条就是义务教育要有保障。当务之急应从农村教育入手，控辍保学，要让寒门子弟都有机会通过教育改变自身命运，切实阻断贫困代际传递。

建议把农村义务教育扩大到高中阶段，同时把职业中等教育纳入义务教育范畴，增加普及农村高中教育经费预算；千方百计将人力、物力、财力向农村高中倾斜，采用城市支援乡村的办法，发展“互联网+教育”，促进城乡优质资源共享，推进城乡高中教育均衡发展；积极弘扬中华传统的文明追求，传送知识文化教育的正能量，唤起各个方面对农村教育的关注，最大限度地减少当前农村学生的辍学现象。

打赢脱贫攻坚战，必须经得起时间的考验和历史的检验。既要有时代的雄心，心无旁骛，撸起袖子只争朝夕做好每一件事情，同时也要有历史的耐心，稳扎稳打，紧扣脱贫成效的可持续性，“不采华名，不兴伪事”，为子孙后代打下坚实的幸福基础。

（原载于《人民政协报》2019 年 6 月 4 日）

后 记

时光匆匆行走，祖国日新月异。飞鸿雪泥，人生致远，转眼间我已经成为连任三届的全国政协“老委员”。

适逢新中国和人民政协成立70周年，看到新时代人民政协制度更加成熟更加定型，心中欣喜油然而生。十多年来，我在人民政协经历了很多、学会了很多、懂得了很多。有了体验自然也就有了感悟，所见所闻、所思所行，于是便化成了一行行文字、一摞摞文稿。难怪有人说，阅历是一种收获。此言非虚，果真如此。

积累而成的近二百篇文章，绝大多数在报纸、杂志和网络媒体公开发表，其中数十篇思想杂感、理论评述之类的文章，已由中国文史出版社作为政协委员文库丛书，以《江水流墨》的书名于2018年秋天付梓刊印。余下一些诸如意见建议类型的资政建言文章，以及媒体采访报道等，外加最近一两年发表的文字，林林总总又有约百篇。岁月走转，情难割舍，我不愿意让这些文字随着年华的清风而流散，因此再次冒出把它们结集出版的念头，希冀过去的印痕能给今人和后人带来一些或浓或淡的记忆、或深或浅的启示，使人们能从文字的痕迹中发现时代行进的轨迹。

因缘际会，总是美好。我再次感谢中国文史出版社的大力支持，把本书列入政协委员履职风采的出版计划。同时，我也打心底真挚地感谢王文运编辑无私的帮助和不厌其烦地联系协调，还要感谢刘文萍、赵金华、孙超洋、李冰洁、龚秀昱等各位同事在工作之余花很大功夫耐心细致地收集整理修订。多方鼎力相助，方才促成了本书的顺利完成。

书册即将“问世”，内容也许散杂，尚需起个书名。诚然，本书是《江水流墨》的姊妹篇，在内容上互为补充，书名也应该前后呼应，姑且就称为《山野听竹》吧。“山野”一词，喻指民间，取自于《三国志·杜微传》的“便欲求还于山野”；至于“听竹”，大家一看便知，它出自郑板桥《墨竹图题诗》的“衙斋卧听萧萧竹”。

身处山野中，倾听萧萧竹。脱掉“官帽”戴“草帽”，百姓才会认可你，真正“让群众感到政协离自己很近”。所以，时刻把人民放在心中最高的位置，经常走进基层、深入百姓，反映群众呼声，凝聚人心和力量，已经成为今日广大政协委员恪守的履职理念。本书所收录的一些资政建言文章，表明的也正是自己这样一种心境。谛听山野萧萧竹，“一枝一叶总关情”。牢记人民情怀，不忘为民初心，践行责任担当，才能更好地展现新时代人民政协的“新样子”“新作为”。我当一如既往、义无反顾地继续努力。

写到这里，我还意欲将《江水流墨》《山野听竹》之书名合成一联：江水流墨墨无尽，山野听竹竹有情。横批是：双向发力！

刘晓庄

2019 年 6 月 30 日

图书在版编目（CIP）数据

山野听竹 / 刘晓庄著 . -- 北京 : 中国文史出版社，2019.7

（政协委员履职风采）

ISBN 978-7-5205-1194-0

Ⅰ . ①山… Ⅱ . ①刘… Ⅲ . ①中国人民政治协商会议—参政议政—文集 Ⅳ . ① D627-53

中国版本图书馆 CIP 数据核字（2019）第 155099 号

责任编辑：王文运

出版发行：中国文史出版社
社　　址：北京市海淀区西八里庄路 69 号　　邮编：100142
电　　话：010—81136606　81136602　81136603（发行部）
传　　真：010—81136655
印　　装：北京地大彩印有限公司
经　　销：全国新华书店
开　　本：787mm × 1092mm　1/16
印　　张：22　　插页：6
字　　数：320 千字
版　　次：2019 年 9 月北京第 1 版
印　　次：2019 年 9 月第 1 次印刷
定　　价：66.00 元